矢原隆行

# リフレクティングの臨床社会学

## ケアとダイアローグの思想と実践

青土社

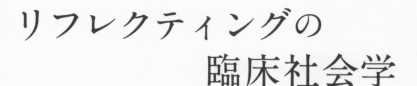

# リフレクティングの臨床社会学　目次

# 実践編

## I　精神医療現場のリフレクティング

## Ⅱ　矯正現場のリフレクティング



## Ⅲ　多機関連携のリフレクティング

理論編

## Ⅵ　オープンダイアローグとリフレクティング



## Ⅶ　ダイアローグを超えて

# リフレクティングの臨床社会学　ケアとダイアローグの思想と実践

# はじめに

編むということは、糸を、言葉を、ラインを編むのではない。編むことで生じるあいだを、あわいを編むのだ。新鮮な風や光、新たな何事かは、そのあわいに到来する。それゆえ、一定の空気をそこに保持しながらも、適度な風が通るように、あまりに密な編み目とはならない方が良い。本書を編みながら、そんなことを考えていた。あるいは、そんなふうに考えなければ、ずいぶん手触りの異なる文章たちを一冊の本に編みなおす勇気など湧かなかったことだろう。

本書は、ここ一〇年余りのあいだに各所で記してきたリフレクティングと臨床社会学（この両者は、筆者にとって別々のものではなく、同じプロセスをながめる際の二つのパースペクティヴである）に関する、その手触りも色合いもずいぶん異なる文章を集め（logos）、それらのあわいを通して（dia）何事かをながめるために編みなおしたものだ（つまり、一種の dialogos である）。書き記してきた文章には、その時々の関心の向きや、想定される読み手の姿、書き手としての自身の立ち位置といった文脈の違いがあり、同時に、それぞれの言葉の焦点深度や解像度のギャップもあるため、全体として必ずしもすっきりとしたメッセージを提示するものにはなっていない。いわば、素材や色柄の異なる複数の着物を洗い張りした反物から、新たに着物や羽織を仕立て直すような試みである。ちぐはぐに見える文様に新鮮なリズムを見つけられるかもしれないし、一反の織物が一具の着物より厚みを持つこともあるだろう。ブリコラージュだ多声性（polyphony）だと嘯くつもりはないけれど、異なる生地が生み出すずれや重ねの隙間から、その向こうをながめてみることもできるはずだ。

本書の大まかな構成として、三つのパート五つの章からなる前半の実践編と、四つのパート一一の章からなる後半の理論編に、書き下ろしとなる序章と終章を装し、前半には四つのコラムを付した。実践編を先に配したのは、メンタルヘルスや立ち直りに関わる現場の人々にも広く本書に触れていただくためであり、つねに実践が先にあることを旨とするリフレクティングの臨床社会学の構えを表するためでもある。実際、この間になされた精神医療・精神保健福祉の現場、司法・矯正の現場との協働的アクションリサーチは、筆者の臨床社会学的研究のあり方を形づくっていくプロセスと幾重にも絡まる分かち難いものであったし、そのプロセスは現在も繰り返し波打ちながら続いている。とりわけ、そうした現場に関わる人々、あるいは、そうした現場に関心を持つ若い世代を想定して記したコラムたちは、より多くの読者を本書に迎え入れるための、心やすいとば口になってくれればと願っている。

また、各パートの冒頭には、会話者、研究者、実践者という筆者の内なる三つの声たちによる会話を「幕間の会話」として、章間を縫うように、また、ときにそれらの声が本書をはみ出すようにと期待して、添えている。無論、読者においては、目次の順序に随う必要などなく、いずれの章からでも、どのコラムや幕間の会話からでも、自由に出入りしながら、独自の経路や秘密の抜け道を本書に刻んでいただきたい。筆者自身がまだ気づいていない読み方に読者を通して触れられることは、本を世に送り出す書き手にとって、最大の楽しみであろうから。

リフレクティングとは、「内なる会話と外なる会話のあいだのうつし」、とトム・アンデルセンは述べる。詳しくは本編に譲るとして、ここではひとまず、「聞く」ことでもある「内なる会話」を心的システムの流れ、「話す」ことでもある「外なる会話」をコミュニケーション・システムの流れと捉えておくことができる。そして、そのように捉えるなら、「書く」ことを通して、いったん内なる会話から外なる会話へと差し出された本書のそれぞれの文章と、今回、久しぶりに再会し（それらは懐かしい友人たちのように、親しみ深く、適度な距離を保った存在である）、あらためて「読む」こと、「考える」ことは、時間的な「間」を介した、外なる会話から内なる会話へのうつし込みであったと言えようし、また、そこから新たに本書を「編む」ことは、内なる会話から外なる会話への折り返し、すなわち、ある種のリフレクティングの体験であった。

かくして、本書がはらむあわいは、文章間のあわいであるのみならず、内なる会話と外なる会話とのあわい、読むことと書くことのあわいでもある。無論、そこに北欧と日本のあわい、精神医療と矯正のあわい、往時と近時のあわい、実践と理論のあわい等々が編み込まれていることを発見することもできるだろう。今回、本書の制作プロセスを介してそれらのあわいを行き来するなかで、期せずしてケアとダイアローグをめぐる思想と実践について、あらためて現在の自分なりに、ほぐしつつ編みなおす機会を得られたことに感謝したい。

はたして、本書は読者とのあいだに、いかなるあわいを生じていくことができるだろうか。

＊　＊　＊

本書に収めた研究の一部は、ＪＳＰＳ科研費23530797、26380819、17K04292、19KT0001、19H03962、20K02208、23K01905の助成を受けたものです。ここに記して感謝します。

# 序章　あいだからながめる

何事かの向こうへ。そのような身振りを表すビヨンド（beyond）という言葉がある。それは、向こう（yond）にある（be）こと。いまあるここから、どこか向こうへとうつりゆく身振りである。しかし、向こうとはいったいどこであるのか。それがどこか判然としているなら、あえて「向こう」などと呼ぶ必要もあるまい。いずれの方角か、上か下か、前か後か、内向きか外向きかも定かではない「向こう」を浮かび上がらせるこの言葉は、いまここと、うつりゆくどこかとのあわいをながめるための言葉であり、同時に、ここと向こうのあいだから何かしらを垣間見るための言葉でもある。

以下では、この本へのいざないとして本書が纏ういくつかの「向こう」とのあいだについて素描してみたい。

## 1　ビヨンド・リサーチ

「臨床社会学」という言葉を、自身の研究スタンスを表現するものとして、大学院生の頃から用いてきた。当時、社会システム論という理論研究への関心から社会学に惹かれつつ、同時に、社会のうちにあって社会を研究することに対する自分なりのスタンスを模索していたように思う。その頃、国内の社会学界隈で俄かに取り上げられるようになっていたのが臨床社会学（clinical sociology）という新しい学問領域だった。幸い、その名称の向こうに予感された魅力の一方で、実際にその名のもとで展開されていた内外の議論に惹かれるものを見つけることはできず、それゆえ、その名を掲げつつ、その内実については、自分で練っていくことにした。頼りないことに、その内実はいまだ定まらないが、だからこそ、それは研究や思索と実践を不可分のものとしながら、同時に、そのあいだを行き来するための幅を持った言葉として、徐々に身に馴染みつつあるように思われる。

たんに臨床の現場（たとえば医療や福祉などの分野）を対象として、その客観的現実を明らかにする、あるいは、その現場ならではの固有の意味からなる世界を解釈するために社会学的研究を行うのではなく、たんに既存の社会学的知見を応用して何らかの現実的課題への介入を試み、誰かの「役に立つ」ことや、あるべき社会を目指すのでもなく、かといって、それらを正しく統合する、といったありえない立場を僭称するのでもない。そのように、何かで「ない」ことによって、ひとまずそこで否定される何かへと振れてしまう危うさを感受する機会と、そこから他所へと離れる新たな動きのための余地を保つことを期待しているふしもある。

無論、それぞれが固有の論理に沿って活動する組織や集団に対して、研究者として何らかの関わりを試みようとすれば、それぞれの現場にいかに役立つのか（たとえば、それぞれの領域で患者や利用者、対象者、被収容者、被支援者、当事者などと呼ばれる人々に対して、あるいは、そこに関わる支援者と呼ばれる人々や各種の職員、組織・集団にとって、研究を通して、どのような「望ましい」成果が得られるのか）を明示することが期待されるものだ。ただし、それらは出会いの儀式における社交辞令のようなものであることも少なくない。もし、幸いなことに、実質を伴う率直な話し合いをそこで始められる場合、それは、そこで出会った人々がその時点において、何を問題とし、何を望ましいことと捉えようとしているのかに触れるための最初の機会となる。

そのように他者に触れることは、同時に、触れられることでもあるから、現場での接触を通して生じる変化は、そこで出会う人々と私の双方の側に（また、そのあいだに）生じることになる。本書のいくつかの章で述べるように、ときにそれは予測しがたい不確かさを共に体感することを意味する。実際、現場の人々から研究の先行きや、共同研究が現場にもたらす影響について不安が語られることもあるし、組織の判断として私との研究の継続を打ち切られてしまうこともある。けれど、もし、そうした触れ合いを重ねてゆく以前に、研究者としての私があらかじめ明確なプランを持ち、それに依拠して「私の」研究をそれなりに成立する形で推し進めようとするなら、そこで生じる複雑で豊かなやり取りと、予期せぬ形で感受される生成変化の可能性とを、相手とのあいだで取りこぼしてしまうことになるだろう。

近年、私の主なフィールドは医療・福祉そして、矯正・保護の現場である。本書の前半部（実践編）に収められた文章も、多くはそれらのフィールドにおいて考え、ときにそれらのフィールドに向けて書かれたものだ。それらの現場はいずれも、人々が生きるなかで直面する何らかの困難を支え、ケアするための仕組みとして社会のうちで体系化・専門化されてきた領域といえるだろう。しかし、そこは同時に、その体系化・専門化のゆえに、「専門家としての支援者」と「非専門家としての被支援者」という関係の絶対化、あるいは、専門職間のヒエラルキーを含む知識と権力の偏りと硬直化が、人々の「あたりまえの会話」（コラム①参照）を難しくするような状況を生みだす場所でもある。無論、既存の力関係や何らかのしがらみから全く自由である無重力空間のような場所など、現実にはありえない（そんな場所では、会話の手がかりも足場も得られないだろう）。けれど、あたりまえの会話とは、既存の現実のなかにありつつ、私たちがそこで育む会話が次なる私たちの現実を新たに生み出していくことをしみじみと感じられるような会話である。すなわち、あたりまえの会話は、けっして決まりきった会話ではない。

そうした現場の人々と、会話の場の工夫について一緒に話し合うことが、近年、私の臨床社会学的研究実践の中心、あるいは、複数の焦点の一つ（研究と実践のあいだで動いていくそのプロセスは、真円よりも複数の楕円が重なるイメージの方が適切であるから）となっている。形式上、フィールドとなる組織（病院や刑事施設）と私の研究室とのあいだに共同研究の協定を結んで始められる場合もあるが、その実質は、あてもなくただ繰り返し話し合っていくなかで散発的に生じる、その時その場の必要に応じた各種の協働的プロジェクトである。そうした取り組みを、あえて学術的用語で表現するなら、参加型アクションリサーチ（participatory action research）、あるいは、協働的アクションリサーチ（collaborative action research）と呼ぶことができるかもしれない。

そこでは、「すでにそこにある何事か」について、客観的手法を用いて正確に記述・説明すること、あるいは、文脈に状況づけられたその主観的意味世界（個々人や集団が現実をいかにまなざしているのかということ）を詳らかにすることが研究の本体ではない。まして、こちらがあらかじめ準備した何らかのプログラムをフィールドに組み込むような介入を目論むものでもない（そうしたことは、研究を通したフィールドの植民地化を意味するだろう）。無論、必要に応じて、各種の調査（多くの場合、それらは現場の人々と協働して取り組まれる）を実施することはあるにせよ、一般的な研究において調査データと見なされるものばかりでなく、その遂行の過程で得られる経験のすべてが次なる活動の手がかりとして互いに共有される。

従来の科学的研究の立場から見るなら、こうしたプロセスに研究手続き上の不備や資料の不足・偏りを指摘することは容易だろうが、協働するフィールドでの臨床的関わりに配慮するなら、そこに生じる固有のペース、リズム、タイミングを無視した応答は、間の抜けた適切さを欠くものになるばかりである。外部に発信されることのない速報的な現場へのフィードバックのための調査を細かく重ねることが必要な一方で、全体的な変化は、年単位でも見えやすいものではないことが多い。そして、変化とは、つねに全体の変化であるから、貧しい尺度を駆使して変数間の関連に一喜一憂したり、都合よく他の部分を固定して、一部のみに変化の物差しを当てようとしたりしたところで、逃げ水のような変化の影を追うことになるし、ついには、そうした変化の影にこちらが追い立てられることにさえなるかもしれない。

おのずと、わかりやすい研究成果や客観性とは縁遠くなるが、そうした研究をめぐるコミュニケーションを重ねながら、互いの視点やものさし、構えに刻まれた何事かを相互に観察し、ときに自らのうちに浸透させながら、互いに身についた物ごとの捉え方を少し緩め、ともに生み出し、育んでいけるかもしれない何事かを探求し、形づくり、それらとともに変容していくこと。すなわち、互いにとっていまだ見えざる新たな意味の風景と、足もとに少しずつ堆積していく共同性の風土の感触を、現時点での協働を基盤にしながら、そこから「どこか向こう」へずれていく感覚として、ともに感受し、相互に編み込んでいくことが、臨床研究の実質をなす。

私がこうしたスタンスで研究実践に取り組むようになった学問的経緯の一つは、大学院生の頃、ニクラス・ルーマンの社会システム論を経由することで至った、社会学をめぐる次のような認識である。「〔…〕社会システムの外部に存在するかのような観察はありえない以上、それについて積極的であれ消極的であれ、あらゆる観察はすでに介入的である。社会学的観察システムもまた、社会に対して「介入すべき」なのではなく、そもそもつねに「実践的介入たらざるをえない」」（矢原 1999: 31）。すなわち、私にとっての臨床社会学とは、広大な社会のコミュニケーションの渦のただなかにおける営みとして、その活動がいかにささやかであれ、社会への介入たらざるをえないことを前提としながら、その渦のなかで揺れ動きつつ可能な社会学的応答をしていくための脆弱なる足場である。

同時に、その足場は、応答からなるコミュニケーションの小さな渦を私たちの周囲に創出していく（あるいは、そうした渦の周りに私たちという流れを生じていく）ためのものであるゆえに、私、あるいは、私を含む職業的研究者が占有すべきものではない。こうした臨床研究において、もしも研究主体のあり方を職業的研究者という専門家、あるいは、その集団に限定してしまうなら、それは研究対象とされる側の声を二重に奪ってしまうことを意味するだろう。一つには、そこでは研究対象から一方的に研究者側の目的に沿ったデータ収集がなされるという意味で。もう一つには、職業的研究者によって書かれ、語られることで、研究対象とされる側が自ら主導して声を発する機会や、その声の正当性を損なってしまう可能性があるという意味で。そこに応答からなるコミュニケーションの渦は生じない。

求められるのは、従来、研究対象とされる側に封じられていた声とともに研究実践を形づくっていく構えと、その構え自体さえ研究手法としてマニュアル化、固定化してしまわないための各種の工夫だろう。すなわち、臨床社会学においては、研究という営みにおける、見る側（観察者としての研究者）と見られる側（被観察者としての研究対象）の関係はつねに変化し、緩み、新たに結びなおされ、そのように両者のありようが変容していくことを通して、協働的に研究実践を豊饒化する可能性が模索される。

ちょうど、こうした臨床社会学のあり様を思い描いていた頃、オセアニアで生まれた「再著述療法」、アメリカで生まれた「無知のアプローチ」とともに、社会構成主義を背景とするナラティヴ・セラピーの主要三潮流の一つとして本邦に紹介されたのが、北欧ノルウェーで誕生した「リフレクティング・プロセス」だった。私はそこに家族療法、あるいは、セラピー一般という文脈をも大きく超える「見る側（専門家）／見られる側（非専門家）」の立場の旋回、あるいは、その関係の転回という画期的かつ普遍的な実践の構えが体現されていることに強い印象を受けた。以来、トム・アンデルセンやその同志たちの声に触れつつ、その学説史的・理論的・実践的吟味を重ねるなかで、現在の私は、自身が関わる臨床社会学的研究実践を広義のリフレクティング・プロセスの一環と位置づけている。それは、リフレクティング・プロセスが臨床社会学的研究をその一部に含み込む実践であると同時に、リフレクティング・プロセスの実践をめぐる臨床社会学的研究をそれぞれの場で協働的に行っていくという、相互に入れ子状となった活動のリズムを人々とともに重ねていくような試みである。

臨床社会学の研究者としてまなざす「向こう」がそこにひらかれる。

## 2　ビヨンド・エクスパティーズ

リフレクティング・プロセスに出会い、その実践と研究に取り組むにつれ、もとより社会学の主流から逸れ気味であった私の活動は、さらに、その周縁と境界に親しむものとなった。アンデルセンの足跡を辿るために訪ねた北欧諸国で様々なリフレクティング・トークの実践場面に同席し、ときには自ら会話者としてそこに参加するなかで、また、国内においても、そうした会話の場を開く取り組みを各所で続けるなかで、私のうちにリフレクティング・トークの会話者としての声が強い響きを持つようになる。そうした変化とともに、医師、心理士、ソーシャルワーカー、看護師といった医療・福祉の専門職（近年では、司法関係の専門職も含め）が多くを占める研究会や研修会に招かれる機会も増えていった。それは、それらの領域におけるリフレクティングに対する関心の高まりから偶然にもたらされたものでもあり、同時に、臨床社会学的協働の可能性を模索するなかで自ら進んで選択したものでもある。

そして、いまも続くこうした状況は、それらの領域の「よそ者」としての貴重な体験を与えてくれている。古くは、ゲオルク・ジンメルによって、「実践的にも理論的にもより自由な人間」（Simmel 1908=1994: 288）と描出されたように、「よそ者」として異なる専門領域のあいだに身を置くことにより感受される新鮮な驚きや、得られる気づきは少なくない。たとえば、医療や福祉、心理等の分野に接して、そこでのよそ者たる私に印象深く感じられることの一つは、当該領域の専門知を担保する学術領域と職業世界、あるいは、それぞれの資格を基盤とする臨床実務との強い結びつきである。

実際、「臨床」と称しつつも、現在の日本に実務としての臨床社会学の明確な職域や資格といったものは存在しないし、そうした職業を目指して大学で社会学を学ぶ者など、まず見当たらない。一方、臨床心理士、公認心理士、医師、看護師、社会福祉士、精神保健福祉士、作業療法士等々の各種の資格は、すでに日本社会で広く認知されており、(名称独占と業務独占の差異はあれ) その資格の保有を前提とした専門的職業と深く結びついている。さらに、資格や職業の学問的裏付けとなる教育・研究体制も含めて、そこでは当該領域ごとの専門性と、その社会的地位、職域や市場、権益といったものが絡み合う強固な複合体が構築され、固有の専門領域の分出、および、関連領域との相互依存の深化という内外の紡ぎ出しと編み込みのなかで、日々着実にその体制の再生産がなされている。そうしたあり方を称賛するにせよ、批判するにせよ、現代日本に生きる我々は、すでにそのような社会を生きている。そして、こうしたケアに関わる諸分野の高度な体系化・専門化がもたらす恩恵の一方で、そこに専門家と非専門家の分断、専門職間のヒエラルキー、各部門のサイロ化といった知識と権力の偏り、硬直化が生じがちなことは、周知の通りである。

では、そうした各分野の専門家たちがリフレクティングに関心を持ち、ときにそれを学ぼうとしていることを、いかに捉えることができるだろうか。当初、ナラティヴ・セラピーの一つとして紹介され、近年はオープンダイアローグにおける中核的方法としても注目されるリフレクティングがはらむ臨床実践の歴史上の文脈を率直に受けとめるなら、そこには専門性、また、専門家と非専門家の関係性の問い直しという明確な志向を見いだすことができるだろう。ナラティヴの視点から新たな臨床実践の地平を切り拓いたハロルド・グーリシャンが「クライアントこそ専門家である」と喝破し、いわゆる「無知 (not-knowing) のアプローチ」を提唱したことは広く知られている。また、オープンダイアローグの主唱者であるヤーコ・セイックラたちが強く訴えていることは、専門家システム内部、および、専門家と非専門家のあいだの境界を超える必要性に他ならない。

グーリシャンに深く親しみつつ、彼が切り拓いた新たな臨床思想の地平にリフレクティング・トークという具体的様相をもたらしたアンデルセンが、西ラップランドにおけるセイックラらの取り組みを強力に支え続けていたことを想起するならば、そこに一貫した系譜を見いだすことは容易だろう。そうした意味で、日本における各分野の専門家たちのリフレクティングへの関心も、専門性、および、専門家と非専門家の関係性の問い直しに向けた歩みと受けとめることができるかもしれない。

しかし、実情に目を向けるなら、その歩みが必ずしも真直なものではないことに気づかされる。実際、様々な組織や団体からの依頼において、期待されているのは、当該分野の専門家たちに新たな対人援助の技法としてリフレクティングを紹介し、その技法を各々の現場で活用できるように教授することであった。必ずしも悪いことではない。同時に、アンデルセンの言葉が思い浮かぶ。「まもなく、僕はそのやり方が人々を惹きつけるだろうとわかった。同時に、それがカテゴリー化され、指示的・抑圧的なものになって誤用されてしまうかもしれないとも思った」(Anderson and Jensen 2007: 167)。そうした誤用は、世界各地で生じたし、近年、オープンダイアローグの文脈において、新奇な面接技法として矮小化された形でリフレクティングが紹介されることの多い日本でも各所で生じている。

無論、こうした事態はリフレクティングに限ったことではない。巷間目に付く、新たな専門性の権益確保・拡大を志向した各種の新技法・新資格の提唱はもとより、ナラティヴ・セラピーやオープンダイアローグのように、当初、既存の専門性を問い直すことをその実質として登場したはずの実践であっても、それが最新のアプローチとして専門家の耳目を集め、ときにその有効性が喧伝され、ときに形骸となったそのキーワードたちがクリシェとなり、ときに目ざとい人々のビジネス・チャンスとなっていく。そうしたことは、つねにありうる。それは必ずしも悪いことではなく、ある意味で自然な成り行きでもある。新たな技法を真摯な思いで学ぼうとする支援者も、そこに希望を見出し、救いを求める被支援者もいるのだから。結果、専門家たちが新たなアプローチを身につけたと保証するための教育プログラムや資格が構築され、既存の専門性や、「専門家／非専門家」の関係性の大枠は揺らがぬまま、一部の専門家の技法の引き出しがいくらか増え、当該専門職の社会的位置づけがいくらか強固なものとなっていく。場合によっては、当該専門職の体系の内部に新たな流派が部分領域を形成し、その技法を「教える者／教えられる者」という階層を専門家集団内部に付加することに成功するかもしれない。

医療にせよ、心理、福祉にせよ、それらが標榜する専門性が、職業としての制度的位置付けをその時々の社会システムの動きのうちで獲得しながら、その市場を拡大させ続けていることは、現代社会に生きる我々にとって、あまりに自然で（それゆえにあらためて気づかれぬほど）明らかなことだ。それらの趨勢を「医療化」「心理主義化」「ソーシャルワークの権力化」等々と賢しらに指し示し、そうした趨勢の土台となる現代社会のあり方について批判的考察を展開することも可能だろう（それがある種の社会学の役割として、自他によって期待される場合もある）。しかし、そうした批判が持つ論述上の鋭さに比して、それらが各専門分野の活動を実際に押しとどめる実効性を有するか否かは、全く別の問題であることを、現状はつねに教えている。

では、是認でもなく、批判でもないあり方で、各現場に関わる人々とともにその専門性の道具化を問い直していくことは、はたしていかに可能だろうか。医療・福祉領域、矯正・保護領域との協働の現場でリフレクティング・トークを紹介し、実際に支援者や被支援者とされる人々とともに会話する場を開いてゆくなかで、専門的資格を有さない「よそ者」として向き合ってきたひとつの問いは、そのようなものだ。リフレクティング・トークには、たしかに、その場に相応しい質問、工夫に満ちた会話の場の組み立て、会話の流れのうちにいる姿勢、といった態度や作法があり、それらがその場の担い手である人々のあいだに浸透していることが望ましい。しかし、それらがたんなる技法として矮小化されぬよう、既存の専門家と非専門家の関係性自体を繰り返し問い直し、その関係の両端に構築される役割を揺るがし、変容させていくような会話をその場の文脈において紡いでいくこと。そこにこそリフレクティングの本来がある。

そのために、現場への迎合でも、外側からの批判でもなく、現場にともにあり続ける「よそ者」として、また、支援の場における支援者でも被支援者でもない異物として、そこに新鮮な会話の回路を開いてゆくとっかかり（opening）となること。それがリフレクティング・トークの会話者としての現在の私のスタンスである。そうしたとっかかりがもたらす新鮮な会話の場においては、専門家も非専門家もそれまでの役割とは少し異なる人物になれるかもしれないし、あるいは、そうした領域において、それまで発する機会を持たなかった声をそこに招き入れることができるかもしれない。場に新鮮な風を通すのは、そうした声たちの響きである。

リフレクティング・トークの会話者としてまなざす「向こう」がそこにひらかれる。

## 3　ビヨンド・ダイアローグ

この間、フィールドと協働する臨床社会学の研究者としての声、会話の場におけるリフレクティング・トークの会話者としての声、という二つの声のあいだに生じるズレと共鳴を折り重ねながら、双方の立場を行き来するなかで、それら二つの声とオーバーラップしつつ、それらのいずれとも異なるリフレクティング・プロセスの実践者としての声が、自身のうちに徐々に固有の輪郭を持って浮かび上がってきたように思う。「リフレクティング・プロセス」とは、当初、リフレクティング・チームとして世界に紹介されたそれが、たんなる会話技法として形式化・マニュアル化され、専門家たちによって安易に濫用される状況に直面し、その本来のあり方を表現するために、アンデルセンが用いるようになった言葉である。

「内なる会話と外なる会話のあいだのうつし」(Andersen 1995: 18) とシンプルに表現されるリフレクティング・プロセスは、対面的相互行為場面（たとえば、狭義のセラピー場面）における融通無碍な会話としてのリフレクティング・トークを包含しつつ、同時に、つねに「より大きな文脈」を探求し続けたアンデルセンの、通常の意味でのセラピーの枠組を大きく超える各種の活動をも含意している。そこに、一九八五年のリフレクティング・チーム誕生以前（一九七〇年代）から取り組まれた彼のトロムソの地域精神医療での先進的な試みや、刑務所内の入所者と刑務官とのあいだに新鮮な会話の機会をもたらした刑務所実践、また、同じ頃に開始された（アンデルセン自身が参加型アクションリサーチと称した）各地でのポスト・セラピー・インタビュー、そして、国境を超えた相互支援的な国際的ネットワークの構築といった、本書の各所で言及される取り組みを含むことができるだろう。自身の実践を「平和活動（peace work）」と呼び、既存のセラピーがはらむ政治性に敏感であった彼は、つねに自らの拠って立つ文脈自体を問い直し、その変容に取り組んでいた。それは一般にダイアローグ実践と呼ばれるものをはるかに超えてゆく歩みである。

アンデルセンの実践の歩みを辿るなかで思い至ったのが、リフレクティング・トークとリフレクティング・プロセスをリフレクティングの二つの相と捉え、前者を共在する会話空間における豊かな「間」の創出、後者を既存の文脈に変化をもたらす新鮮な「場」の創出として、ひとまず次の図のように描写することだ。内なる会話と外なる会話は、決して円環として閉じられることのないそれぞれに異なる渦である。それら二種の渦に直接つながることなく、同時に、二種の渦の勢いをうつし込み、感受することで、リフレクティング・トークとリフレクティング・プロセスという二相の生成変化が続いていく（**図1**）。

では、既存の文脈に変化をもたらす新鮮な場とは、いかなるものだろうか。無論、どのような会話も、既存の社会関係の引力が働かない無重力の空間で行われることはない。内なる会話も外なる会話も、それが置かれた固有の引力圏で展開していく。ただ、少なくともリフレクティング・トークという会話がなされる時空間において、人々にはその内なる会話にじっくりと耳を傾けるための間を保ち、互いにそれを守りながら、共在する人々とともに外なる会話を紡ぎ出すための工夫を重ねていく機会が許されようし、そのようにして紡ぎ出される色とりどりの外なる会話の糸は、人々を取り巻く現実に多層的に編み込まれていくことになるだろう。そこには、既存の現実に変容をもたらす様々なプロセスの様態が含まれている。そして、そのように新鮮に構成されてゆく場において、さらに、そこでこそ可能となる内なる会話と、それをうつし込んだ外なる会話が新たに紡ぎ出され、編み上げられていく。

　無論、内なる会話にも、外なる会話にも、力強く響く声、輪郭のはっきりとした声ばかりでなく、微かな声、居場所を見つけることのできない声、沈黙する声が含まれているだろう。それゆえ、会話は必ずしも一筋には進まないし、行きつ戻りつ、ときには論理的な飛躍と見えるものも生じることになる。すなわち、そこでなされているのは、ロジカルな言語を正確に組み立てることではなく、息を吸い、息を吐くごとく、呼吸や生命の流れの勢いとリズム、揺らぎに精妙に沿いつつ、それらをいざない、いざなわれていくことである。

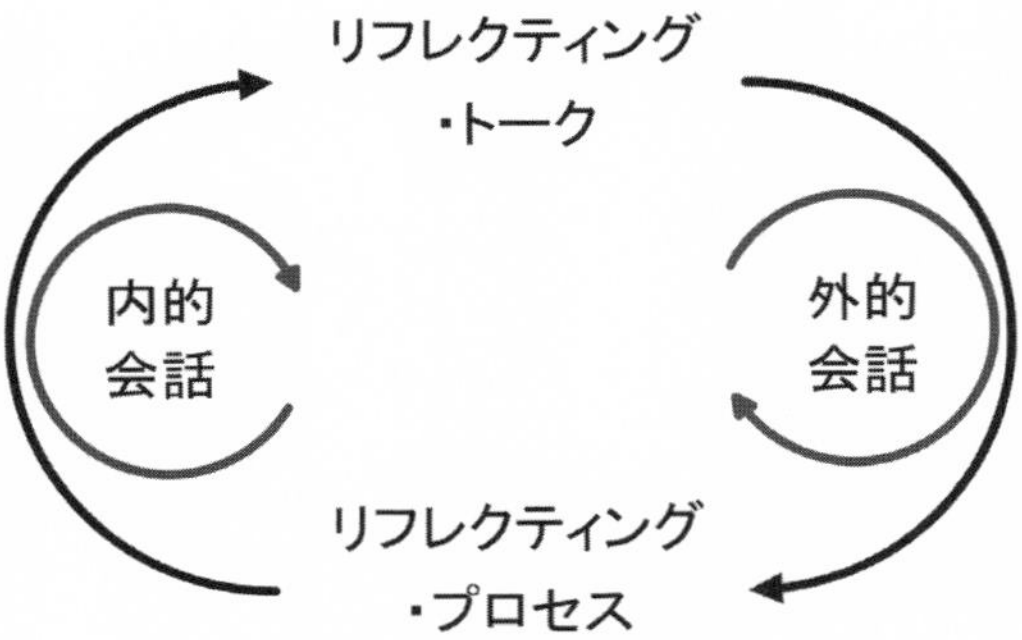

**図1**　二相のリフレクティングの生成変化

　アンデルセンがセラピーという枠を超えて、各所で既存の諸制度を変容させていくような活動に取り組んだことは、先に触れた通りだが、同時に、彼がアデル・ビューロー‐ハンセンのもとで長きにわたり学んだこともよく知られている。彼女は、ノルウェーで一九四〇年代に開発された独自の理学療法（Norwegian psychomotor physiotherapy）の創始者だ。そこに、「社会構成主義的セラピー」という括りを超え出るリフレクティング・プロセスのポテンシャルの別の一面を見出すことができるように思う。すなわち、一方では、セラピーという営みが既存の社会や制度によっていかに規定され、かつ、社会に対していかなる効果をもたらすものか、その文脈を問い直しながら、他方では、言語システム以前の触れ合いとしての、あるいは、呼吸としての身体性を伴う会話を感受し、それに沿っていく。

もちろん、それはたんなる身体の水準への回帰ではない。アンデルセンの会話に、バイオ・サイコ・ソーシャルといった多層的ケアの構えを見出すことは容易であるが、ビューロー－ハンセンによって促されたのは、それ以上の根本論理の変化、すなわち、「あれかこれか（either-or）」から「あれもこれも（both-and）」、さらに「あれでもなくこれでもなく（neither-nor）」という変化であった。内なる会話にも、外なる会話にも、前景化されず、既存の論理では見えない、聞こえない、沈黙する声がつねに潜在している。いわば、そのような内なる会話と外なる会話との双方のうねりのあいだに生じる固有の渦が、新鮮な場を創出するリフレクティング・プロセスである。

先にも触れたように、私が臨床社会学の研究者として、あるいは、リフレクティング・トークの会話者として、現在、その現場の人々と協働している精神科病院や刑事施設といった場所は、専門家としての支援者と非専門家としての被支援者という関係の絶対化、あるいは、専門職間のヒエラルキーを含む知識と権力の偏りと硬直化が、そこでの人々のあたりまえの会話を難しくするような現実を構成している場でもある。研究者としてたんにその状況を外部から批判するのでなく、会話者としてたんに専門家に役立つ会話技法を伝授するのでもなく、現場の人々とともに研究実践に取り組みながら、普段、見えているが気づかれず（absent but implicit）、話されていないような、その専門性や組織、施設がはらむ文脈を前景化し、それらをめぐる新鮮な会話の機会を模索し、試行し、ともに工夫を重ねていくこと。そのような研究実践、会話実践を通して、既存の組織、施設に新鮮な風を通し、その風土を少しずつ変容させていくこと。そして、そこではじめて聞くことが可能となる新たな声を紡ぎ、編んでいくこと。リフレクティング・プロセスとは、そうした場で育まれ、そうした場を育んでいくような風土としての全体性を取り戻していく実践であろう。

リフレクティング・プロセスの実践者としてまなざす「向こう」がそこにひらかれる。

## 4　三人と読む

ここまでに述べてきたことから感受されるであろうように、ビヨンド・リサーチはたんに研究を放棄することでなく、ビヨンド・エクスパティーズはたんに専門性を捨て去ることでなく、ビヨンド・ダイアローグはたんに対話をあきらめることではない。わかりやすく対照し、区別する上で、言語は便利なものだが、そのようにすっきりと線引きして、新たな何かを装うなら、そこにその「向こう」とのあいだは生まれないだろう。研究や専門性や対話に居座ってしまうことで、それらの可能性を貧しくし、潰えさせてしまわぬために、その「向こう」を予感しながら、その「向こう」とのあわいを行き来し、そのあいだからながめる構えをとること。本書はそのための仮の足場のようなものである。

ビヨンド・リサーチからは臨床社会学の研究者としての声が、ビヨンド・エクスパティーズからはリフレクティング・トークの会話者としての声が、ビヨンド・ダイアローグからはリフレクティング・プロセスの実践者としての声が、それぞれの響きを発している。それは、「向こう」とのあわいたる虚ろが発する万籟のようなものだ。以下では、本書に収められた文章の内と外、あわいに響くこれら三様の声を本書の導きとしたい。それは、本書に収められた文章たちとその筆者であった私があらためて出会うための会話であり、本書と読者のあいだの会話へのいざないでもある。

# コラム① あたりまえの会話が生まれる場所

## 北欧からの便り

デンマークのハネからメールが届いたのは、クリスマスの少し前のことでした。彼女はコペンハーゲン近郊の刑務所で働く心理士です。そこはデンマーク全土から、心理的あるいは精神医学的な支援を必要とする受刑者たちが集まっている少し特殊な刑務所で、かつては周囲の住民から「キチガイ刑務所」などと呼ばれていたこともあるそうです。私も何度か訪ねたことがありますが、実際には、昔のそんな呼び名から想像されるのとはかけ離れた、一人一人の尊厳がとても大切にされているのどかな生活の場です。

数年ぶりのハネからのメールには、彼女の近況と、この刑務所に長く入所していて、私も親しく話したことのある一人の背の高い男性のこと、とりわけ、彼が最近見たという夢の話が書かれていました。ぜんたいどうしてそんなことを、遠く離れた日本までわざわざ知らせてきたのでしょうか。もちろん、彼の見た夢について、私とその深層心理を分析しようなどと考えたわけではないでしょう。私は心理学者ではないし、夢の分析などできません。また、そもそも彼女がそんな目的で彼の夢の話を聞いたとも思えません。きっといつもの彼とハネとの何気ない会話のなかで、ふと最近見た夢の話が出たのでしょう。

厳格に統制された日本の刑務所のイメージで考えると違和感があるかもしれませんが、デンマークにあるその刑務所では、刑務所の職員がそこに入所している人たちと、ごく自然に（ちょうど私たちが街角で知り合いとそうするのと同じように）立ち話をしている姿を見かけます。刑罰として移動の自由を制限されている入所者たちは、刑務所の外に出ることはかないませんが、かといって、ずっと自室内に閉じ込められているわけではなく、散歩したり、何かの作業をしたり、図書室で本を読んだり、施設内にあるお店で買い物して、共同キッチンで料理したりすることもできます。それに、もっとじっくり誰かと話したいときには、そのための時間と場所も確保されるのです。北欧の国々には、こうした日本ではなかなか想像できないような雰囲気の刑務所がたくさんあることを、ぜひ知っていただきたいと思います。

さて、ハネからの夢のメールに話をもどすと、どうやらその夢には私が登場していたらしいのです。しかも光栄なことに、その夢では、彼が新たな環境で誇らしく振る舞うための手伝いに、私が日本からやってくるのでした。ハネはその夢がとても魅力的なものだと感じて、私にも夢のことを話して良いか彼に尋ねてくれたそうです。この夢のようなメール（実際、夢のメールではあるのですが）を読みながら、私はハネと彼が話している様子を思い浮かべて、うれしいような、のどの奥がじわりと熱くなるような気がしました。そして、私もその夢の風景をぜひ実現したいと感じていることを二人に返信したのでした。

## 私の仕事と臨床社会学

おそらく多くの人と同じように、私も自己紹介は苦手です。自分の一面らしきものに既成の言葉を貼りつけていくことで、話している途中から、もうその言葉が窮屈に感じられてしまいます。それに、自分の仕事がどんなことをするものなのか、正直、まだよくはわかっていないのです。あまりよくわかってしまえば、つまらない気もします。それでも、こうして文章を書いたりする際に、あえて何か肩書を付けるなら、臨床社会学者ということにしています。この肩書の良いところは、その言葉があまりきちんとした意味を持たないことです。

臨床社会学って何でしょう。一見似ている臨床心理学という分野には、臨床心理士という心の専門家としてよく知られた資格があります。近年は、公認心理師という心に関する国家資格もありますね。他にも、医師や看護師といった伝統ある資格で心に関わって仕事をする人たちもいます。けれど、臨床社会学なんて聞いたことのない人がほとんどでしょう。さいわい、現時点で日本に臨床社会学の資格はありません。だから、国やどこかの団体に認めてもらう必要も、何かを決められてしまうこともなく、安心して自分でもまだよくわからない仕事を続けることができています。

実際、どんなことをしているのかというと、今週のある日は、隣の県にある少年院を訪ねて、そこで働く法務教官や心理技官と呼ばれる人たちと、どんなふうに少年たちの声やお互いの声を聞き合っていくことができるか、そのための会話の場の工夫について一緒に話し合っていました。少年院という場所について聞いたことがある人もいるでしょう。非行を犯し、家庭裁判所から保護処分として送られてきた少年たちを収容して、矯正教育や社会復帰支援などを行う国の施設です。なんだか怖いところという印象があるかもしれませんが、英語で書くと、Juvenile Training School、スクールですから学校ということです。法務教官は少年たちの先生として、日々の生活指導や各教科の勉強の指導、職業指導などをおこない、心理技官は各種の改善プログラムなどをおこなったりします。

また、今週の別の日には、いま住んでいる地域にある精神科病院を訪ねて、そこで働く心理士や精神保健福祉士、医師、看護師など多様な専門職の人たちと一緒に、地域で暮らす利用者や入院患者、ときにはその家族らも交えた会話の場の工夫について話し合ったり、病院で働く人どうしのコミュニケーションを風通しの良いものにしていくための方法について検討したりしていました。「セーシンビョーイン」と聞くと、他の病院に比べて特別なところ、強制的に入院させられてしまう恐ろしいところというイメージがあるかもしれませんね。この病院には入院している患者さんもいますが、アウトリーチや訪問看護といって、その人が住むところにこちらから出向いて、必要な相談に乗ったり、その人が安心して地域で暮らし続けるための支援をおこなったりもしています。

## 心は病むもの？　入れ替えられるもの？

これらの場所で私がやっていることが何なのか、まだはっきりとはわからないのですが、こういうことではないということは、いくつか思い浮かびます。まず、私は心の専門家ではないし、少年院の少年の「心を入れ替えさせる」ことや、精神科病院の利用者の「心の病を治療する」ことはできません。いえ、たんにできないというより、そんな言い方には疑問を感じています。なぜなら、心をめぐるそうした表現は、個々人が自分の内に「心」を持っていて、専門家はそれを外側から操作（入れ替えたり、治療したり）できるというイメージをつくりだしてしまうからです。さらに、そうしたイメージは、非行に走る少年たちや精神的危機に直面して身動きが取れなくなっている人々が巻き込まれている困難な状況を、その人「個人」の問題や責任とみなし、他の人々や社会全体とのつながりから切り離して捉える方向へと、人々を誤って誘導してしまいかねません。けれど、心は本当に個人の内にあるのでしょうか。そうではなくて、心が人と人のあいだに生じるのだと考えるなら、私たちの前にはどんな風景が広がるでしょうか。

実際、非行に走る少年たちや精神的危機に直面する人々の背景に、そうした事態につながる人間関係や様々な社会環境を見出すことは難しくありません。そして、いったん少年院で心を入れ替えて反省する態度を示したり、精神科病院で治療を受けて症状を一時的に抑えられたように見えたとしても、そうした施設を出た後、また同じような人間関係や環境にさらされるなら、再犯や病気の再発と呼ばれることが生じても、そこに何も不思議はないでしょう。だとすれば、問題やその責任を「個人の心」に帰して、反省を求めたり、治療しようとしたりすることは、何か肝心なことを見過ごしているように思われます。

### あたりまえの会話のために

では、問題やその責任を「個人の心」に帰してしまわないとすれば、どんなことができるでしょうか。心が人と人のあいだに生じると考えるなら、私たちが誰かと交わす何気ない会話こそ、実はとても大切であることに、おのずと気づくことができます。一方、少年院において、少年たちが互いにあたりまえの会話をすることが規則で厳しく禁じられていたり、精神医療の場面で、患者や利用者のことを、あたりまえの会話をするのは難しい相手とみなしてしまったりするような、とても切ないことも現実には生じています。そもそも、少年にせよ、患者や利用者にせよ、そうした環境において相対的に弱い立場にあるその声は、専門家側の常識や解釈にたやすく飲み込まれてしまいがちです。

そのため、少年院や精神科病院で私たちが取り組んでいるのは、人々がそのなかで互いに育まれていくような「人と人のあいだ」、つまり関係のあり方に着目した活動です。人と人のあいだの関係を大きく二つの層に分けて考えてみましょう。ひとつは、目の前にいる人たちとともに

「いま、ここ」の時間と空間を共有し、一緒に会話するような状況で生じている関係。もうひとつは、そうした目の前の状況を包み込んでいる大小の社会集団のルール、暗黙の常識、いわば環境としての関係です。これら二つの層は、相互に支え合いながら、私たちが暮らす社会という現実を構成しています。人と人のあいだの関係を硬直した、息苦しいものにしてしまわないために、前者については、安心して話したいことを話せるような工夫が、後者については、その集団が持つ既存のルールや常識を問い直し、必要に応じて変化させていくような試みが大切になります。

私たちの取り組みついて、もう少し詳しくお話ししましょう。まず、安心して話したいことを話せるための工夫として、少年と法務教官、精神科サービス利用者と医療者、のように、これまで一対一が一般的であった面談場面に、もう一人（あるいは数人）が一緒に参加するユニークな会話の方法を用いています。実際、私自身もそうした会話に一緒に参加することがあるのですが、そのようにすることで、一方通行になりがちな専門家からの指導や助言といった従来の会話の流れを変化させることができます。

読者の皆さんも、目上の人から「あなたは○○だ」「だから△△しなさい」と言われて、本当は納得していないのに、つい「はい」「わかりました」と返事してしまうことはないでしょうか。そんな一方的に正解を押しつけられるような会話は、せいぜい誰かの独り言であって、あたりまえの会話とは呼べません。そうしたことを避けるために、私たちの会話では、まず、話し手（少年や利用者など）に話したいことを何でも自由に話してもらいます。つぎに、その会話を受けとめた上で、彼らの見ている前で、複数の人々（専門家ら）がそれぞれのアイデアを互いに否定することなく、そっと焚火に薪をくべるように話していきます。話し手はその様子をながめながら、自由に自分の考えを膨らませ、その後でまた、自分の思いを話すことができます。このやり取りでは、誰も説得や強制をおこないませんし、専門家の側が期待する「正解」に誘導されることもありません。こうした会話はリフレクティング・トークと呼ばれていて、現在、北欧をはじめ世界各地の医療や福祉、教育や矯正等の様々な領域で、人々の尊厳を守るために、また、豊かな会話の場を育むために活用されています。

さて、こうした会話の仕組みを実質あるものにする上で、とても大事なことがあります。それは、話し手だけでなく、会話に参加する専門家どうしも、職種間の力関係や、上司・部下の上下関係にとらわれず、風通し良く、率直に話せる関係を育んでいることです。そのため、私は少年院や病院で働く人々とともに、組織の雰囲気や職員間のコミュニケーションについて、より安心できるあり方を探究する共同研究にも取り組んでいます。

**人間になる**

デンマークのハネも、彼女が働く刑務所で刑務官らとともに入所者とのリフレクティング・トークを続けています。ハネに夢の話をしてくれた男性と私が初めて出会ったのも、そうした場面のひとつでした。そのとき、彼は私にこんな話をしてくれました。「最初は心理士と話すなんて、何か自分を操作しようとしているんじゃないかと、あまり乗り気じゃなかった」「でも、自分と刑務官と心理士でこうして会話を重ねていくなかで、自分は人間になったんだ」「自分だけではなくて、この会話を通して、自分も、刑務官も、心理士も、皆が人間になったんだ」。彼がこう話したとき、一緒にテーブルを囲んでいた刑務官も、ハネも静かに深く頷きました。

もし、会話のなかで変化が生まれるとしたら、それは誰か個人の変化ではなく、会話に関わるすべての人の変化、人と人の関係自体の変化を伴うでしょう。そこで皆が一緒に人間になっていくような、あたりまえの会話が生まれる場所を育んでいくために、私たちにはどんなことができるでしょうか。

# 実践編

# I　精神医療現場のリフレクティング

**会話者**　序章の最後で、本書を「三人と読む」ことが告げられていました。言うまでもなく、三人とは、会話者である僕と、研究者、実践者のお二人ということです。林の木々のあいだに微かな小道を探しながら散策するように、本書の文章のあいだをお二人と会話しながら御一緒できれば幸いです。

**研究者**　幕間の会話といったところでしょうか。本書の第一幕となる本パートは、精神医療現場でのリフレクティングに関わる二つの論文と一つのコラムからなっています。本書の読者には、オープンダイアローグへの関心から、そこで用いられる会話技法としてのリフレクティングに出会った人々も多いのではないかと思います。まず、第1章を通して、その成り立ちやエッセンス、さらなる可能性をはらむ実践として、あらためて新鮮にリフレクティングと出会っていただければと思います。

**実践者**　それにしても、「コンテクストに風を通す」とは大胆です。

**会話者**　コンテクストとは、日本語で言うと「文脈」「状況」「環境」といったものです。ともに(con)織られたもの(text)という語源を踏まえるなら、あらゆる言葉は、ともに織られた他の言葉やものごととの関係においてしか意味を持ちえません。一本の糸は、共に織られた多数の糸との関係において一枚の織物を構成します。

**研究者**　本文に登場するベイトソンの名前を出すまでもなく、家族療法をはじめとする各種のセラピーにおいて、現在もコンテクストは重要概念です。

**実践者**　しかし、そこで言われるコンテクストとは、いかなるコンテクストでしょうか。クライアントの行動のコンテクスト、クライアント家族におけるコミュニケーションのコンテクストに目を配ることは、たしかに多くの臨床家にとって重要なことでしょうけれど、臨床のコンテクストに風を通すことは、それとは大きく異なります。大枠としての臨床実践自体について問うことなく、あくまで臨床の道具としてコンテクスト概念を用いるのか、あるいは、臨床実践という枠組自体をコンテクストとして問い直すのか。後者について、しかも、外部から、あるいは、背後からそれを行うのではなく、臨床実践の内側に身を置きながらそれに臨むとすれば、やはり大胆なことです。

**研究者**　第2章で紹介される熊本の実践では、「制度分析」という概念にも触れられています。あなたのお話を踏まえるなら、「臨床のコンテクストに風を通す」ことは、制度分析の説明で述べられている「まず治療環境を治していこう」というアイデアとも重なり合う構えでしょう。そして、そこには、ある種の臨床社会学の可能性を見出すこともできるように私は思います。

**会話者**　その成否はわかりませんが、二〇一八年から熊本の精神医療現場との協働が始まったことは、大きな一歩でした。一方、コラム②で紹介されるように、精神医療現場の人々との研究会は、広島にいる二〇〇八年からすでに始まっていました。継続する流れと、新たな出会いが生みだす活動はつねに縒り合さっているわけです。

**実践者**　会話同様、実践に失敗はありません。あるのは、いかに続けてゆくのかのみです。そして、「縒り合す」身振りからイメージするなら、北欧での出会いと日本での模索も、本書の下縒りをなすリズムと言えるでしょう。

# 1章　臨床のコンテクストに風を通すもの

ずいぶん異なる色合いの複数の文章によって編まれる本書の試みとは、いかなるものだろうか。ひとまず、それは「臨床のコンテクストに風を通す実践」としてのリフレクティング・プロセスのあり様を、それぞれに異なる角度から、ときにより遠く、ときにより近く、さらにはそのプロセスの只中に身を置きつつ描き出すことであると言える。しかし、そもそも「コンテクスト」とは何で、「風を通す」とはいかなる振る舞いだろうか。本章では、その導入として、臨床の場におけるリフレクティングの成り立ちを紹介するとともに、コンテクスト、風を通す身振りといった、以下の本書全体で用いられる基本概念に触れてみたい。

## 1　はじめに

二〇世紀後半、人文・社会科学の幅広い領域にわたって、客観性、真理、個人主義といった知識をめぐる既存の諸前提に異議を唱え、「現実は人々のあいだで（コミュニケーションによって）構成される」と宣言する社会構成主義が登場した。この新たな認識論は、各種の臨床実践のあり方の根本的変容を力強く後押しし、ナラティヴ・セラピーと呼ばれる臨床実践の新潮流を世界各地に生みだすことになる。ナラティヴ・セラピーとは、ナラティヴ（語り、物語）というその名の通り、人々が物語ることによって彼らの人生や人間関係に意味を与えることに着目し、セラピストがクライアントと協働して新たな意味や理解、すなわち新たな物語をともに（再）構成していくようなセラピーである。前世紀末、この新たな波の主たる三潮流として本邦に紹介されたのが、マイケル・ホワイトとデイヴィッド・エプストンの「再著述療法」、ハロルド・グーリシャンとハーレーン・アンダーソンの「無知のアプローチ」、そして、トム・アンデルセンの「リフレクティング・プロセス」であった。

これら三様の試みは、その実践の展開過程において相互に影響を与え合いつつ深化し、グーリシャン、アンデルセン、ホワイトという各潮流の創始者たちが雲を抜けた現在も、セラピーという枠を大きく超えて豊かな臨床実践を生みだし続けている。*1 以下、本章では、これらの潮流のなかでも、筆者が一貫してその臨床社会学的性能を吟味してきたアンデルセンのリフレクティング・プロセスについて、また、さらに、そのプロセスの延長線上に位置づけられる西ラップランド生まれのオープンダイアローグについて、それらの実践の理論的源泉のひとつであるグレゴリー・ベイトソンの「コンテクスト（文脈）」という視点から、あらためて光をあててみたい。

後でも触れる通り、ベイトソンが一九五〇年代、統合失調症とされる患者とその家族のあいだに見られるダブルバインド状況を指摘し、その理論的精緻化を行ったことは広く知られている。端的に言えば、それは広くセラピーと呼ばれる臨床実践を個人（の心）に焦点を置く心理学の理論的束縛から解放し、コミュニケーションの次元へと跳躍させ、いずれ「ナラティヴ」と称されるセラピーの新潮流を生みだすことになるような家族療法の理論的土台をも設えたのだった。無論、こうした説明では、ベイトソンがもたらしたもののほんの一面に触れたに過ぎない。到底その全貌を見通すことが困難な、きわめて広汎なパースペクティヴを有する彼の議論を理解する上で、一つのカギとなるのがコンテクスト概念である。

ベイトソンの定義によれば、「コンテクストとは、有機体に対し、次に行なうべき選択の選択肢群がどれであるかを告げる出来事すべてに対する集合的総称である」（Bateson 1972=2000: 394、傍点ママ）。抽象度の高い定義であるが、我々が日々そこに関与する具体的なコミュニケーション場面を想起するなら、同じメッセージが（それが言語的であれ、非言語的であれ）コンテクスト次第で攻撃にも、愛情表現にも、その他の何かにもなりうることがすぐに理解されるだろう。すなわち、いかなるメッセージも、コンテクストなしには意味を持つことができない。そして、メッセージに注目する限り、コンテクストはあまりに自明な背景であるがゆえに気づかれず、同時に、気づかれることなく人々の次なる行為の選択肢を規定することになる。

以下では、コンテクストという視座からながめることで、リフレクティング・プロセスやオープンダイアローグがたんに臨床の新奇な形式であることを超えて、臨床実践に対していかに画期的な働きを持ち、いかなる含意を有するのかを読者とともに感受できればと思う。先取りして述べるなら、それらは既存の臨床のコンテクストに新鮮な風を通す実践なのである。また、それらの実践について概観した後、本章の最後には、筆者が模索する臨床社会学にとって、それら北欧での実践から得られる示唆とはいかなるものであるのかについても考えてみたい。

## 2 リフレクティング・プロセスのコンテクスト

ノルウェーの臨床家であるアンデルセンの名を世界に知らしめたのは、一九八五年三月の夜になされた家族療法の場における「灯りと音声の切り替え」という出来事である（Andersen 1991）。後述する通り、当時、主流であったミラノ派の家族療法では、ワンウェイ・ミラー[*2]によって隔てられた（クライアントである家族たちが面接を受ける）面接室と（面接室の様子を専門家たちが観察する）観察室という二つの空間の分断が強固な基本構造をなしていた。アンデルセンらが行った「灯りと音声の切り替え」は、その不動の構造をまさしく転換するものであり、その転換を活用したリフレクティング・チームという新たな面接形式が発表されるや、世界中の家族療法家たちの注目を集めることになる。

無論、大切なことは、この「灯りと音声の切り替え」という出来事が位置づくコンテクストであり、この出来事がそうした既存のコンテクストに対していかなる働きをなしたのか、ということである。先のベイトソンによるコンテクスト概念の定義を踏まえるなら、それを確認することこそが、この出来事の意味を闡明することにつながるだろう。以下では、この出来事に至るまでのアンデルセンの歩みを概観することを通して、その出来事がはらむコンテクストを辿ると同時に、リフレクティングという実践自体の基盤でもあるコンテクスト概念の合意について浮かび上がらせよう。

一九三六年、ともに美術教師であった両親のもとに生まれたアンデルセンは、オスロ大学の医学部を卒業後、ノルウェー北部のへき地に赴き、地域の一般医として臨床家の道を歩み始める。このとき彼が直面した疑問のひとつが、病気が周囲の人々に及ぼす影響についてであった。この疑問への答えを求め、彼は精神医学の道に進む。一九六五年より精神医学の専門教育を受けた彼は、一九七三年以降、当時世界最北の大学であり、開学されたばかりのトロムソ大学に籍を置く。その頃、トロムソの病院に「精神病患者」として入院するということは、家から遠い場所へと移され、家族や友人や職場の同僚といった元のコミュニティとのつながりが絶たれることを意味していた。こうした現実に直面し、彼は仲間とともに病院を出て、地域のなかで患者に向き合うことを試みる。そして、そこで彼らが獲得したものこそ、コンテクスチュアルなパースペクティヴである。アンデルセンは言う。

> 僕らは、病院で働いているときには個別的な見方を頼りにしていたけれど、それを捨てたのである。僕らは人々を環境から独立した雑多な個々人として見ていた。何が起きているのか知るために、個人を調べていたわけだ。しかし、外に出ることによって、僕らは文脈的な見方を採用し、人間をその環境の一部として理解するようになった。その時、僕らは家族療法のアイデアを手に入れたわけだ。つまり、個人は文脈に属し、どの文脈も時とともに変化する。(Malinen et al., 2012=2015: 57)

すなわち、病院という場においては、一患者、あるいは、一症例という医療者側から押し付けられた単一的コンテクストに嵌め込まれ、そこでの位置付けから身動きが取れなくなっていた個人が、地域においては、渾然とした豊かな環境のなか、様々な人々とのあいだで多面的生活を営む人間として理解されるようになる。しかも、そこではすべてのコンテクストが時間とともに変化していくことが認容されている。こうして、コンテクストと時間は、アンデルセンの実践を導く大切なパースペクティヴとなった。

言うまでもなく、ここで用いられているコンテクスト概念は、ベイトソンに由来するものだ。有名なダブルバインド説[*3]を提唱した論文のなかで、ベイトソンは、明白な事実として「人間がコミュニケーション・モードを識別するのにコンテクストの助けを得るということ」（Bateson 1972=2000: 293、傍点ママ）に注目している。さらにその後、ベイトソンにおいてコンテクスト概念は、「刺激、刺激のコンテクスト、刺激のコンテクストのコンテクスト……」というふうに必然的にヒエラルキー構造において捉えることが要請されるような彼独自の学習理論におけるキー概念へと彫琢されていく。「刺激のコンテクスト」とは、基礎的信号を分類するメタレベルのメッセージであり、先に触れたように、いかなるメッセージも、そのメッセージを分類するためのメタレベルのメッセージ、すなわち、コンテクストなしには意味を持つことができない。

こうしたコンテクスト概念にもとづくダブルバインド状況の一般的説明として、今日、人口に膾炙しているのが、「ダブルバインドとは、相手から届くメッセージが、その高次のレベルと低次のレベルにおいて矛盾している事態」という理解のされ方であろう。しかし、精神科医であり、その独自の哲学的思索でも知られる木村敏（2005）がきわめて的確に指摘している通り、二つのレベルのメッセージ間の矛盾は、それ自体で必ずしも深刻な困難をもたらすものではない。「（筆者註：ダブルバインドにおいて）この矛盾が自己の成立を妨げるような効果を持つためには、この矛盾は、形の上ではその一方の側に過ぎないメタレヴェルのメッセージそのものに内在しているのでなければならない」（木村 2005: 177-178）。

そう。注意を払うべきは、自己の成立を妨げるようなメタレベルのメッセージそのものに内在する矛盾、すなわち、コンテクストに内在する矛盾に他ならない。ちなみに、木村が言う「自己」とは、「〔…〕人と人とのあいだに自然な潤いが感じられ、「気」が伸びやかに活動し、「間」が「間」として一切の出来事を生み出すことができる」（木村 2005: 177）ような状態を指す。アンデルセンがその実践の出発点において獲得したコンテクスチュアルなパースペクティヴとは、まさしく、そうした自己の成立を妨げるようなコンテクストに内在する矛盾を感受する視点であっただろうと筆者は考えている。

さて、一九七〇年代以降、様々な家族療法の文献に触れ、それらの臨床への導入も試みるなか、トロムソ大学で仕事を始めたアンデルセンは、家族療法の世界で活躍していた多くの人々と出会う。とりわけ、そのころ広く注目を集めた「ミラノ派」と呼ばれる家族療法は、彼らのアプローチに大きな影響を与えた。当時のミラノ派の面接スタイルは、面接室の様子を観察するためのワンウェイ・ミラーを標準的に使用し、鏡の背後の観察室に複数の専門家からなる観察チームを配置するものだった。ワンウェイ・ミラーで隔てられた二つの部屋と、二つの部屋を結ぶインターホン、ビデオカメラといった道具立てにより、面接室の外部の観察チームが家族間のコミュニケーションを俯瞰的に観察できるようにしたことは、家族療法の歴史における画期的な発明であった。こうしたセッティングは、たとえば、面接者が家族の相互作用に巻き込まれて行き詰った際などに、その状況を俯瞰する観察チームの側から面接者に助言をおこなうことを可能にした。そして、実際の面接では、適切なタイミングで面接を中断して、面接者とチーム全員が（家族を面接室に残して）ワンウェイ・ミラーの背後に集まり、面接中に得た情報をもとに協議し、その先の面接の方針や介入内容を決定するという手順をとっていた。

しかし、家族たちを面接室に置き去りにして、専門家だけが密室で決定を行うこうした形式での面接に、アンデルセンらは、「どうして僕らは、ミーティング中に家族らを置き去りにして、彼らに与える「介入」を議論するために密室に入っていくんだろう」「どうして僕らは、部屋に留まって家族らのいる場で議論し、家族らにそれを聞いてもらわないんだろう」と、居心地の悪さを感じていたという。

数年来、そうした不快さや居心地の悪さを感じ続けていたアンデルセンらは、ついに一九八五年三月のその夜を迎える。この日、あまりの長きにわたる悲惨な状況のなかで、他のことが考えられなくなっているその家族に対し、何か楽観できるような質問をするようにと三度にわたりワンウェイ・ミラーの背後の別室で面接者に指示を与えたアンデルセンらは、面接室にもどった若い医師が、すぐにまたその家族の悲惨さのなかに引き戻されてしまう様子に直面し、あるアイデアを実行にうつす。彼らは、面接室のドアをノックし、「あなたがたが話したことについて僕らが話すのを聞くことに興味はおありでしょうか」と尋ねたのだった。

こうしてワンウェイ・ミラーで隔てられた二つの部屋の灯りと音声は切り替えられ、専門家チームによる「クライアント家族たちの会話」についての会話と、その様子の家族らによる観察がおこなわれた。しばらくして、ふたたび灯りと音声が切り替えられ、専門家たちの目に映った鏡の向こうの家族たちの様子は、当初のアンデルセンらの予想に反し、驚くべきものだったという。彼らは、短い沈黙の後、互いに微笑みながら今後について楽観的に話し始めたのだ。これが、いまや世界に広く知られるリフレクティング・チーム誕生の場面であり、家族療法の分野でリフレクティング・プロセスが動き出した決定的瞬間である。

コンテクストという観点から、あらためてこの出来事をながめてみよう。まず、家族らにとってみれば、ワンウェイ・ミラーで隔てられた二つの部屋の灯りと音声の切り替えは、それまでの面接が位置づけられてきた「自分たちの与り知らぬ専門的見地を有した専門家による自分たちへの治療」というコンテクストを大いに揺るがすものとして効果を発揮しただろう。すぐそこ（鏡の向こう）に存在することは認識していても、自分たちからはその正体を見ることのできない、しかし、自分たちの正体を一方的に知り、〝客観的〟判断を下す存在の気配という家族らにとっての「コンテクストに内在する矛盾」は、灯りと音声の切り替えにより、一挙に目の前の明るみへと引き出されることになる。その時、もはやそこには、「自分たちの正体を知り、〝客観的〟判断を下す存在」はいない。ただ家族らの様々な可能性について、必ずしも一致しない意見を真摯に交わす人々がいるだけだ。そして、そのことこそが自分たちの今後について微笑みながら話し合うような家族らの自己を成立させる。

では、専門家らの側にとってはどうだろうか。そもそも、家族療法自体が家族における複雑な相互行為の関係を把握するために、行為そのもののみでなく、その行為がおこなわれた背景との関連性、すなわちコンテクスチュアルな意味解釈を重視するものである。しかしながら、そこにおいて、家族の観察者である自分たち専門家自身は、（たとえば、ワンウェイ・ミラーで隔てられることで）それら家族の相互行為とは一線を引いた上で、正しい判断を行ないうる客観的な立場に位置づくもの、あるいは、位置づかねばならないものと考えられていた。このことは、家族療法という臨床実践において、専門家たちによって家族たちに対して（あるいは、専門家たち自身にとっても）不可視化されていたコンテクストであったと言うことができるだろう。

こうした従来の家族療法における臨床実践の「コンテクストに内在する矛盾」こそ、アンデルセンらにおいて、不快さ、居心地の悪さとして感受されていたものに他ならない。一九八五年三月に生じた「灯りと音声の切り替え」という出来事は、そうした従来の状況に対して、観察者としての自分たち専門家自身を、家族らによって観察されるものとして双方向の相互行為の内部に位置づけなおすこと、すなわち、従来不可視化されていたコンテクストをきわめて大胆かつ実際的な方法で前景化することを意味した。そして、そのことが、「家族らを見通す〝客観的〟で〝正しい〟観察者」という不快な専門家像を脱する新たな自己の成立の機会を専門家たちにもたらしたのである。

こうして従来の家族療法がはらむ「コンテクストに内在する矛盾」に風を通すための方法が生まれた。しかし、すでにベイトソンにおいて指摘されていたように、コンテクストとは必然的にヒエラルキー構造において捉えることが要請されるものである。すなわち、それは、それを捉えた刹那、それとは異なる何かへと変質してしまうようなものだ。ドイツの社会学者として知られるニクラス・ルーマンの以下の箴言は、コンテクストのはらむそうしたパラドクスを剔抉している。「なるほど、言い訳として《文脈》について語られはする。〔規定されているものだけでなく〕その文脈をこそ考慮しなければならない、というわけである。しかしこの要求はパラドキシカルなものに留まる。それを満たそうとすれば、《文脈 Kontext》をひとつの《テクスト Text》へと変換することになってしまうからである」（Luhmann 1997=2009: 25）。すなわち、前景化されたコンテクストは、すでにコンテクストではなくテクストであり、したがって、コンテクスチュアルなパースペクティヴを保持し続けるという姿勢は、いったん前景化されたコンテクスト（＝かつてコンテクストであり、いまやテクストに変換されたもの）を玩び続けるのとは全く逆のことを意味する。

そうした意味で、「アンデルセン＝リフレクティング・チームの提唱者」、という声望は、現在、本邦に限らず広く世界に流布しているものだが、本人が最も忌避したものでもある。「僕は、リフレクティング・チームという言葉はなくなればいいと思っているんだ。リフレクティング・トークといっても多種多様だ」（Malinen et al. 2012=2015: 157）。その形式的な新奇性ばかりが流布してしまったリフレクティング・チームに対するアンデルセンのこうした発言は、かなり早い段階から見られる。ここまでの議論から明らかな通り、結果として得られたリフレクティング・チームという形式が重要なのではない。一九八五年三月の出来事がはらむ既存のコンテクストに新鮮な風を通す身振り、コンテクスチュアルなパースペクティヴこそが注目すべきものだ。当初より、リフレクティング・チーム形式がカテゴリー化され、指令的・抑圧的なものになることで誤用される可能性を看取していたアンデルセンは、それを避けるために世界各地を東奔西走することを辞さなかった。そして、やがてそれは次なるコンテクストに風を通す実践へとつながっていく[*4]。

## 3　リフレクティング・プロセスからオープンダイアローグへ

二〇一〇年代の半ばから、俄かに本邦においてもその存在が知られるようになり、その後、各方面において広く注目されるようになったオープンダイアローグに筆者が直接触れることになったのは、二〇一三年九月、多様な領域でリフレクティング・トークの活用が進展している北欧の実状を調査するため、デンマーク各地の病院や施設、大学、シンクタンク等を訪ね歩いていた際のことだ。

いまや、その対話性を重視した哲学と目覚ましい転帰の改善成果から世界各地で注目されているオープンダイアローグという言葉は、フィンランド西ラップランドのケロプダス病院において実践されている精神医療システムを指すものとして、一九九五年に初めて公刊された論文上で用いられた(Seikkula et al. 1995)。「開かれた対話」というその名のイメージ通り、その特徴は、心の病に直面している本人とその家族、さらにはソーシャル・ネットワーク(多様な機関の職員や、本人の友人、職場の同僚、近隣住民等までを含む)を交えた透明性の高いオープンなトリートメント・ミーティングが、最初の関わりから一貫して必要な限り、必要な場所で、必要な頻度で継続されていくことにある。そこでは、薬の使用にせよ、入退院にせよ、すべてのことが本人を含めて皆の出席するトリートメント・ミーティングの場でオープンに話し合われ、決定される。

前節までの議論を踏まえるなら、こうしたオープンダイアローグにおいて、その話し合いの内容ばかりでなく、話し合いの状況それ自体(すなわち話し合いのコンテクスト)が、その場に携わるすべての参加者の自己にとってきわめて治癒的に効果するということが理解されよう。さらに、このオープンダイアローグという言葉には、そうしたトリートメント・ミーティングにおけるオープンな対話を可能にするためのより大きなコンテクストとして、当該コミュニティにおける精神医療システムの全般的な組織化原理も含意されている。

現時点におけるオープンダイアローグの主要七原則は以下の通りだ。(1)迅速な対応:二四時間の危機対応を設置し、連絡から二四時間以内に最初のミーティングを設ける、(2)ソーシャル・

ネットワークの包摂：本人、家族、その他のソーシャル・ネットワークの鍵となるメンバーたちをミーティングに招く、（3）特殊で変化するニーズへの柔軟性な対応：特殊で変化するニーズに対応し、個々のケースに最も適した治療的方法を適用する。また、トリートメント・ミーティングは、家族の同意があれば本人の家で行なう、（4）責任の保証：連絡を受けた者は誰であれ、最初のミーティングを組織し、チームを集める責任を持つ、（5）心理学的継続性の保証：チームは、外来状況であれ入院状況であれ、すべてのプロセスにおいてトリートメントの継続性を保証する、（6）不確かさの包容：最初の段階では、信頼関係の構築による安心感を醸成することを目指し、早計な結論や治療的決定を避ける。たとえば、薬の使用に関しては、その実施以前に少なくとも三回のミーティングでその適否を議論する、（7）対話性：本人や家族の変化の促進は第二義的なもので、第一義的には対話性の促進に焦点をおく。

現代の精神医療において、革命的ともいえるこうしたオープンダイアローグ・アプローチを広く世界に知らしめることになったヤーコ・セイックラとメアリー・オルソンによる論文には、次のような一節がある。「セイックラは、ノルウェーの精神科医トム・アンデルセンとともに、ロシア、ラトヴィア、リトアニア、エストニア、スウェーデン、フィンランド、ノルウェーにおける急性期医療の場面でオープンダイアローグとリフレクティング・プロセスを用いるチームの国際的ネットワークを育て、このアプローチは、北欧において幅広く認められた」（Seikkula and Olson 2003: 403-404）。こうした記述からも見てとれる通り、オープンダイアローグは、リフレクティング・プロセスときわめて深い関わりを有しており、その歴史においても、今日の実践・教育においても、両者は分かちがたいものである。

少し遡ってみるなら、西ラップランドでのオープンダイアローグに関する実践研究が本格化する少し前の一九八八年三月、リフレクティング・チームについて知るため、ケロプダス病院のあるトルニオから、雪のなか、車で八時間の道程を経てトロムソを訪ねたセイックラらは、アンデルセンと出会い、それ以来、彼らの国境を越えた連携がつづいていくことになる（Andersen 2006a）。そして、その出会いから数年後の一九九〇年代半ば、アンデルセンは、西ラップランドにおける彼らの貴重な実践が、もし中止されたり、セイックラに何かあれば、すっかり崩れ去ってしまうだろうことを懸念し、精神病のトリートメントに関して、既存の精神医療のあり方、すなわち、主流のコンテクストを問い直そうとする各地の仲間たちとともに国際的ネットワークを立ち上げる（Anderson and Jensen 2007）。

二〇一四年八月、筆者がデンマークの古都ロスキレにおいて参加した第一九回目を迎えるこのネットワークの国際会議は、そうした歴史を有する場であった。会場には、二〇一五年から本格的なオープンダイアローグのトレーニング・プログラムを開始する予定のイギリスや、マサチューセッツ大学のオルソンらによりオープンダイアローグ・アプローチの実践研究の準備が進められているアメリカからの参加者も見受けられた（筆者にとっても、セイックラやケロプダス病院のスタッフたちと話し合う貴重な機会となり、翌週に実現したケロプダス病院訪問、そこでの複数回にわたるトリートメント・ミーティング参加の機縁ともなった）。

さて、先に触れたように、オープンダイアローグ・アプローチは、たんに本人や家族、あるいはネットワークを交えたオープンなミーティングの方法のみを意味するものではなく、そのコンテクストとしてのコミュニティにおける精神医療システム全体を対話的な空間へと組織していくための基本原理といえる。あらためて、リフレクティングとオープンダイアローグの関係を考える時、一方で、そのミーティングの場において柔軟にリフレクティング・トークが用いられるという点に着目するなら、オープンダイアローグはリフレクティングを対話の促進技法として導入しているとみなすことができるだろうが、他方で、コミュニティにおける精神医療システム全体の対話的組織化を志向するあり方に、アンデルセンにおけるコンテクスチュアルなパースペクティヴを引き継ぐ一面を見るなら、オープンダイアローグは、広義のリフレクティング・プロセスのひとつの現われとみなすこともできるだろう。

現在、国際的ネットワークを通して、オープンダイアローグ・アプローチは着実に世界各地に広がりつつある。無論、セイックラが指摘している通り、良い実践というものは、そのまま別の場所に移し換えられるようなものではない（Seikkula and Arnkil 2006）。新たなコンテクストにおいては、ローカルな交渉、ローカルなネットワーキング、そして、ローカルな学びのプロセスが必要とされる。すでにオープンダイアローグの実践・教育・研究が推し進められているデンマークにおいても、二〇〇四年から地域精神医療研究センターが精神医療ユーザー協会（ＬＡＰ）、専門職リーダー、キー・スタッフらと会合を持ち、デンマークのコンテクストにおけるオープンダイアローグ開発のための分野横断的ネットワークの創出を計画し、それを踏まえて二〇〇五年に設立されたオープンダイアローグ・ネットワーク（ＯＤＮ）が、その教育と研究の確立において中心的役割を果たしてきたという(Juliussen 2014)。

その後、ようやくオープンダイアローグについて知り始めた日本においても、二〇一五年からフィンランドの実践者らを招いてのセミナーが開催されるようになり、二〇一六年にはオープンダイアローグ・ネットワーク・ジャパンが正式に立ち上がった（当初、筆者も運営委員の一人として、その始まりに関わった）。二〇一七年からはダイアローグ実践のトレーニング・コースも始まり、専門誌等の複数のメディア上でも、精神医療の新たな可能性として取り上げられるとともに、それに関心を持ち、学ぼうとする人々も各地に増えつつあるように見える。ただし、臨床のコンテクストに風を通すものとしてのリフレクティング・プロセスの視座からながめる時、その様子にいくらかの懸念もある。[*5] 言うまでもなく、大切なことは、外国で成果が得られているように見える新たな技法を自国に持ち込むことでなく（それは、すでにテクストに変換された形骸に過ぎない）、その国、その地域、その組織に固有のローカルなコンテクストを見つめ、そのコンテクストに内在する矛盾を感受し、そこに新鮮な風を通していくことだろう。そうした身振りを探求する歩みこそ、リフレクティング・プロセスが我々に示唆するものである。

## 4　おわりに

以上に見てきたリフレクティング・プロセスとオープンダイアローグは、いずれもセラピーあるいは精神医療という臨床のコンテクストに埋め込まれた実践でありながら、時としてそれらの領域がはらむ「コンテクストに内在する矛盾」に風を通すため、きわめて具体的な方法を編み出し、各々の風土において、それを実現する取り組みであった。そして、同時に、それらはその場に関わる人々の生き生きとした自己を成立させ、さらに新たなコンテクストをまなざすことで、より広範な領域を射程に含んだ次なる実践を産出し続けるような作動でもある。

本章の終わりに、これら一連の実践から臨床社会学が得られる示唆について少し考えてみたい。ここで参照を試みるのが、独自の理論社会学を追究した吉田民人によって提唱された〈認識論的構築主義／存在論的構築主義〉という区別である。吉田（2004）は、構築主義が「言語による（社会的）現実構成」や「（社会的）現実の言語的構成」というとき、その多くは現実の認知的・評価的構成に限られており、「構築の指令モード」が気づかれていないことを鋭く指摘し、社会学研究において主流となっていたそれらを「認識論的構築主義」と名付けて批判している。構築の指令モードとは、言語による世界認識をめぐる議論に留まるのに対して、構築の指令モードとは、言語による世界制作を志向するものであり、そこにおいて認識論的構築主義は、それをその一部に包摂する「存在論的構築主義」へと転回する可能性に開かれることとなる。吉田がそうした構築の指令モードの数少ない実例のひとつとして、「ナラティヴ・セラピー」を挙げているのを見るとき、そこに臨床社会学的研究・実践の射程に関する貴重な示唆を見出すことができるように思う。[*6]

いずれかの臨床実践のコンテクストに風を通すことと、学問としての社会学内部において何らかのテクストの盲点を指摘し、別のテクスト上でその背後を取るような知的ゲームを反復することとの決定的な差異は、まさに構築の指令モードを含み込むか否かにある。リフレクティング・チームが形式的な技法として教育され、消費されることがありえたように、オープンダイアローグにおいてもマニュアル化、形骸化の可能性がつねにありうる。それが具体的な方法であるほどに、ルーマンが指摘したようなテクスト化は容易に生じるだろう。しかし、実質的意味を生みだすのは、つねにその出来事が位置づくコンテクストである。臨床社会学もまた、何らかの具体的局所において、そのコンテクストに風を通すことを志向するならば、それは、自らの実践がテクスト化されることを覚悟しながら、具体的な場に則した方法を編み出し続け、そこで新たな世界制作に取り組みつつ、さらにその観察を重ね、……という試行錯誤の歩みとなるだろう。
以下、本書において記述される諸実践は、そうした歩みの記録に他ならない。

**註**

＊1　ただし、これらの潮流が「ナラティヴ」というラベルのもとで一纏めに紹介されてしまいがちな本邦にあっては、その間に存在するきわめて豊かな差異（たとえば、〈ナラティヴ／コラボレイティヴ〉の差異）を見失わないよう、注意しなければならない。詳しくは、矢原（2016）第3章を参照。

＊2　和製英語ではマジックミラー。明るい側からは鏡に見えるが暗い側からは透明なガラスとして向こうが見える鏡のこと。刑事ドラマのなかで、取調室の様子を外から観察する場面で用いられているのを記憶している読者も多いだろう。

＊3　ベイトソンによれば、ダブルバインド状況を構成する要件は、以下のとおりである（Bateson 1972=2000: 294-295）。

1．ふたりあるいはそれ以上の人間：このうちひとりを「犠牲者」として見る。
2．繰り返される経験：一回ではなく、繰り返される経験のなかで、ダブルバインド構造に対する構えが習慣として形成される。
3．第一次の禁止命令：a「これをすると、お前を罰する」、あるいは、b「これをしないと、お前を罰する」という形式をとる。
4．より抽象的なレベルで第一次の禁止命令と衝突する第二次の禁止命令：ふつう非言語的手段によって伝えられる、第一次のレベルのメッセージのどの要素とも矛盾する禁止のメッセージ。

5. 犠牲者が関係の場から逃れるのを禁ずる第三次の禁止命令。
6. 犠牲者がみずからの意味宇宙をダブルバインドのパターンにおいて知覚すること。

＊4 代表的な実践の一つである北欧の刑事施設におけるリフレクティングの展開について、本書第3章を参照。

＊5 詳細については、本書第9章、10章を参照。

＊6 本邦において、social constructionism に関する訳語は、学問分野ごとにやや錯綜しており、社会心理学や、ナラティヴ・セラピーの分野では「構成」、社会学分野では「構築」の語が主に用いられている。本書においても、言及する先行研究における表現に沿うため、「社会構築主義」「社会構成主義」という訳語を適宜使い分けることになるが、原語は同一である。

# 2章　精神医療の現場に風を通し、会話の風土を育む

「回復」「語り」「コミュニティ」。会話の風土を育むために、これら色合いの異なる三本の糸をどのように編むことができるだろうか。本章では、この三本の糸からなる編地に、熊本の精神医療現場をフィールドとして進行中である筆者らの活動の文様を浮かび上がらせることを企図している。基調のリズムをなす二様の編み目は、トム・アンデルセンによって最初に家族療法の文脈において体現され、その後、世界各地の臨床現場で多様な展開を示すリフレクティング・トークとリフレクティング・プロセス。序章でも触れた通り、「内なる会話と外なる会話のあいだのうつし」(Andersen 1995: 18)とシンプルに表現されるリフレクティング・プロセスは、対面的相互行為場面における多様な会話としてのリフレクティング・トークをその一部に包含しつつ、通常の意味でのセラピーの枠組を大きく超える活動をも含意している。それらの比較的見やすい一面は、広義の会話と研究実践であるから、本章を筆者なりの臨床社会学的研究ノートの一例として読むこともできるだろう。

## 1　はじめに

「ナラティヴ」というキーワードのもと、昨今注目される「回復の語り」に着目するとき、そこに「回復についての語り」と「回復のための語り」の二つの相を見出すことができる。前者の語りは回復をその外からまなざし、後者の語りは回復をその内からまなざす。外から／内から、と言っても、それは特定の語りの主体に帰属させうる区別ではない。一般に回復の当事者と看做される者が自らの回復について事後的に観察し、語ることは可能であり、そうした記述は様々な形態で世に溢れている。同様に、必ずしも回復の当事者とは看做されない者が他者の回復のために語ることも（潜在的にそれが自己の回復のためである場合もあることは言うまでもないが）、各種の専門職や支援者と呼ばれる人々において、多様な形でありうる。

一方、回復という出来事自体の文脈に目を向けるなら、その出来事を外からまなざす「回復についての語り」が何らかの外部の足場に依拠することで成立するのに対して、それを内からまなざす「回復のための語り」は、「この時と所」で生じるアクチュアルな現実状況における回復という出来事を離れてあることはできない。このとき、近年、オープンダイアローグをはじめとする各種のダイアローグ実践における思想的基盤の一つとしてその対話論に注目が集まるミハイル・バフチンのキーワードのひとつでもあるこの「出来事（sobytie）」という語が、語源的に so「ともに」＋ bytie「存在」からなることを想起することもできよう（桑野 2011）。すなわち、出来事としての回復は、回復のために語る者を含む多層的文脈の合流点、何らかの回復コミュニティと呼ぶべき場に於いてこそありうるということだ。しかし、このとき、回復の主体とは、あらためて如何なるものであるのか。これが本章を貫くひとつの問いである。

以下では、リフレクティングについて、近年、俄かに注目の集まるオープンダイアローグとの関係において流布する誤解と、その本来について瞥見した上で（2）、筆者が熊本の精神医療現場の人々と取り組む活動としてのリフレクティングについて概観し（3）、最後に、それらを踏まえた回復、語り、コミュニティをめぐる考察を述べる。

## 2　オープンダイアローグとリフレクティング

近年、本邦でも注目されるオープンダイアローグは、精神的危機に直面した患者やその関係者（プライベート・ネットワーク）と多職種チーム（プロフェッショナル・ネットワーク）による対話的な治療ミーティングを基本としたアプローチの高い治療成果により、世界各地の精神医療領域で関心を集めている。そこでは、まさしく回復のための語りの有効性が体現されているかのようにも見え、結果、この新奇な治療アプローチについての語りは、本邦の医療・看護・心理等の専門誌をはじめとする各種メディアに俄に目立ち、その方法を修得するための専門職向け研修も活況を呈している。しかし、その代表的論者であるヤーコ・セイックラが対話主義を論じるなかで「対話の第一の狙いは、対話そのものを推し進めることであって、患者あるいは家族の改善や変化は二義的なものです」（Seikkula and Arnkil 2014=2019: 115）と明言していたことを直視するなら、我々は、語りを回復という結果のための道具にすり替えてしまう傾向の危うさ（それは国内のみならず、近年の世界的な流れにも見出される）について再考を迫られることになる。

ここで、本章において紹介する活動をながめる際の補助線として、ヴィゴツキーのアイデアを独自に開拓したフレド・ニューマンとロイス・ホルツマンによる議論を参照しよう。彼らが提示したのは、「結果のための道具／《道具と結果》」という二つの方法論の画期的な区別である。前者の「結果のための道具」の例としては、大量生産されて店先に並ぶ道具が挙げられる。それは特定の目的のために用いるものとして同定、認識される、いわば特定の機能が物象化された形態といえる。こうした道具の一つの帰結は、「それを使用する人間を規定するようになる」(Newman and Holzman 2014=2020: 50) ことだ。これに対して、《道具と結果》は、たとえば道具製作者によって（他の道具を含め、何かをつくり出すために）特別にデザインされ、開発された道具である。こうした道具は完成された、あるいは、一般化されたアイデンティティを持たない。その本質的特徴は、その機能にではなく、それが展開している活動にあるので、結果と切り分けることはできない。無論、《道具と結果》が機能を持たないということではない。留意すべきは、「(結果のための道具のように) その機能によって《道具と結果》を定義する試みは、それが何であるかを（そしてもちろん、その過程で定義が意味することも）すっかり歪めてしまう」(Newman and Holzman 2014=2020: 51) ということだ。我々に柵む「特定の目的のための特定の活動」という桎梏を乗り超える上で、こうした《道具と結果》方法論は大切な足場を提供してくれる。

筆者が長くその実践と研究に取り組むリフレクティングも、近年、オープンダイアローグの文脈において、あらためてその技法としての有用性（すなわち「結果のための道具」としての有用性）に言及される機会が増えている。実際、オープンダイアローグの治療ミーティング[*1]における中核的会話技法としてリフレクティング・トークを用いることは、このアプローチを紹介する多くの文献において、ほぼもれなく言及されており、筆者自身、西ラップランドにおける治療ミーティングの現場に幾度か同席するなかで、その様子を目の当たりにしてきた。すなわち、たしかにオープンダイアローグにおける会話技法としてリフレクティングが用いられている、とひとまずは述べることができる。

しかし、両者の関係について、そうした理解のみに留まるなら、我々はオープンダイアローグとリフレクティングという双方の実践がはらむ豊かな可能性を極端に矮小化してしまうことになる。たとえば、家族療法の歴史の証人として知られるリン・ホフマンは、セイックラらによる最初の主著に寄せた序文のなかでこう述べている。「私見では、この2つのやり方（筆者註：オープンダイアローグ、および、本書コラム④で紹介する未来語りのダイアローグを指す）は、トム・アンデルセンのリフレクティング・プロセスと、より巨視的には、「ノーザン・ネットワーク」という彼のヴィジョンの一部にその多くを負っている」(Seikkula and Arnkil 2006=2016: vi)。ホフマンが述べる通り、リフレクティングは北欧で展開される各種のダイアローグのひとつの基盤をなすものであると同時に、たんに技法的基盤であるというよりも、より広汎な文脈を見据えたアンデルセンのヴィジョン（それは端的に言えば、既存の臨床における支援者／被支援者関係の土台を問い直し続ける大胆な試みである）と不可分のプロセスでもある。

今日、オープンダイアローグのみならず多様なダイアローグ実践の場面において、世界中で広く活用される具体的な会話の方法としてのリフレクティングと、そうした会話を可能とする組織や社会、新たなネットワークの創出プロセスとしてのリフレクティング。筆者は、リフレクティングをめぐるこれら二つの相を節合するため、各種のミーティング等に見られる共在する会話空間において生じるそれをリフレクティング・トーク、そうした会話が生じる場の文脈自体に変容をもたらすそれをリフレクティング・プロセスと呼び、そのあいだで生じる様々な活動を、ときに臨床社会学の研究者として研究しつつ、ときにリフレクティング・トークの会話者としてそこでの会話に参加し、ときにリフレクティング・プロセスの実践者としてその流れの内に身を置いてきた。以下では、筆者が関わるそうしたプロセスのひとつとして、現在、熊本の精神医療現場の人々とともに取り組む活動について概観する。

## 3　熊本の精神医療現場での活動

### 3-1　活動の背景と「よそ者」としての三つの声

はじまりは、二〇一八年二月、熊本のある民間精神科病院長から届いた一通の手紙である。他県から当地に来て一年が経とうとしていたが、地元の医療現場からのアプローチは初めてのことで、その真摯な文面に、期待といくらかの懸念とを感じたことが思い出される。そこに含まれた期待とは、各地のリフレクティングに関する講演・研修の要請に応えるなかで生じた違和感に由来するものだ。多くは単発的な機会に留まるそれらが、はたして現場の実質的変化につながりうるのか、との疑問も募っていた。そうしたタイミングに届いた手紙である。おのずと、地域に根付いた継続的な取り組みの機会をもたらしてくれるものかもしれないと期待された。

一方、そこに含まれた懸念とは、幸運にもそれが単発的イベント以上の展開となった場合に予期される不安に由来するものだ。それまでに幾度か取り組んだ実践研究のフィールドでも経験した通り、組織の権力者のトップダウンで牽引される研究や実践は、その最初の段階においては、部外者である研究者に組織内での明確な位置付けを提供してくれるし、表面的な研究協力も容易に得させてくれるものの、そこから一歩先に踏み込もうとすれば、得てして身動きが取りづらくなりがちなものでもある。そして、そのことは、フィールドにおいてリフレクティングがその本来のあり方で展開されていくことをきわめて困難にもする。

ともあれ、会って話すに越したことはない。すぐに当方の研究室で対面の機会を持った。このとき、院長の小林幹穂とともにその場に同席したのが、同法人のアウトリーチセンターのリーダーで、その後、多くのプロジェクトにおいて取りまとめ役を担う大嶌高昭である。*2 会話内容の詳細は記録していないが、彼らが東日本大震災の経験から熊本の地にアウトリーチセンターを立ち上げるに至ったこと、小林が院長に就任したのを機に、病院改革の五カ年プロジェクト（以下、五カ年計画と呼ぶ）を掲げ、病院全体をアウトリーチ仕様に再編成することを目指していること、アウトリーチを強化する目的でリフレクティングの導入を検討しているが、流行りのオープンダイアローグを看板に掲げるつもりはなく、何ができるか一緒に考えてほしいこと、等々について、高揚する気持ちで聞いたことを記憶している。

まず期待されているのは、アウトリーチのスタッフをはじめとする専門職向けのリフレクティング研修であることを理解しつつも、このとき筆者から提案したのは、五カ年計画全体を通した組織風土へのリフレクティングの浸透と、そのプロセスを見つめるための共同研究であった。限られた回数の研修を行うだけでは、面接技法として矮小化されたリフレクティング・トークの一部を紹介するに止まるであろうことが予想されたためだ。現在も流布する一面的な説明や誤解に反して、リフレクティングは個々の専門職がたんに面接技法や患者支援のテクニックとして身につけるような「結果のための道具」ではない。それは、組織や地域の全体的文脈に関わりながら、それらの文脈自体に変容をもたらすプロセスである。無論、そのプロセスにおいては、これまでその文脈に潜在してきた様々な事態を見つめ、ときに前景化する勇気も求められるゆえに、それが組織内の葛藤や外部からの「よそ者」たる筆者と組織との関係に緊張をもたらす可能性も十分に予想された（それによって、共同研究が中断されるに至った経験も、すでに筆者は有していた）。それでも、あえてそうした提案を投げかけたのは、それがその時点における（基本的には現在も保持している）筆者なりの臨床社会学のスタンスであったためだ。

医療人類学者としての顔も持つ小林は、これらの提案をひとまず受け入れてくれたように思う。具体的には、毎月のリフレクティング研修と並行して、リフレクティングに関わる共同研究、すなわち病院の職員らとともに実施する参加型アクションリサーチを五カ年計画に盛り込むこととなった。こうして、当該病院組織の「よそ者」である筆者は、リフレクティング研修の講師とリフレクティング研究の共同研究者という二種のポジションと、それぞれのポジションに応じた声のあいだに生まれる一定の「間」を行き来しながら、ときにそれらを重ね合わせる自由を伴って、二〇一八年四月から五カ年にわたり、地域の精神医療現場に継続的に関わることとなった。以下では、そのそれぞれのポジションで関わる活動と、それらの活動を通して見えてきたこと、さらに、活動を通して新たに生じた筆者のポジションとその声について述べる。

### 3-2　リフレクティング・トークの会話者として

まず、当初から筆者に期待された役割であるリフレクティング研修（略称RTP）講師としての活動について。二〇一八年四月から開始された研修の定員は約二五名。一堂に会して、互いに表情を交わしながら会話ができる上限と思われる人数を一期あたりの目安とした。[*3] この二五名は、職種もその経験年数も多様になるよう配慮して分けられた五名一グループの五つのスタディグループで構成される。研修参加者は、基本的に病院（同法人の訪問看護ステーションやクリニックを含む）のスタッフであるが、このプロジェクトのヴィジョンが一法人内部の変化に留まらず、熊本の地にリフレクティングの土壌を育むことであるため、スタディグループの内一つは法人外部からの参加メンバー（他法人の医療・福祉専門職や教員、大学院生等）からなる。[*4]

集合研修のペースは月一回、一期あたりの研修期間は二年間とし、プロジェクトの二年目には一期生の後半と並行して二期生を開始。五カ年計画終了時点で四期生までが研修を修了することで、熊本の地に一〇〇名ほどの実践者を養成することを想定している。[*5] また、二期生以降の研修では、各スタディグループに前の期の研修参加者の一部がチューターとして配置され、スタディグループ単位での学びのサポートを行っている。こうしたスタディグループの構成やチューターの配置は、この研修がたんに個々人の技能習得を目的としたものでなく、既存の組織における関係性とは異なる、それらを横断するような新たな関係性をそこに編み込んでいくことを企図しているがゆえである。

研修内容については、参加者との応答のなかで、臨機応変にともにつくり上げていくことを基本姿勢とするため、研修開始時点ではほとんど何も決めていない。ただ、そうしたなかでも、期を重ねるごとに一定の輪郭はおのずと浮かび上がってくる。現在では、二年間を半年単位の四つのタームと大まかに見立て、以下のような内容で実施している。

第一タームは、リフレクティングに関する基本的な考え方や言葉を共有するため、矢原（2016）の第1部「基本編」の輪読と内容をめぐる話し合いを行う。これは、「リフレクティング誕生の文脈」「リフレクティングの基本概念」「リフレクティングの特質」に関する各章の記述を毎回スタディグループごとに担当して、自由に読み解き、その発表後、さらに他グループからのリフレクトを得るという一連の会話からなる。リフレクティングという、精神医療現場のどの職種にとっても、あまり馴染みのない事柄について、その理論的含意に触れることになるこの導入部では、誰にとっても新鮮な内容をともに学ぶ経験を通して、職種や経験年数や職位といったものによって規定されがちな既存の職場での関係とは異なる新たな関係を研修参加者間に生じさせることになる。第二タームは、基本的なリフレクティング・トーク各種を安全な状況で体験するワーク。ここでは、前期に知識として学んだリフレクティングを模擬的とはいえ実践的に体験する。ただし、場の設定の工夫により、会話の参加者が安全にじっくりと試行錯誤できる状況を確保している。第三タームは、「物語能力を通じて実践される医療」と定義されるナラティブ・メディスンにおいて、物語能力を開発するための医学生向けのトレーニングに導入されている「パラレルチャート」（Charon 2006=2011）を用いた、研修参加者間の新たな関係性を見出すワークである。パラレルチャートとは、仕事上のカルテや各種の報告書には書くことが許されない、しかし、どこかに書かれるべき、患者とのあいだに生じた何事かを自由な形式で著した文書である。研修では、各々が著したパラレルチャートを自身で朗読し、その後、他のスタディグループの二名がリフレクトする。ときに、朗読する者も聞く者も強く感情を揺さぶられるその時間は、書くこと、読むこと、聞くことを通して、他者・自己の未知の一面と関係を結ぶ機会となる。第四タームは、アンデルセンが北欧各地で実践したことで知られるポスト・セラピー・インタビュー（Andersen 1997）を参考に、研修参加者が自身の実施したリフレクティング・トークにおける話し手を招いてのフィードバック・ミーティング。自身の実践について、その被支援者から学ぶというこの試みは、それ自体、日常の臨床における支援者としての自身の足場を問い直すことになる。また、インタビューの場をいかに設えるのか、参加者への依頼方法や、会場の物理的環境を含め、場を創出するための感受性を駆使することが求められる。

以上のような研修の内容に、あえて後知恵で説明を加えるなら、アンデルセンが先の論文（Andersen 1997）のなかで示している四種の学びが、ちょうどそれぞれのタームに対応していることに気がつく。すなわち、書籍や論文を読むこと、理論家の話を聞くことを通して様々な意味を理解する力を伸ばす「理性的な学び」、他の実践者を観察することで会話や振る舞いのレパートリーを増やす（エージェンシーの獲得）「実践的な学び」、他者との関係のなかで自らの立ち位置を見出し、その関係がそこに参加する人々に有用なものとなるようにする「関係的な学び」、そして、我々の五感と呼吸がもたらす「世界の内にあること」に対するすべての微細な応答を包含する「身体的な学び」の四種である。無論、実際の研修では、これら四種の学びはつねに一定の重なりを持ちながら、各々の状況に応じて感受されることになる。これら多層的な学びのプロセスを通して志向されることは、各人に専門職として身についている既存の知識や技術（意識化されたもののみならず、無意識的な構えも含めたそれら）を学びほぐし（unlearning）ながら、自他との新たな関係、コミュニティを創出し、更新していくことである。

研修全体を通して、筆者の役割は、専門知識を提供する講師というよりは、タームごとに微妙にそのスタンスを変化させながらも、基本的に研修内で展開される各種のリフレクティング・トークにおける会話者（主にはリフレクティング・チームの一員）である。そのようなポジションを保持する理由は、筆者がリフレクティングの専門家として正しい方法を知っており、それを伝授するというあり方自体が、会話の可能性を広げるリフレクティングの本来を損なうゆえである。そもそも心理士でも、看護師でも、医師でも、何でもない筆者は、むしろ、研修参加者たちの声に触れることで、日本の精神医療現場で働く人々の状況について多くを知ることになったというのが実際である。「よそ者」でありつつ、既存の文脈に適度な変化をもたらすためには、文脈に沿ったあり方をともに模索していく他はない。その一環として、研修と並行して、筆者自身がアウトリーチや精神科訪問看護に同行し、利用者やその家族とともに、専門職を交えたリフレクティング・トークを行うことも、現場からの求めに応じて行っている。

ご多分に漏れず、コロナ禍以降、大人数での対面研修という場を持つことは困難となった。その結果、三期生以降は主にオンライン会議システムを用いての研修となっている。幸い、前述の通り、本研修は少人数のスタディグループという単位から構成されているため、少なくともスタディグループ単位では各部屋に対面で集まり、それらのグループをオンライン会議でつないで実施している。苦肉の策ではあるが、少人数でも空間を共有する共在の場でこそ感受されるものは大きい。病院内でのクラスター発生を経験しながらも、こうした体制で研修を粘り強く継続できていることは、組織の責任者たちの冷静な勇気による。

## 3-3　臨床社会学の研究者として

リフレクティング研修と並行して二〇一八年四月から立ち上がったのが、リフレクティング研究プロジェクト（略称ＲＲＰ）である。五カ年計画に位置づけられたリフレクティング・プロジェクトの一環として、病院組織の現状と変化を観察し、フィードバックしながら、その変容を促していくという趣旨を筆者から職員らに説明した結果、開始時点で、精神保健福祉士、心理士、看護師、作業療法士といった多職種から六名の参加があり、筆者を含めた七名で共同研究チームをスタートすることとなった。ここに、トップダウンではない形で、内からの変化を涵養するとっかかりが生じたことになる（院長、看護部長等、組織の責任者は、あえてここに参加していない）。職員であれば、研究チームに参加するための条件は特になく、プロジェクトを自由に持ち寄ることができるため、メンバー数や研究プロジェクトの数は徐々に増え続けている。研究チームのメンバーは、毎月開催されるＲＲＰミーティング[*6]に参加し、各プロジェクトの進捗状況を共有しながら、様々な事柄について話し合いを重ねており、そのなかから新たなテーマや、それに応じた新プロジェクトが生まれることも多い。

こうした協働的研究、あるいは、参加型アクションリサーチと呼びうる研究方法は、筆者なりの臨床社会学的研究のアプローチとして、それまでの経験から徐々に練り上げられてきたものであるが、これまでの経験のなかでも、特定の組織に関与する期間・密度として、本プロジェクトは顕著なものであり、筆者自身の研究方法の変容にも、現在進行形で影響を及ぼしている。以下では、その具体的方法と現時点で得られている知見の一端を述べる。

まず、ＲＲＰ開始時点で共同研究のメンバーから上がった声は、日頃の臨床において感じている患者理解をめぐる職種間のギャップと相互理解の必要性に関するものであった。国内の民間精神科病院では珍しいアウトリーチ活動に取り組むこの法人において、地域に出向く職員と、病棟内で患者の治療を担う職員との連携・協働がひとつの課題であることは容易に想像されるが、そこには多職種間連携・部署間連携の難しさや、病院組織内のヒエラルキーをめぐる諸々の要因も含まれていることが予感された。そこで、まずは組織内におけるその実情を観察するため、全職員を対象に連携実態調査[7]を企画・実施することとなった。

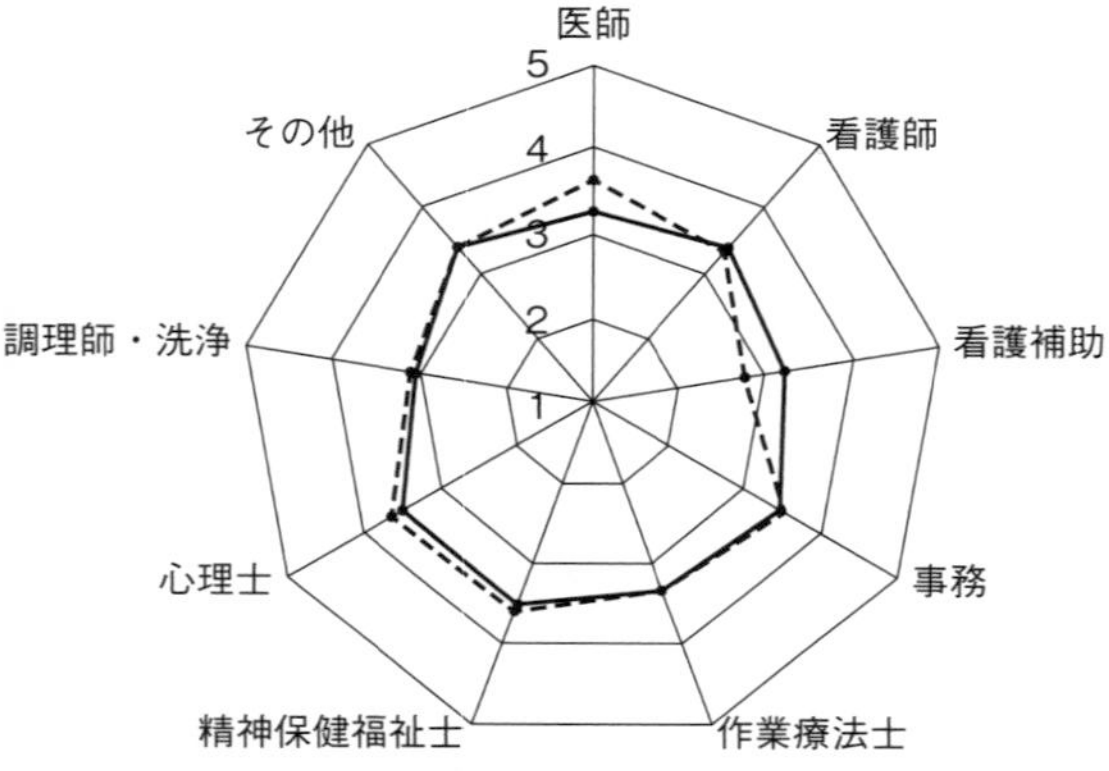


**図2**　連携の質に関する評価（職種別）

**図2**は、第一回調査の結果から連携の質をめぐる評価を職種別に分析したもので、実線が当該職種以外の職員全体から当該職種への評価の平均（他職種からの評価）、破線が回答者の所属する職種について他職種との連携を自己評価した平均（自職種への評価）である。ここで、連携の質をめぐる「他職種からの評価」と「自職種への評価」とのギャップに注目するならば、二つの職種の対照が印象的である。すなわち、医師における自己評価の高さと、それに比較しての他職種から医師への評価の相対的な低さというギャップ、看護補助における自己評価の低さと、それに比較しての他職種から看護補助への評価の相対的な高さというギャップである。

多職種連携、多職種協働を促進するため、互いの見解のズレを埋める対話の必要性が指摘されることは多いが、矢原（2016）において述べられているように[*8]、それをたんなる個別事象をめぐる見解のズレと認識するなら、話し合いがかえって職種間や組織間の溝を深めてしまう結果に至ることも珍しくはない。留意されるべきことは、「見解のズレ」を測定するための物差し、あるいは、基準器自体が職種や立場により異なることから生じるディスコミュニケーション（高木 2011）という事態である。図2から見てとれるのは、医師という精神医療現場のヒエラルキーの上位に位置する職種においては、職場での連携状況をめぐる認識の物差しが自己評価を高く捉える方向で他職種とずれており、看護補助[*9]という精神医療現場のヒエラルキーの下位に位置する職種においては、職場での連携状況をめぐる認識の物差しが自己評価を低く捉える方向で他職種とずれているということだ。ここに連携イメージをめぐるディスコミュニケーションの一端を見出すことができる。

当該法人における連携イメージをめぐるこのギャップは、現時点で集計作業が終了している第三回までの結果を通して一貫しており、きわめて強固なものである。また、こうした傾向は、決して当該法人のみに見られるものではない。第5章においても詳述する通り、たとえば、高齢者福祉施設における看護職、介護職間での連携イメージのギャップ（ヒエラルキーの上位に位置する看護職側は介護職との話し合いの機会が十分にあり、両者の連携はスムーズであると考える傾向が相対的に高く、ヒエラルキーの下位に位置する介護職側はその傾向が低い）、総合病院を擁する大規模社会福祉法人における医師と他職種との連携イメージのギャップ（医師は他職種との連携の質について、一貫して高い自己評価を示すが、他職種から医師に対する連携の質に関する評価は一貫して低い）といった事態は、様々な場で観察されており、組織の固有性を超えたある種の頑健な傾向と思われる。こうした傾向を名付けるなら、「連携イメージの見晴らし効果」と呼ぶことができるだろう。連携をめぐる主観的な「見晴らし」の良さは、ヒエラルキーの上位において優位であり、下位においては藪のなかから険しい山道を垣間見るがごとく見通しづらくなりがちである。

前章に見たベイトソンによるダブルバインド概念を踏まえるなら、こうした「「連携上のズレ」の認識をめぐるズレ」の存在、さらに、そこで生じるヒエラルキー上位の状況認識のドミナント化（すなわち、「連携状況に問題はない」という上位の側からのよく通る声の主流化と、瀰漫しながらも聞き届けられにくい下位の側の声の抑圧および不可視化）は、まさしくコンテクストに内在する矛盾として、組織の生命力を損ない、あたりまえの生き生きとした会話を潰えさせてしまうだろう。

そうした実情について、たんに調査結果にもとづく客観的事実としてそれを記述したり、外側から批判的に分析したりすることにとどまるのでなく、そうした視点をいかに現場の人々と共有し、事態への応答と組織の変容を感受していくことができるのか、ということが臨床社会学的研究実践の課題となる。まず、調査結果については、先にも述べた各種の場において職員全体に繰り返し提示することで、その実情を前景化し、それについてオープンに話し合える状況を形成している。また、それと並行し、部署間での連携認識に特に顕著なギャップが見られる部署のあいだでは、多職種間のディスコミュニケーション事態にメタコミュニケーションの回路を創出することを企図して考案した多職種間連携のためのリフレクティング・トーク（矢原 2016）も試みている。

職員を対象とする調査としては、上記の連携実態調査に加え、三ヵ月に一回のペースで、よりコンパクトなオンライン調査（通称リフレクションシート）も実施しており、ここでは、連携の状況以外にも、各人のウェルビーイングの状況（一〇点満点）や、職場における心理的安全性（二〇二一年より追加）、現在の職場の状況で気になること（自由記述）といった項目について尋ねている。オンライン調査ということもあり、連携実態調査に比べると回収率には幅が見られるが、臨床社会学の観点からは、集計可能なデータやその表面的結果のみならず、データ収集プロセスにおける各部署の応答の状況（たとえば回収率や、通り一遍な回答の傾向）、三ヵ月ごとに開催されるフィードバックの場への参加状況や雰囲気等、すべてがデータであり、次なるアクションの足場となる。

先にも述べた通り、RRP研究チームへの参加やプロジェクトの提案はつねにオープンで自由であるため、連携実態調査、リフレクションシートという最初に始められた二つのプロジェクトの他にも、臨床場面でのリフレクティング・トークの活用について工夫しながら、実践データの収集と分析を行う実践班[*10]、ピアサポーターの導入やその可能性について検討を進めるピア・プロジェクト、様々なしんどさを抱える職員が自由に話せる場を開くセルフヘルプ・プロジェクト、突飛なアイデアを病院内で実施するゲリラ班等、現在も多様な取り組みがRRPの名のもとで展開されている。「研究」と呼ぶには、かなり雑多と感じられるであろうその内容から見てとれるように、これらの取り組みは研究であると同時に、当該法人に潜在する既存の諸制度を自らに対して顕在化し、それらをながめ、それらについて話し合い、それらの可塑的な側面を探求しながらその内部に変容を生じさせていく「制度分析」（Guattari 1972=1994）と呼ぶべきものでもある。

ここで言う「制度分析」とは、フランスのラ・ボルド精神病院において、その設立者であるジャン・ウリが哲学者フェリックス・ガタリに協力を求め、一九五五年からの協働を通して実践された「制度を使った精神療法」において不可欠とされる取り組みのことに他ならない。この療法と制度分析の趣旨については、多賀茂と三脇康生による次の紹介がわかりやすいだろう。「この療法の基本的な考え方は、「病んだ環境では病気を治すことができない」、だから「まず治療環境を治していこう」

ということである。したがって治療環境がどのような病気に冒されているのかということを、医師や看護師や患者自身が明らかにしていくことこそがこの療法の出発点になる。自分たちが属する環境に対し、それを構成している制度の不具合を議論し、改革を試み、また議論する。こうした循環的実践の中で、私たちの中でとどこおっていたもの、ふさがれていたものが流れだし、周囲とぶつかり、周囲を変え、また自己を変えていく」(多賀＋三脇 2008: i-ii)。すなわち、病院組織や制度に関する研究と治療とは、別のことではない。

無論、これらの活動もまた、多かれ少なかれコロナ禍の影響を免れてはいない。たとえば、病院内で職員同士が語り合うセルフヘルプ・プロジェクトは、それが立ち上がったばかりの段階で、大人数が対面して集まり、会話する許可が法人から得られないという状況に直面することとなった。しかし、そうした状況でこそ発揮されるのが、制度分析における重要概念である「斜め性(横断性)」である。「[…]さまざまな異なったレベルのあいだで、とりわけさまざまな異なった方向で最大限のコミュニケーションが実行されるときに、具体化していく」(Guattari 1972=1994: 132)と言われる斜め性の比率は、病院においてはスタッフひとりひとりの無分別の度合いに対応しているとも指摘される。実際、RRPの取りまとめ役である大嶌は、セルフヘルプ・グループとしてではなく、その準備ミーティングと称して、プロジェクト・メンバーと場を開いたのだった。現在、このミーティングは、病院内で発生した新型コロナのクラスターをめぐる体験について、その渦中では語りえなかったことを話し、聞く「クラスター・ナラティヴ・プロジェクト」の場としても機能している。

### 3-4　リフレクティング・プロセスの実践者として

リフレクティング研修（ＲＴＰ）の講師とリフレクティング研究（ＲＲＰ）の共同研究者という二種のポジションを行き来し、それらに伴う声を重ね合わせていくなかで、徐々に顕れてきたのがリフレクティング・プロセスの実践者としてのポジションと声である。それは固有の文脈を有する精神医療現場のフィールドに、研修や研究という実践を重ね書きすることでおのずと浮かび上がってくるパランプセスト上の文様のようなものだ。パランプセスト（παλίμψηστος）とは、その語の由来の通り「再び削られた」もの、すなわち、以前に記された字句をこすり取って消去し、そこに新たな字句を記した獣皮紙の写本を意味する。貴重品であった獣皮紙は、繰り返し再利用されることもあり、当初書き込まれたテクストは、消されながらもそこにたしかに存在し、期せずして読み取られることとなる。

病院でのリフレクティング実践を、そうしたパランプセストのごとき営みとして感受することへと導いてくれたひとつの契機は、先に述べたリフレクションシートの自由記述に寄せられた声である。オンライン調査にて筆者のみが閲覧可能なこれらの回答は、記名式であり、任意で回答者の連絡先も記載されている。二〇一九年前半の調査で得られたある回答には、現在、強いストレスや不安を感じながら仕事をしていること、そうした状況について職場に相談できる相手がいないことが綴られていた。リフレクションシートの結果について、数値化できる項目の概要は部署単位で集計、自由記述は大まかにコード化して整理したものを継続的に現場にフィードバックしているものの、個別の回答内容への対応に踏み込むことについては、「よそ者」としてどのようなあり方が適切か迷う気持ちもあった。

筆者から、回答に記載されていたメールアドレス宛に、「もし、〇〇さんが職場で気になっておられることについて、誰かと話してみたいとお感じであれば、たとえば、私を含め、リフレクティング研究チームのメンバーの誰かと一緒に、職場の現状の問題を教えていただくような機会を持つことも考えられますが……」と打診すると、本人から、その後、職場のストレスが原因で休職に至っていること、障害者就労支援組織のサポートを受けながら病院で働いているなかで、なお復職後の上司との関係について不安があること等についての返信があった。幾度かメールを重ねるのと同時に、本人の許可を得て、病院組織における管理的立場の人々とも話し、本人と職場の上司、就労支援組織の担当者による会話に、筆者とRRPメンバー一名が参加してのリフレクティング・トークを行うこととなった。

この出来事は、リフレクティングを患者、利用者と呼ばれる立場の者を対象とした、たんなる面接技法とするのでなく、固有の歴史がその文脈に刻まれた精神科病院という組織全体に新鮮な風を通しながら、自身や組織のあり方が変容していくプロセスと覚悟することを、筆者自身が当該組織の人々とともに確認するための一歩であったように思う。同時に、この時の出会いを通して、本人が感じていたという不安以外にも、法人の全職員に向けて開かれているつもりであったリフレクティング・プロジェクトが職種や部署によっては十分に伝わっておらず、たとえば非正規職員や一部の職種には縁遠く感じられていることについて教えられたのだった。*11

その後、病院内で生じた深刻な事故後の関係職員のケアについても法人内で検討がなされていくなかで、国内の多くの事業所と同様、当該法人でも形骸化していた安全衛生委員会を換骨奪胎し、二〇二〇年一月より、新たに「治療環境ケア部門」という新部門が組織されることになる。治療環境ケアとは、言うまでもなく、前節で紹介したガタリらの「制度を使った精神療法」の考え方に示唆を受けたものである。新部門の設置を院長として決断した小林は「[…]単なる経営改善を目的とした病院改革が結果的に制度分析の方向へと舵を切り直したのは、リフレクティングを手段としてではなく確固とした哲学を伴う理念として受容することを選択したからだと考える」（小林 2021）と振り返っている。

この新部門には、安全衛生委員会の他に、院内保健室、院内協働促進室（通称ＳＩＣＣ）が設置されることになり[*12]、筆者は安全衛生委員会の外部委員、および、ＳＩＣＣのメンバーという役割を委嘱されることとなった。研修講師、共同研究者というそれまでの立ち位置に加え、当初は自身でも予想していなかった新たな実践の足場が生じたことになる。とりわけＳＩＣＣは、職場としての精神医療機関における風通しの良いコミュニケーションに特化した他に例を見ない組織で、筆者以外に、リフレクティング研修を修了した心理士、精神保健福祉士、精神科医（二〇二一年より看護師も参加）各一名によって構成される。それは、職場において人々との関係にしんどさを感じている職員に、それまで発することの難しかった声が聞かれうる場を提供する活動であるが、一見、似たものに見える、従業員のメンタルヘルスをリスク管理して組織の生産性向上を目指すＥＡＰ（Employee Assistance Program）の類とは断じて異なる。その取り組みは、従業員個人の問題に焦点化するのでなく、関係や組織、制度の次元に働きかけることを基本とする点で、むしろ対極的なものと言えるだろう。それは、これまで存在しなかった会話の回路を人々とともに工夫しながら紡ぎ出すことを通して、組織の風土を涵養していく創造的プロセスなのである。

## 4　会話の回復とコミュニティ

回復が何らかのコミュニティと呼ぶべき場に於いてこそあることを思うとき、回復の主体とは、あらためて如何なるものであるのか。これが本章の冒頭で提示したひとつの問いであった。この問いに対して、回復、語り、コミュニティという三本の糸を編みながら、以上に素描してきた熊本の精神医療現場での活動を踏まえて、どのように応答することができるだろうか。

まず、コミュニティの創出と、その変容を伴う持続が「語り」なしにはありえないことは、決して治療共同体（Therapeutic Community）や、ナラティヴ・コミュニティと呼ばれるような「語ること」に特化したコミュニティに限った特徴ではないことを確認しておこう。たとえば、社会生態学の知見を踏まえつつ、「重層社会における中間集団」であること、すなわち、その内部的関係性と外部的関係性の両者を有する「関係の二重性」にコミュニティ一般の本質を見出す広井良典（2009）のコミュニティ論を通して、「語りの共同体」であり「物語の共同体」であるとされる野口裕二（2002）のナラティヴ・コミュニティ論を読み解くことができる。野口の指摘する「多様性の確保」と「不安定さの克服」という一見相容れないナラティヴ・コミュニティの二つの意義に、広井の論を重ねるなら、異質さ、新しさを呼び込む「多様性の確保」がコミュニティの外部的関係性により、確かさ、安心感を提供する「不安定さの克服」がコミュニティの内部的関係性により実現されるものであることが見てとれる。すなわち、ナラティヴ・コミュニティがはらむそれらの動きは、その内的および外的関係性の狭間で生じるコミュニティのゆらぎとして、きわめて普遍的なものである。そして、そうした語りのもたらすゆらぎこそ、コミュニティを生き生きと際立たせることになる。

一方、回復と語りの関係をめぐる筆者の懸念は、語りを回復という「結果のための道具」としてしまうことであった。「回復のための語り」の可能性は、日々の会話の内につねにありうるにせよ、それが回復という結果のための道具と看做されてしまうなら、語りは、たちまち既存のコミュニティの規範によって管理されてゆらぎを失い、それによってコミュニティ自体を硬直させ、やがて、各種の専門家によって掠取され、プログラム化されることで「回復の語り」が本来根差す大地たるコミュニティから根こそぎにされ、ついには、パッケージ化され、商品化されさえする貧窶なものとなり果ててしまうだろう。

熊本での活動を通して、筆者らが模索しているのは、「回復の語り」を「結果のための道具」化してしまわぬための「語りの回復」であり、それを可能とするような会話の場の回復、すなわち、ゆらぎを伴う「コミュニティの回復」に他ならない。会話者として述べるなら、それは既存の医療現場の文脈において期待される役割とともに制度化、客体化した支配的物語の狭間に潜在する多様な声に呼びかけ、それらの声を新たに響かせるような会話のための「間」を創出し続けるリフレクティング・トークを通して体現される。研究者として述べるなら、それはこれまで前景化される機会のなかった職種間、部署間等のヒエラルキーがはらむ「文脈に内在する矛盾」を各種の研究を通して顕在化、外在化し、それについて協働的に分析しながら、その可塑性を探究する臨床社会学的研究実践＝制度分析を通して体現される。実践者として述べるなら、それはパランプセストのごとく固有の歴史のなかで重ね書きされてきた当地の精神医療現場の風土に、「よそ者」という外部からの異物の関与を契機として、研修や研究、組織への新部門の設置といった新たな制度と言葉を書き重ね、次なる会話のための新鮮な「場」（コミュニティ）を更新していくリフレクティング・プロセスを通して体現される。

畢竟、回復の主体とは、患者や利用者でも、専門職でも、その各々が属する集団やネットワークでもなく、それらのあいだで新たに創出される（実際にはそれらを創出している）渦であり、その実質は、回復プロセスそのものであろう。すなわち、そこではオートポイエティックに回復プロセスこそが回復するのである。果たして本稿は、「回復についての語り」と読まれようか、「回復のための語り」と読まれようか。願はくは、それが会話の回復の契機たらんことを。

**註**

＊1　対話的治療ミーティングは、オープンダイアローグという言葉が人々に喚起する典型的な「回復の語り」の場であるが、それはこのアプローチの限定的一面に過ぎないということに留意が必要である。

＊2　このときの出会いに関する、大嶌、小林の視点からの記述は、矢原＋大嶌＋小林（2020）を参照。

＊3　精神科病院と同法人のクリニック、訪問看護ステーションを合わせると二五〇名余りの職員数全体の一割弱が各期の研修に参加する計算となる。

＊4　同法人の職員はもちろん、法人外部からの参加者も研修参加に費用はかからない。

＊5　二〇二二年九月現在、二期生までが研修を修了し、三・四期生の研修が継続している。

＊6　このミーティングは、毎月一回のペースで勤務時間内に二時間程度、筆者も参加して開催されている。

＊7　質問紙の基本構成は、筆者が以前に大規模社会福祉法人をフィールドとした協働的研究において作成した内容をベースに、当該法人の部署・職種に合わせて調整を加えたものである。フェイスシート以外の主な質問項目としては、各部署（全体で二〇部署程度）について、回答者との連携の量と質のそれぞれを五件法で、また、それらの部署に所属する各職種について、回答者との連携の量と質を同じく五件法で、最後に法人組織全体における連携の質を五件法で尋ねている。二〇一八年の初回以来、毎年一回七―八月にこの調査を実施。質問紙は各個人宛て封筒

に入れて配布し、同封筒に封をする形で回収。回収後は著者が一元管理して、研究チームによるデータ分析に際しては、匿名処理されたデータを使用している。研究メンバーから職員への丁寧な呼びかけもあり、回収率は第一回の八七%から直近の第四回の九八%まで一貫して高い。分析結果については、院内の研究発表会やプロジェクトの一環として実施している全職員が参加可能なワールドカフェ方式での会話等の場でフィードバックを行っている。

＊8　たとえば、チーム医療研究において細田満和子は、ユルゲン・ハーバーマスの理想的対話状況に関する議論を参照しつつ、「複数の専門職同士の見解にズレがあっても、全員が対等な立場で自由に意見を言いやすい環境で「対話」を重ねることによって、よりよい合理的な決定が可能になる」（細田 2012: 154）と結論づけている。

＊9　当該病院では、ケアワーカーとも呼ばれるが、看護師、准看護師、介護福祉士等の国家資格を持たず、病棟での環境整備や身体介助に従事している。

＊10　臨床場面でのリフレクティング・トークに関しては、地域精神医療の現場でリフレクティングの導入に取り組む福島県立医科大学の大川貴子らとともに「地域における精神障害者家族に対するリフレクティングを用いた実践的介入モデルの開発」をテーマとした共同研究（科研費 JP19H03962）も、二〇一九年から進められている。

＊11　その後、この職員はリフレクティング研修に参加。さらに、ＲＲＰの研究メンバーとしても、セルフヘルプ・プロジェクト等を担当している。

＊12　二〇二一年夏からは、ハラスメント総合相談窓口もこの部門内に組織化され、それ以前にも存在したハラスメント相談窓口が実質的に機能することとなった。

## コラム② リフレクティングって何？ どうすれば導入できるの？

### プロローグ

**矢原** うーん。「オープンダイアローグのキモ〝リフレクティング〟をどう導入するか」というテーマで原稿を書くように頼まれたものの、どんなことを書けばよいのやら。気がつけば原稿の締切も迫っているし、安請け合いは怪我のもとというけれど、たしかに……。

**安藤** 先生、もうすぐ研究会が始まる時間なのに、何独り言を言ってるんですか。

**矢原** あれ？ 自己中心的ことばが聞こえてしまっていましたか。でも、相変わらず皆さん遅刻して来るんでしょう。いつものメンバーがまだ全然そろっていないし。

**安藤** まあ、そうですけど。今日は初めて参加する瀬倉さんも来てるんですから、ちゃんとしといてくださいよ。

**矢原**　あ、瀬倉さんですね。はじめまして。
**瀬倉**　はじめまして。今日はよろしくお願いします。
**矢原**　えっと、瀬倉さんは、お隣の市の精神科病院の看護師さんでしたね。この研究会は、安藤さんを始めとして精神保健福祉士の方が多いですが、見ての通り気楽な集まりですから、ひとつのんびりしていってください。ちなみに、この場に参加されようと思ったきっかけやこの場への期待について、何かお話しいただけることはありますか？
**瀬倉**　ありがとうございます。実は最近オープンダイアローグのことを知って、ネット上でドキュメンタリー映画を見て以来、雑誌の特集や翻訳された本を読んだりしています。とても魅力的な実践だと感じているんですが、いまの病院の仕事のなかで、どんなことができるのかわからなくて。先生はオープンダイアローグのなかで使われているリフレクティング・プロセスの専門家だと伺って、いろいろ教えていただければと思い参加しました。
**矢原**　素晴らしい新人の登場ですね！　他のメンバーもそのくらい勉強熱心だと……。
**安藤**　エヘンエヘン。私たちだって、前にトム・アンデルセンの難しい本を読まさせられましたからね。リフレクティングの実践だって結構してますし。

### リフレクティングとオープンダイアローグ

**瀬倉**　よろしければ、研究会の皆さんがそろうまで、リフレクティングについて少しお聞きしてもいいですか。ノルウェーの精神科医のトム・アンデルセンという人が発明した方法だと本に書いてあったんですが、どうしてそれがフィンランドで取り組まれているオープンダイアローグで使われるようになったんでしょうか。

**矢原**　うん。「アンデルセンが発明した」という言い方をアンデルセン自身は嫌うかもしれませんが、当時、ノルウェー北部のトロムソという町で家族療法に取り組んでいたアンデルセンらの実践のなかからこの方法が生まれたのはたしかです。それは一九八五年三月のある木曜の午後のことです。でも、リフレクティングに至る文脈を知るために、もう少し時間を遡ってみましょうか。

**瀬倉**　はい、ぜひ！

**矢原**　アンデルセンが精神医学の道に進んだ一九六〇年代、トロムソの病院に「精神病患者」として入院するということは、家から遠い場所へと移され、家族や友人や職場といった元のコミュニティとのつながりを絶たれてしまうということを意味していました。そんな状況に疑問を持っていたアンデルセンは、トロムソ大学の社会精神医学の教授になって間もなく、看護師、心理士、そして自身を含む精神科医からなる七人のチームをつくり、病院を出て地域に赴き、地元のプライマリ・ケアのスタッフと連携して精神的困難を抱えた人々に対応する取り組みを始めます。この取り組みは、一九七八年から三年間実施され、トロムス県南部における精神科病院の入院率を四〇%も減少させる成果を上げたんですが、プロジェクト継続のための基金の申請が病院の精神科医らの意見によって却下されてしまうんです。

**瀬倉**　そんな……せっかくの先進的な取り組みなのにもったいないです。でも、どこの国でも同じようなことがあるのかもしれませんね。

**矢原**　うん。本当に残念なことですね。でも、病院を出て地域のなかで人々と向き合う経験は、アンデルセンを家族療法へと引き寄せていきました。

**瀬倉**　そうなんですか。知りませんでしたが、益々興味がわいてきました。

**矢原**　それは良かった。家族療法の勉強や実践を始めたアンデルセンらは、当初「ミラノ派」のやり方を用いていたんだけど、ワンウェイ・ミラーの背後で専門家だけで議論して結論を出すそのやり方には、ずっと違和感を持っていたんですね。ただ、専門家同士の議論を家族に見せることについては、むしろ家族たちを傷つけたり、恥かしい思いをさせてしまうのではないかとの危惧もあったために、そのアイデアはかなり長く温められていたようです。そして、それがついに実現したのが一九八五年三月のある木曜日というわけです。この方法は、アンデルセンらの心配に反して、家族や面接者も含め、関わったすべての人々に気に入られ、「リフレクティング・チーム」という名で広く知られるようになります。

**瀬倉**　なるほど。アンデルセンも悩みながら専門家同士の議論を家族にオープンにしていったんですね。それが始まりなんだ。でも、フィンランドのオープンダイアローグでノルウェーのリフレクティングが用いられるようになったのは、どういう経緯なんでしょう。

**矢原**　オープンダイアローグで知られるヤーコ・セイックラとアンデルセンの出会いは、一九八八年三月のことです。セイックラと同僚たちは、冬の嵐のなか八時間も車を走らせてトロムソのアンデルセンを訪ね、リフレクティング・チームという新しい方法について詳しく話を聞いたそうです。以来、彼らの交流は深まっていきます。ケロプダス病院を含むフィンランド各地の六施設が参加したＡＰＩプロジェクトの開始が一九九二年四月、西ラップランド地域のプロジェクトとして継続されたＯＤＡＰの開始が一九九四年一月で、こうしたプロジェクトを通して現在知られるようなオープンダイアローグの諸原則が生み出されていったわけですから、その当初からリフレクティング、というか、アンデルセンの影響は大きなものだったと思います。

## 現場への導入可能性

**瀬倉**　北欧でのリフレクティングとオープンダイアローグのつながりがだんだん見えてきました。ただ、私がいま気になっているのは、日本の現在の精神科医療の現場で、はたしてオープンダイアローグが実現できるのか、ということです。いまの職場が悪い病院とは思いませんが、長年入院されている患者さんも多いですし、色々な薬も普通に使っていますし……。

**矢原**　うん。そもそも僕自身は、看護師でも、心理士でも、医師でも、ソーシャルワーカーでもありませんから、こんな研究会を開いたりしてはいますが、日本の精神科医療の現状については、関係者にお話を聞いたり、文献や資料を通して知る程度に過ぎません。だから、その点に気を付けて、ぜひいいかげんに聞いてくださいね。

**瀬倉**　はい。頑張って良い加減に聞きます（笑）。

**矢原**　まず、「オープンダイアローグが実現できる」ということが何を指すのかです。オープンダイアローグというと、本人や家族やその他の関係者たち（いわゆるネットワーク）と複数の専門職が一堂に会して対話を重ねるミーティングのイメージがまず浮かんでくるのではないかと思います。僕自身、二〇一四年の九月にケロプダス病院を訪れた際、実際のミーティングに何度か参加する機会があって、そこでの会話の自然で丁寧な様子や、誰がどの職種かも判別できないくらいのフラットな雰囲気などを実感しました。リフレクティングも、知らなければおそらく気付かないくらいに、さりげなく用いられていました。一方で、オープンダイアローグという言葉には、そうしたオープンな対話を可能にするためのシステム、あるいは制度的基盤も含意されています。だからこそ限られた数のスタッフで二四時間体制の危機対応や、柔軟で迅速なミーティングの開催、継続が可能になっているわけです。職種に縛られず自律的な動きのできるスタッフを養成するための教育体制もとても充実しています。

**瀬倉**　詳しくわかりませんが、フィンランドと日本では医療制度がかなり異なるでしょうし、特に精神医療に関しては、外国に比べて日本は精神科病床の数が突出して多くて、入院期間も圧倒的に長いんですよね。なんだかんだ言って、相変わらず医師の権限が強いことは、日々の仕事で実感しています。先日、話せそうな医師にオープンダイアローグの話をしたけれど、あまり興味を持ってもらえませんでしたし。うーん、そう考えると、いくら憧れても日本の精神科病院でオープンダイアローグなんて、世の中が大きく変わらない限りやっぱり難しいんでしょうか。

**矢原**　世の中が変わっていくことは、たしかに必要でしょうね。でも、それは日本が急にヨーロッパのどこかのようになることではないと思いますよ。そもそも、その地に固有の制度や文化といった文脈のなかで育まれてきた実践として西ラップランドのオープンダイアローグは息づいているんですから、その一部を切り取って全く異なる場所に飾ってみても、どうも不自然なことになる気がします。まあ、好んで非日常を味わうためのテーマパークならそれも面白いのかもしれませんが……。

**瀬倉**　でも、こちらの研究会では、ノルウェー生まれのリフレクティングについて勉強や実践をしているんですよね。それっていまのお話からすると少し矛盾しているような気もしてしまいます。

**矢原**　そう言われるとその通りですね。ただ、アンデルセンは、主著のはじめの部分で、「この本の読者は、たぶん僕らがしたのとは異なる仕方でそれを使うことができるように、取ってお ける何かを見つけるだろう」と書いてくれています。彼はリフレクティングの形式化やマニュアル化を何としても避けたかったんだと思います。大切なことは、本質を大切にしながら、それぞれの文脈に沿うあり方を自分たちで試行錯誤しつつ模索していくことです。ケロプダス病院の人たちも、西ラップランドの文脈のなかでそれをやって、現在のオープンダイアローグのミーティングに見られるような、あまり構造化しないさりげないリフレクティングの活用の仕方にいたったのでしょう。さて、それじゃあ僕たちの研究会では何をしているのかというと、各々が関わっている現場で、どんな形のリフレクティングをどんな機会に工夫して取り入れてみると、良い感じの変化が生まれそうか、その組織の状況や参加者の立ち位置などを勘案しながら、皆で一緒に考えたり、研究したりしているわけです。ご覧の通り山奥で開かれている小さな研究会ですから、いたってささやかな取り組みです。

**瀬倉** 場所や組織や人の文脈に沿うように導入することが大事だってことですね。

**矢原** そう。セイックラもその主著のなかで「よい実践というものは簡単に複製できるものじゃない。文脈や関与者の差異が考慮されるべきだ」と念押ししています。オープンダイアローグを日本のどこかで導入しようとする場合も、木に竹を接ぐようなやり方にならないように当事者を交えた丁寧な導入方法の検討が不可欠でしょう。

**瀬倉** うーん。たしかにその通りだと思います。けど、これから看護師として自分の職場で、目の前の患者さんに対してどんな取り組みができるのか、なかなか見えてこなくて、やっぱり悩ましいです。

### 会話のスペースを生み出す

**安藤** あの。お二人の話を聞いていて考えたことがあるんですが、いいでしょうか。

**瀬倉** はい。ぜひお聞きしたいです。

**矢原** おや、安藤さん。静かだと思っていたけど、起きていましたか。

**安藤**　失礼な。ずっと熱心に聞いてましたよ。えっと、まずは私たちが勉強していたリフレクティングが、いま注目されているオープンダイアローグとそんな深い結びつきがあったとは、恥ずかしながらあらためて知って驚きました。でも、アンデルセンたちの若き日の想いや、地域での取り組みが、いまのオープンダイアローグの実践のなかにも響いているような、そんなイメージが浮かんできました。そして、瀬倉さんがオープンダイアローグに関心を持ちながら、精神科病院の看護師として自分に何ができるのかを真摯に考え、悩まれている様子にも、そういう響きがうつし込まれているような気がして……。

**矢原**　その響きって、どんな音色なんでしょうね。その音色はだんだん変わっていくんでしょうか、それとも……僕は瀬倉さんが現在どんな場所で仕事に取り組まれていて、具体的にどんな変化を期待しているのか、聞いてみたい気がしています。医師の権限が強いと話されていたけれど、どんな場面でどんなやり取りが看護師とのあいだでなされていることが気になるんでしょうか。また、目の前の患者さんに対して、と言われていましたが、誰のどんな時の様子がそう話された瞬間に目に浮かんでいたんでしょうか。

**安藤**　大切なのは、瀬倉さんがいまの職場の何を変えたくてオープンダイアローグやリフレクティングについて学ぼうとしているのか、ということかもしれませんね。

**矢原**　なるほど。たしかにそうかもしれません。考えてみると、僕たちはこれまでに新人ＰＳＷの患者への関わり方に関する悩みだったり、一人の当事者をめぐって精神科病院と他法人の施設とのあいだで専門職の方針にズレが生じてしまっている状況だったり、作業所の利用者と職員がどんな作業所にしていきたいのかについて一緒に話し合うための場だったり、様々な場面でリフレクティングを活用してきました。

**安藤**　言われてみれば、たしかに結構いろいろやってきましたね。

**矢原**　大学の施設でワンウェイ・ミラーを用いてかなり構造化されたリフレクティング・チーム形式を試みたこともあるし、作業所に出かけて行って現場で臨機応変にリフレクティングをやったりもしました。ただ、いずれの場合でも、まず、何らかの課題を感じている話題提供者のお話を面接者がじっくり聞くことから始めて、つぎに、その様子を観察していた人々が話し合うのを今度は話題提供者たちに観察者の立場でながめてもらう、というふうに会話を丁寧に重ね合わせ、うつし込み合わせながら展開していく点は一貫していたと思います。

**安藤**　はい。それがまさしくリフレクティングの基本だと思います。

**矢原**　それらの経験を通して僕自身が気づかされたのは、個々の具体的状況に応じて、会話するためのスペースのつくり方も実に多様だということです。もちろん、断定的な話し方をしない、否定的な物言いをしない、といったリフレクティングにおける基本的な会話のマナーもとても大切ですが、それと同じくらいに気を付けないといけないのは、そうした会話の場自体のなりたちです。たとえば、上司の命令だったり、専門職の一方的な思い入れなんかで無理に会話の場が設定されてしまうと、それは全く意味のないことになってしまうかもしれません。

**安藤**　具体的な場面のなかに風通しの良い会話のためのスペースを、どんな人々と、どんなふうに生み出していくのかが、リフレクティングを導入する際の適切な文脈形成としてとても大切なことなんですよね。ワンウェイ・ミラーを使うか使わないか、会話の場の構造化をどの程度おこなうか、どんな人がどんな立場で何人参加するのか、どこで話し合うのか、どんな質問をするのか、いずれも大事な要素だけれど、話題提供者をはじめとする参加者がそれらについてどんな希望を持っているのか、それこそリフレクティングを望むのかどうかも含めてアンデルセンは徹底して相手の思いを尋ね、しっかりと聞いていましたよね。そして、実はそうした文脈形成の取り組み自体がリフレクティングという言葉には含み込まれていて、そういう意味でリフレクティングは決してたんなる会話の技法じゃない。

## エピローグ

**矢原**　本当にその通りです。さすが安藤さん。でも安藤さん、これってなんだか……。

**安藤**　これってなんだか、この会話自体がリフレクティングみたいですね。瀬倉さんはどんなふうにお聞きになったでしょうか……。

**矢原**　おやおや。気がついたら、どうも安藤さんに乗せられちゃったような……でも、おかげで頼まれていた原稿が書けそうです。やっぱり持つべきものはネットワークですね。

# Ⅱ 矯正現場のリフレクティング

**会話者**　矯正の現場に接することになった大きな契機は、トムとともにスウェーデンの刑務所でリフレクティングを始めたユーディットとの出会いです。数年来、一方的に送信していた便りに、二〇一六年三月、ふいに返事があったときには、心が躍りました。刑務所での仕事をリタイヤした後、しばらく病後の療養生活を送っていた彼女は、「長時間は難しいけれど」という条件のもと、カルマル市の自宅で僕のインタビューに応じてくれました。そして、実際にお会いすると、二日間にわたり実にエネルギッシュにお話ししてくれたのです。

**実践者**　二〇一六年夏のことですね。ユーディットの紹介で、デンマークのハネとノルウェーのグナーという、それぞれの国の刑務所に初めてリフレクティングを導入した二人と出会うことができ、その現場を訪ねることもできたことは、わたしにも強い印象を与えてくれました。異国から訪れたリフレクティングの研究者に対して二人とも実にオープンで、刑務所内での入所者を交えたリフレクティング・トークにまで参加することができました。馴染みのない異国からの訪問者に対する開かれた構えには、その実践のエッセンスが感じられます。

**研究者**　その後も継続的に北欧の矯正施設等を訪ねながら、北欧の現場でのリフレクティング実践を紹介するために書かれたのが第3章です。日本の刑務所や少年院との共同研究が本格的に始まるのが二〇二〇年。第4章は、福岡少年院でのそうした取り組みとその含意について、犯罪学関連の先行研究との位置関係を吟味しながら考察したものです。一方、コラム③は、矯正職員の方々にこの取り組みを知っていただくために書きました。先のパートもそうでしたが、北欧での実践の紹介と日本での自身が関わる実践の報告というリズムは、このパートでも反復されているように思います。

**会話者**　僕は、第4章において、これまでの章でもしばしば用いられていた「風土」という言葉がオギュスタン・ベルクの風土理論によって肉付けされ、その含意が示されていることに注目しています。会話の風土とは、いかなるものでしょうか。

**研究者**　風土（milieu）とは、「間（mi）の場（lieu）」謂いでもあります。

**実践者**　つまり、それはリフレクティング・トークとリフレクティング・プロセスの往還に重なるということです。

**会話者**　コラム①で、デンマークのハネからの夢の便りを紹介しました。北欧の現場の人々とのこうした会話は、日本にいても続いているし、そうした会話の風土が、日本の矯正施設での共同研究者の人々との会話にもうつし込まれているように思います。

**実践者**　ただ、時間をかけた継続的な共同研究というスタイルが可能な現場は、矯正施設にせよ、医療・福祉施設にせよ、限られています。無論、ひとつのフィールドに居つづけることの弊害もあるでしょうが、じっくりと出会うことが叶わぬところでは、マニュアル化や陳腐化の可能性もつねにあるでしょう。それを避けるための工夫は、はたしてどのように可能でしょうか。

# 3章　北欧の刑務所におけるリフレクティングの展開

## 1　はじめに

筆者は、二〇一六年の夏以来、北欧の刑務所で展開されているリフレクティングの実際を知るため、スウェーデン、デンマーク、そして、ノルウェーの現場を繰り返し訪問し、関係者へのインタビューやリフレクティング実践への参加を重ねてきた。世界的に見ても、北欧の刑事政策が受刑者の改善更生に先進的に取り組んでいることは、すでによく知られているが、その具体的取り組みとして一部でリフレクティングが導入されていることについては、いまだ本邦でもあまり知られていないだろう。刑務所におけるリフレクティング誕生の場所であるスウェーデンのカルマル刑務所は、この地の刑務所の統合に伴い閉鎖されてしまったが、トム・アンデルセンの支援を受けつつ、このプロジェクトを中心的に推し進めたユーディット・ワグナーとのインタビューでは、長年にわたるその取り組みの詳細について聞くことができた。また、その流れを汲んでリフレクティング・トークをさらに深化・進化させているデンマークのヘルステッドベスター刑務所、ノルウェーのトロンハイム刑務所およびヴェストップランド刑務所では、関係者の話を聞くとともに、受刑者、刑務官、心理士、ソーシャルワーカー、ときには受刑者家族をも交えたリフレクティング・トークに参加し、実際に言葉を交わすことを通して、その実質的意義と効果を深く体感することができた。本章では、更生、すなわち「人間になる（あるいは、なりつづける）」ことはいかにして可能か、上記の体験を踏まえつつ検討したい。

## 2　北欧の刑務所内におけるリフレクティングのはじまり

一九八〇年代半ば、家族療法の革新として広く世界に知られることになったリフレクティング・チームは、実は多様なリフレクティング・トークの一例に過ぎず、アンデルセンの実践は、その後、家族療法という分野の枠も、国境の枠も超えて、より普遍的なリフレクティング・プロセスへと深化していく。アンデルセンの言葉を借りるなら、会話を通した「平和活動」(Malinen et al. 2012=2015) とも言えるそうしたリフレクティング・プロセスのひとつの現れが、北欧の刑務所を舞台とする受刑者や刑務官を交えたリフレクティング・トークである。

ユーディット・ワグナーによれば、このプロジェクトが始まったのは一九九一年。彼女がスウェーデン南東部に位置するカルマル刑務所で心理士としての仕事に就いてすぐのことである。当初、受刑者とどのように話し、関われば良いのかについて職員たちからスーパーヴィジョンを期待されたワグナーは、職員とのあいだでリフレクティング・トークを試みる。この試みはすぐに受刑者を交えた三者（受刑者、職員、セラピスト）間のリフレクティング・トークへと発展した（ワグナーはこれを〝トライアローグ〟と名付けた）。会話参加者の最小構成は各立場からなる三名であり、これは二者関係では困難なリフレクティングにおける会話の「間」を確保する上で不可欠な構成である（Wagner 2009）。

まず、ここで注目すべきは、刑務所でのリフレクティングの始まりが決して入所者向けの更生プログラムではなく、刑務官ら職員をサポートするための取り組みであったということである。彼女は、その当初の目的について、「刑務官が入所者との会話をうまくできるように、また、その機会を最大限に生かすことができるように手助けすること」であったと述べている。「会話の機会を生かす」という表現のささやかさの一方で、その表現が含む深さ、重さは、現場の実践者ほど強く実感されるだろう。

トライアローグの手順自体は、とてもシンプルなものだ（図3参照）。まず、入所者が話したいことについて職員の一人ａと会話する。もう一人の職員ｂは、その会話をながめている。会話が一段落すると、先ほどまで会話をながめていた職員ｂと、聞き手であった職員ａが先ほどの会話について会話する。入所者は、その会話をながめている。こうして丁寧に「話すこと」と「聞くこと」を折り重ねて、最後は入所者と職員ａの会話で終わる。

こうした会話が参加者にとって表面的、形式的なプログラムに堕してしまわないためには、トライアローグにおける会話のみならず、その実践自体がその場の組織的、制度的、文化的文脈に新鮮な風を通すように展開されてゆかねばならない。ワグナーは、この三者による会話を有効なものとするために、「何について話すか」「どの職員を会話に招くか」は、受刑者自身が決められることにした。こうした選択の自由は、刑務所内の受刑者の立場にとっては稀なものであるが、「自分が誰と話したい

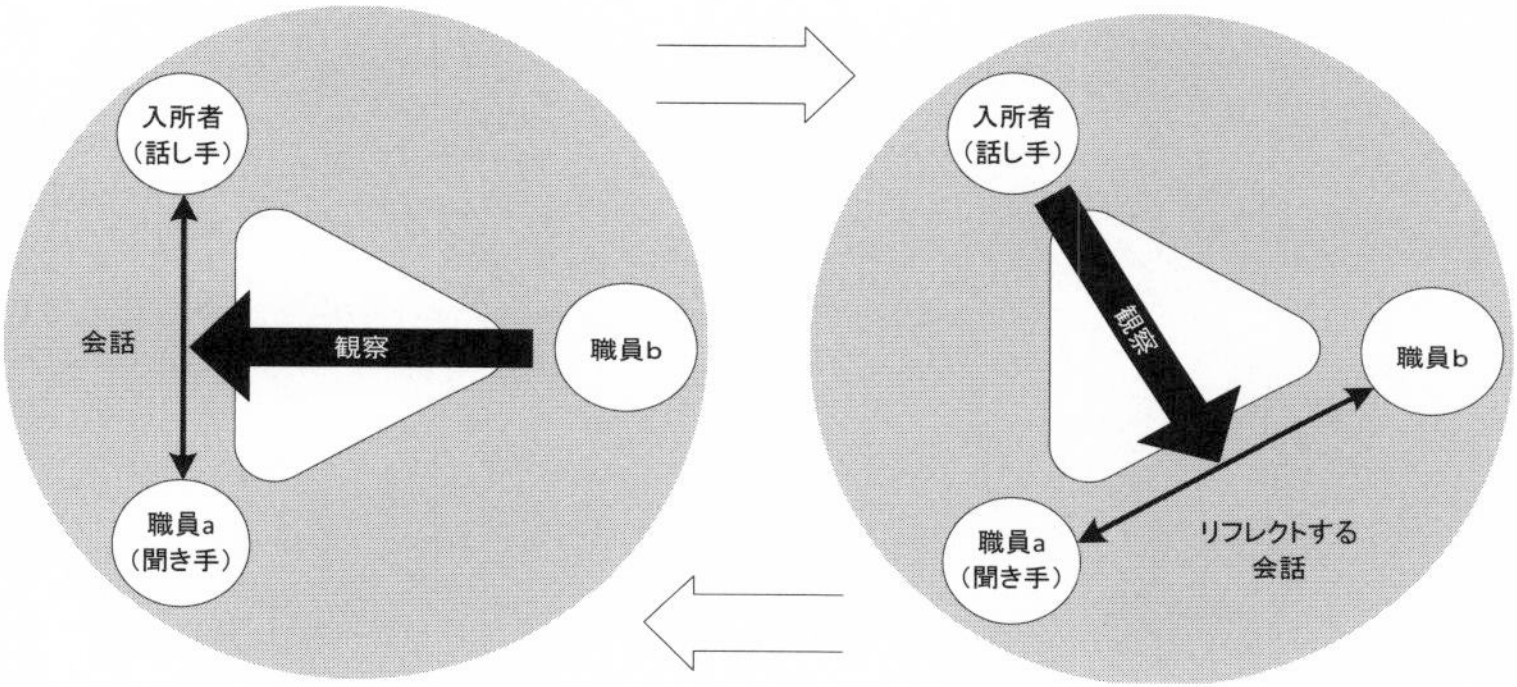


**図3**　トライアローグとターンの変化

か」「どんな人を自分は信頼できるのか」「自分はその人と何を話したいのか」といった内的会話を推し進める大切な機会となるだろう。無論、リフレクティング・トークへの参加は、受刑者も職員も自由である。

こうしたワグナーの取り組みには、当初、刑務所内外で賛否の声が上がった。受刑者への厳格な対応を主張する一部の刑務官から「囚人と職員のどちらの味方か？」と問われた彼女は、「私はそこに橋を架ける者だ」と答えたという。また、ＫＶＳ（法務省所管の刑務所・保護観察庁）からも、このカルマル刑務所独自の取り組みについて、詳細な内容説明が要請された。一九九一年のプロジェクト開始以来、ワグナーを支援し、急逝する二〇〇七年まで継続的にこの刑務所を訪れていたアンデルセンは、職員研修、ＫＶＳへの粘り強い説明、刑務所出所者を招いてのフィードバック・ミーティングなどにも協力し、ついにＫＶＳはこの実践の継続を許可するに至る。やがて刑務所内での理解も進み、最終的には受刑者の半数と職員の半数ほどがリフレクティング・トークに参加するようになる。リフレクティング・トークに参加する職員には、半年間の一般的な心理学の研修、続いて半年間のシステム理論とリフレクティング・

プロセスに関する研修が提供された。

リフレクティング・トークは、こうしてカルマル刑務所における活動の中軸に位置付けられ、受刑者のみならず職員の側にも大きな変化をもたらした。そこでは、トライアローグばかりでなく、さらに多様な形態のリフレクティング・トークが育まれていく。たとえば、出所者と出所予定者、および、その家族らを招いてのリフレクティング・トークの場には、刑務所に関わる様々な立場の人々も招かれた。多面性と多層性を有するその会話の場は、ある種のフィードバック・ミーティング（出所者たちが刑務所での経験を関係者らにフィードバックする機会）としての働きも有しており、異なる立場の参加者それぞれに固有の効果をもたらすことになる。

こうした多様なリフレクティング実践について、その効果の「エビデンス」を求める向きもあるだろう。あるとき、多くの出所者を招いたフィードバック・ミーティングの場を開いたアンデルセンは、そこで刑務所での経験を振りかえり、生き生きと話す彼らの姿を前に「これこそエビデンスだ」と同席した刑務所職員や行政関係者らに喝破したという。本邦の各分野においても浸透しつつあるエビデンス・ベイスト・プラクティスを形骸化し干からびたものにせず、実質ある豊饒なものにするためのヒントをここに見出すことができるように思う。

ワグナー自身は、実践の効果について、こう振りかえっている。「私自身は、刑務所の雰囲気に注目しています。それは、より友好的、かつ、はるかにプロフェッショナルになり、リハビリテーションに向けたケアと仕事がなされています。もめ事は、職員が自分たちでトライアローグを用いた会議をおこない、新しい効果的な方法で解消されます。効果のひとつは、刑務所内で生じることへの不安な気持ちが消えたことです」（Wagner 2009: 24）。雰囲気が良くなること。何かが生じることへの不安な気持ちが消えること。いったいそれ以上のことがあるだろうか。

## 3　デンマークにおける展開

二〇〇七年にアンデルセンが旅立ち、ワグナーも引退した後、スウェーデン国内では潰えたかに見える刑務所におけるリフレクティングが、彼らに学んだ専門職によって、現在も他国の刑務所で深化、展開していることを聞いた筆者は、二〇一六年に初めてデンマークのヘルステッドベスター刑務所を訪ねた。この刑務所は、一五〇名収容、うち九五％の入所者は男性、心理学的・精神医学的治療を要する受刑者に特化したデンマークでも特異な刑務所で、多くの者は殺人、暴行、性犯罪等の罪で長期間入所している。職員は二五〇名ほどで、一五〇名ほどの刑務官の他に、ソーシャルワーカー、心理士、精神科医、看護師等が働いている。ここで筆者を出迎え、刑務所内の見学のみならず、実際のリフレクティング・トークへの参加についても、施設の責任者の許可を取り、受刑者・職員らとの仲介をしてくれたのが、心理士リーダーのハネ・グローセンである。彼女はアンデルセンやワグナーらとともに南米におけるセラピスト教育に携わった人物でもある。

この刑務所の職員がリフレクティングに初めて触れたのは、二〇〇〇年一一月。デンマーク国内の他の刑務所で開かれた研修会にカルマル刑務所の職員が招待されており、そこでリフレクティング・トークの紹介がなされたという。その後、スウェーデン、ノルウェーで開催された国際会議や研究会に複数の職員が参加し、アンデルセンらから直接学ぶとともに、二〇〇二年にはカルマル刑務所の職員を招いての研修プログラムが実施されるなど、リフレクティング・トーク導入に向けたプロジェクトが着実に進展していく。

本プロジェクトを組織の上層部に申請し、推進したグローセンによれば、リフレクティング導入の目的は、(1) これまで他者と会話することに馴染んでこなかった入所者に、変化のきっかけとなるような有意味な会話の機会を提供すること、(2) 心理士や精神科医のような専門職のみならず、より幅広い刑務所職員が治療活動に関われるようにすること、の主に二つであった。(2) については、当初、専門職側、刑務官側の双方から反対の声が上がったという。専門職側は、「刑務官は素人なので治療活動には関われない」と主張し、刑務官側は、「これは自分たちの仕事ではない」と主張した。しかし、リフレクティングの趣旨を伝えていくなかで、まず一〇名余りの刑務官が勇気を持ってプロジェクト参加の名乗りを上げる。一方、リフレクティング・トークに参加する入所者は、会話の継続可能性を考慮し、長期(刑期が八年以上)の受刑者であることを条件とした。職員側と同様に、入所者側にもリフレクティング・トークの特徴や趣旨を伝えるなかで、一〇名の入所者が参加の希望を示す。こうして二〇〇三年にヘルステッドベスター刑務所におけるリフレクティング・トークがスタートした際には、一〇名の刑務官(女性六名、男性四名)、四名の専門職(ソーシャルワーカー二名、精神科医一名、心理士一名、いずれも女性)、一〇名の入所者(いずれも男性)が、このプロジェクトに参加することとなった。

今日も続くヘルステッドベスター刑務所におけるリフレクティング・トークの構成は、カルマル刑務所におけるものと同じく、入所者一名と職員二名の三名が基本構成である。原則として、受刑者と同じユニット以外の刑務官が会話に参加すること、会話については一切記録されず、守秘義務があること等により、安心して会話できる場を創出する工夫がなされている。「安心して会話できる場」ということについて、実際に筆者が刑務所内を歩くなかで強く印象に残ったのが、入所者および職員のリラックスした雰囲気と、刑務所内での自然な会話の存在（それは入所者どうしでも、入所者と職員とのあいだでもごく普通に交わされている）である。筆者とともに刑務所内を歩くグローセンに入所者たちは自然に話しかけ、ときには「最近リフレクティングをやってないので、そろそろ話したいな」と庭先で話し込むこともあった。刑務所内に入るまでのセキュリティの厳格さは日本国内のそれと大きく変わりないものの、その内部の入所者と職員の人間関係やコミュニケーションのあり方はずいぶん異なる印象を受けた。

筆者がここで参加したリフレクティング・トークについて簡単に紹介しておこう。参加者である入所者の男性は、他の刑務所も含め三〇年以上、刑務所に入所しているが、四年ほど前からグローセンと女性刑務官のペアとのリフレクティング・トークを継続している。筆者は通訳とともにこの会話に同席する許可を得た。会話内容の詳細をここで述べることはできないが、まず、入所者と刑務官が会話するなかで、彼の最近の心配事がその気持ちとともに率直に話され、刑務官は丁寧にそれを聞いている様子が見てとれた。続いて、グローセンと刑務官が会話し、その心配事が自然なものであること、そうしたことに気持ちが向くようになったこと自体の良さと、気になって負担が大きくなることの大変さ、そのバランスについて話が進み、その後、再び入所者と刑務官の会話へと進んで行った。会話全体は実に自然で和やかなものであった。

三者によるリフレクティング・トークが一段落したところで、筆者も会話に参加し、各々がこれまでのリフレクティングの経験についてどのように感じているのかを尋ねた。入所者の男性は、自身が

「男は感情を表に出さない」という文化で育ったこと、特に刑務所内では感情を出しては生きていけないと考えていたこと、四年前に会話を始めた当初は心理士と話すことに「自分をコントロールしようとしているのではないか？」と抵抗感があったが、いまでは自分の気持ちを率直に話せるようになったこと等を語ってくれた。刑務官の女性は、当初、自分が人の話に耳を傾けるのが得意ではなかったこと、リフレクティング・トークに取り組むなかで徐々に入所者の話を聞けるようになったことを語ってくれた。とりわけ印象深かったのは、入所者の男性が、「この会話を通して、自分も、刑務官も、心理士も、皆が人間になったんだ」と述べ、その言葉に心理士も刑務官も深く頷いた場面である。

もう一つの印象的な場面は、筆者が同席したあるリフレクティング・トークにおいて、簡単な自己紹介と訪問の経緯を述べ、オブザーバーとして入所者と職員とのリフレクティング・トークが始まるのを待っていたところ、その日の話し手であった男性が「今日は彼と話してみたい」と不意に筆者を指名した際のことである。グローセンは「あなたが良ければ」と筆者に委ね、筆者は聞き手を引き受けた。リフレクティング・トークが一段落した後、「こんなふうに外からやって来た自分が聞き手をすることになるなんて驚いた」と彼らのオープンさに触れると、彼女たちは、「私たちも初めてのことで、まるで映画を見ているようだった」と応じた。実は、彼女らもそんなことが起こるとは予想もしておらず、驚いていたのだが、その場に勇気を持って応答したわけだ。リフレクティング実践における応答性（日本語の「責任」という言葉からは想像することが難しい responsibility）とは、そのようなものだ。どこかに開かれた会話の場があるのではなく、いま、ここで新鮮な会話の場を切り拓いていくことがリフレクティングであることを、再認識させてもらったように感じた。

驚いたことに、このとき筆者を指名した入所者の男性は、翌年（二〇一七年）、再訪した際、刑務所内でのリフレクティング・トークについて、入所者たちのコメントを集めたレポートをまとめてくれていた（当初、デンマーク語で書かれていたそのレポートを、筆者の願いに応え、彼が後日、英文にして送ってくれた）。レポートの冒頭には、「それは自分自身と親しくなるためのユニークな方法だ」との言葉が紹介されている。上記の実践の様子に見てとれるであろう通り、リフレクティングは、受刑者の改善指導プログラムという枠に留まるものではなく、職員も含め、それに関わる全員が人間として、他者とも自身とも、平和に共存できるような場を創出していく活動なのである。

## 4　ノルウェーにおける展開

同じく、二〇一六年以来、筆者が繰り返し訪ねているのがノルウェー中部のトロンハイム刑務所である。ここは、一五〇名ほどが入所する閉鎖刑務所に加え、一〇名および三〇名ほどが入所する二つの開放刑務所から構成され、職員は一〇〇名ほどである。この刑務所にリフレクティング・トークを導入した上級アドバイザー（元保護観察官）のグナー・ブレヴィックは、一九九九年にアンデルセンの研修に参加する機会を得た後、直ちに当時勤務していた別の矯正施設でリフレクティング・トークに取り組むことを試みたという。その後、二〇〇一年にはカルマル刑務所でのフィードバック・ミーティングにも参加し、ワグナーやグローセンとの交流も深まるなかで、刑務所におけるリフレクティングの北欧ネットワークが構築されていく。トロンハイム刑務所には、ブレヴィックが赴任した二〇〇四年からリフレクティング・トークが導入され、ワグナーらを講師として招いた職員研修も幾度か実施された。これまでに二〇名以上の職員（刑務官、ソーシャルワーカー、看護師等）が入所者とともに延べ二〇〇〇回以上（二〇一六年夏時点）のリフレクティング・トークを重ねており、それはすでにプロジェクトという段階から、この刑務所の日常風景と呼べるほどまでに定着しているという。

その様子は、刑務所の廊下に掲示された入所者向けのリフレクティング・トーク参加の呼びかけポスター（図4参照）等からも伝わってくる。そのポスターは、次のように呼びかけている。

誰かに話したくありませんか？
聞いてほしくありませんか？
話し合いたい問題がありますか？それとも、ただお話ししますか？
＊あなたが自分で会話のテーマを決めることができます。
＊リフレクティング・トークはこんな役に立つかもしれません。
——自分のリソースや良いところに気付く
——自分のおかれた状況について振りかえる
——人生についての異なるパースペクティヴや考え方を得る
リフレクティング・トークは、思索と驚きを伴った会話です。
二人の職員と一緒におこないます。
時間は一時間くらいです。
詳しく知りたい方、やってみたい方は、グナー・ブレヴィックまで

REFLEKTERENDE SAMTALER
Trenger du noen å snakke med?
Ønsker du å bli lyttet til?
Har du et problem du vil snakke om, eller ønsker du bare en samtale?
* Du bestemmer selv tema for samtalen
* En reflekterende samtale kan være til hjelp for å:
– bli klar over egne ressurser og gode egenskaper
– reflektere over egen situasjon
– få andre perspektiv og tanker om livet sitt
En reflekterende samtale er en samtale med undring og tenkning
Foregår med to ansatte
Varighet ca 1 time
Ønsker du nærmere informasjon eller har lyst til å prøve dette:
Skriv en samtalemelding til sosialrådgiver Gunnar Aadde Brevik

**図 4** Trondheim 刑務所内に掲示されているポスター

ブレヴィックに誘われ、筆者はまず閉鎖刑務所内の図書館の一角で行われたリフレクティング・トークに参加するとともに、同じ部屋で三名の入所者、一名の刑務官、一名の看護師と話すことができた。インタビューが、オープンサンドやパンケーキ、ジュースやコーヒーを皆で囲んでリラックスした雰囲気でなされたのは、ヘルステッドベスター刑務所の時と同様である。最短で半年間、最長で五年間ほどリフレクティング・トークに継続参加している入所者たちからは、「以前に比べ、自分というものがはっきり見えてきた」「妨げられずに話せることと、その後のリフレクティングのあいだにいろいろ考えられることが良かった」「最初は警戒心があったが、秘密が守られ、職員と同じ立場で会話するなかで徐々に信頼を築けた」「自分がリスペクトされることで、相手をリスペクトできる」との声が聞かれた。二名の職員からは、「以前は一方的に「これをしなさい」と伝えることが多かったが、入所者の話を熱心に聞くということはとても新鮮な経験だった」「誰か「に」話すのではなく、誰か「と」話すということがリフレクティングによる話し方の新しさだと思う」「刑務官としてやらなきゃいけない役割もあるけれど、会話していると制服は見えなくなってくる」との声が聞かれた。

トロンハイム刑務所では、刑務所内の三者によるリフレクティング・トークの他にも、入所者家族や外部の家族療法家を交えた、いわば拡大リフレクティング・トークの試みが実施されている。筆者も、開放刑務所内に建つ、家族と入所者が宿泊できるコテージのような施設で入所者、家族、家族療法家、刑務所職員を交えた拡大リフレクティング・トークに参加することができた。この時の参加者は、入所者の男性とその二人の息子である青年たち、入所者の姉、そして、刑務所と連携しながら刑務所入所者と家族を交えたリフレクティング・トークに取り組んでいるＦＦＰ（刑務所入所者家族の支援組織）の家族療法家とブレヴィック、さらに、筆者と通訳である。入所者の男性は薬物依存があり、家族に怪我をさせた罪で入所した後、一年ほどの継続的な家族とのリフレクティング・トークを通して家族関係を修復している過程にあった。息子たちは、「オープンに話し合うことを通して、父親のことがわかるようになったし、いろいろな話もできるようになった」と述べ、自分たちの生活が落ち着いてきたことを筆者に話してくれた。父親は、「この会話に参加して自分が誰かということがわかった。自分自身を表現できる方法を学ぶことが大切なんだ」と述べた。彼は間もなく在宅観察になる予定だが、出所後も家族や他のネットワークとのリフレクティング・トークを継続したいとＦＦＰのスタッフに伝え、その方向で今後の予定が調整されることとなった。

また、トロンハイムでは、筆者の訪問を機にリフレクティングに関心を有する実践者・研究者との研究会が開催され、本実践がノルウェー科学技術大学の研究者らと連携して、質的評価の視点も含みつつ展開されている様子（Viggen and Landrø 2012）も確認することができた。その後も、トロンハイム刑務所の職員やノルウェー科学技術大学の研究者らと筆者の交流は続き、二〇一九年に訪問した際には、日本とノルウェーそれぞれの状況について、刑事施設職員や学生の参加するシンポジウムの場で紹介し、議論を重ねる機会を得ることができた。

現在、ノルウェーの刑務所におけるリフレクティング・トークは、トロンハイムに留まらず、他の刑務所にも着実にその実践が広がりつつあり、それぞれに独自の進化を遂げている。たとえば、筆者が二〇一七年に初めて訪問したノルウェー南部の内陸に位置するヴェストップランド刑務所では、ソーシャルワーカーのハネ・グローネンらが中心となって、入所者のグループでリフレクティング・トークを行うための独自のカード（**図5**参照）を開発している。Tenk ut!（英語ならば Think out! すなわち

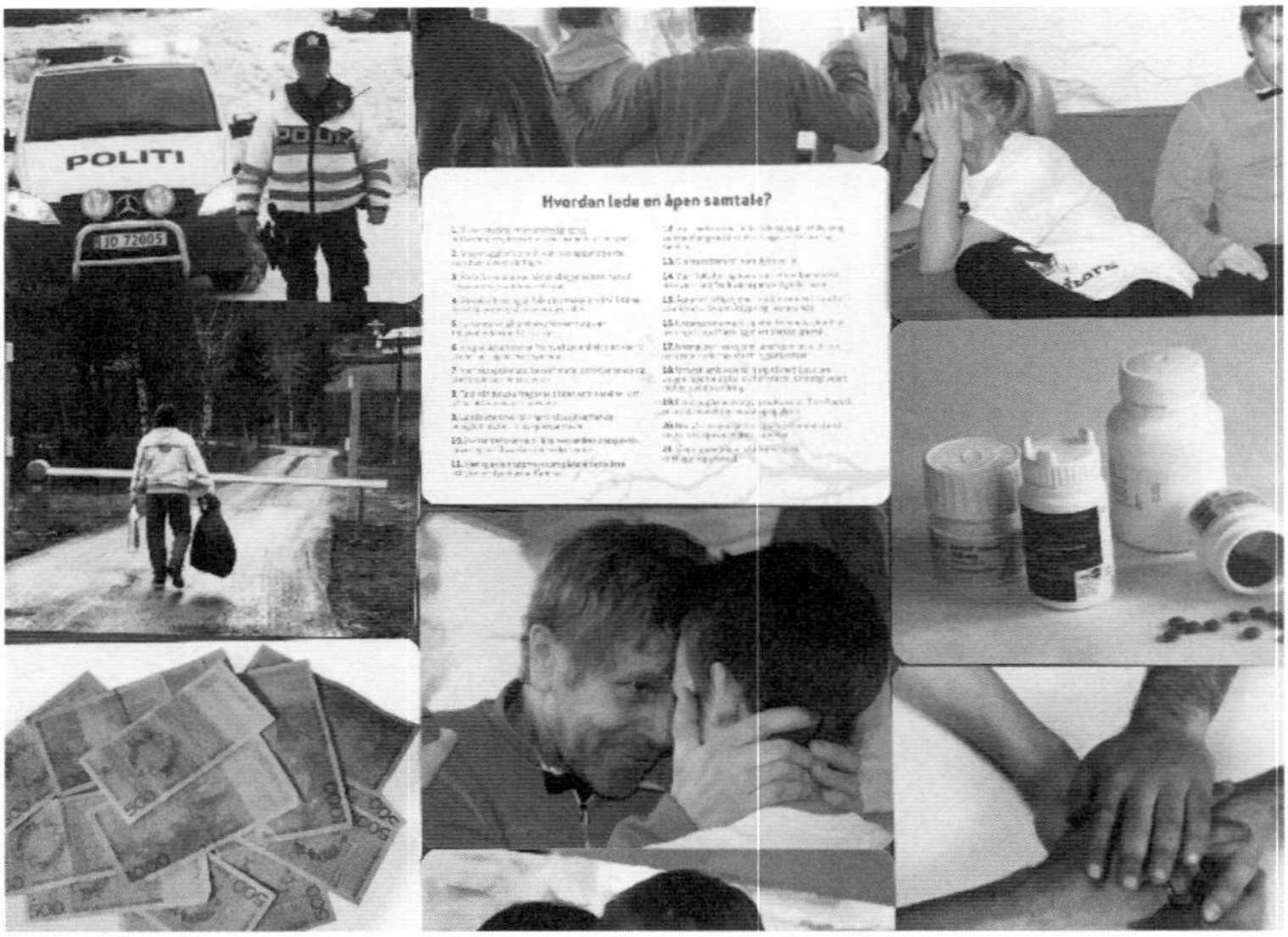


**図 5**　リフレクティングのための Tenk ut! カード

熟考）と名付けられたこのカードは、刑務所入所前後の様々な場面を象徴する印象的な写真からなる三〇枚余りのカードである。

筆者が同席した三―四名の入所者が参加する小グループのリフレクティング・トークでは、このカードは、次のように活用されていた。まず、その日の話し手がテーブルに広げられたたくさんのカードのなかから、気になる何枚かを選ぶ（その日は二枚のカードが選ばれた）。会話の参加者たちは、そのカードをながめ、それぞれの内に湧き上がるものを静かに味わう。それから、話し手がそのカードを選んだ理由を話し始め、会話がスタートする。こうしたカードの活用は、「何を話しても良い」と言われてもすぐに言葉が出てこない入所者にとって会話の手がかりとなるだろうし、グループでリフレクティング・トークを行う際には、複数の参加者間で言語以外の視覚イメージを用いたコミュニケーションとして有効だろう。これは、ある種のビジュアル・ナラティヴを用いたリフレクティングと見ることもできる。

また、こうしたカードの制作過程自体、入所者たちと職員の協働でなされていること。さらに、リフレクティング・トークの場のファシリテーターには、元入所者であるメンバーがＮＧＯの職員として刑務所に派遣されていること等にも注目すべきだろう。素晴らしいファシリテーターである彼は、ティーンエイジャーの頃、精神科医から「君は一生、精神病院か刑務所で過ごす」と言われたそうだが、現在、その予言は当たっていることになる。

## 5　おわりに

以上、スウェーデン、デンマーク、ノルウェーと北欧の刑務所におけるリフレクティングの展開を急ぎ足で概観した。あらためて振り返るなら、そこには次のような広がりが見出される。（１）推進者の国境を越えたつながり：アンデルセンとワグナーに始まり、グローセン、ブレヴィック、グローネンら、国境を越えた実践者の連携による教育と実践の連なり。（２）多様な立場の参加者への開かれと各々への効果：入所者、専門職、刑務官、さらに、家族や他のネットワーク、元入所者といった多様な人々の参加への開かれと、入所者の改善更生に限定されない参加者全員（および、その関係）に対する会話の多様な効果。（３）活用場面と方法の広がり：閉鎖刑務所内での三者による基本構成から、家族や外部の専門職等を交えた開放刑務所における拡大リフレクティング・トーク（先の事例に見た通り、それは刑務所出所後の地域社会における家族やネットワークとの会話の場の継続へと切れ目なくつながっている）、出所者の集まるフィードバック・ミーティング、元受刑者をリーダーとしたグループでのリフレクティング・トーク等への広がり。また、ユニークなカード等のツール開発の進展。
無論、刑務所におけるリフレクティングの広がりは、決して大きな潮流とは言い難く、カルマルでの経緯にも見られる通り、上層部の判断次第では、一見わかりやすいエビデンスを有するマニュアル化可能な画一的プログラムへと容易に取って代わられてしまう可能性もある（グローセンは「リフレクティングにはレシピがないので難しい」と語っていた）。しかし、トップダウンの計画による一律の機械的普及とは異なる、土地々々を潤す水脈のような希望を、筆者は今回訪ねた各土地で見出すことができた。リフレクティング・プロセスによる場の創出とは本来的にそのようなものだろう。受刑者のみならず、会話に参加するあらゆる立場の人々が「人間になる」ような会話が、適切な工夫とともにそこで生み出され続けている。

　こうした諸実践から我々は何を学びうるだろうか。無論、リフレクティング・チームが世界に紹介された際に生じたような、その外形のみに着目した専門家による見た目の良い簒奪は、いつでもどこでも生じうる。トライアローグが一種の新奇なセラピーあるいは対話技法と受け取られ、Tenk ut! カードが見栄えの良いキャッチーなツールというふうに理解され、固定した垂直的関係性の支配する場に新たな道具として形式的に導入されてしまう可能性は、つねに存在するだろう。あるいは、それらの道具がその場に何ら実質的な差異や変化を生じない水平的関係性を上書きするだけの時間のために費やされてしまうかもしれない。それらが実にやわらかな道具たちであるゆえにこそ、そうしたことはときに避けられないだろう。ただ、それらの表面的特徴を忠実になぞったとしても、それだけでは、それらの生命の実質は潰えてしまうことになる。我々はこうした実践の生命をどこに見出し、いかに育みうるだろうか。

刑事施設の入所者に限らず、筆者や読者を含むあらゆる人間の更生、すなわち、生を更新することの基根とも言える「人間になる」ことは、生き生きとした会話が安心してできる場と、そこでの言葉を丁寧に受けとめ、自身もそこで「人間になりつづける」ような聞き手がともにあることで実現する。北欧とは社会的・文化的文脈の異なる日本においてもまた、固有の風土に沿いながら、そうした場を創出する工夫はきっと見つかるはずだ。

# 4章　立ち直り支援を内側から乗り越える

平等は到達すべき目標ではなく、出発点であり、どのような事態においても維持すべき前提なのである。真理が平等を弁護することは決してないだろう。平等はそれが確認されることのなかにしか、また常にいたるところで確認されるという条件でしか、決して存在することはないだろう。平等は民衆にすべき演説なのではない。それはただ会話のなかで示すべき一つの例、あるいはむしろいくつもの例であるのみなのだ。

（ジャック・ランシエール）

## 1　はじめに

福岡少年院は、福岡市街南部に広がる住宅地の一角、古墳や瓦窯跡に囲まれた丘陵地にある。筆者がこの少年院とのあいだに共同研究の協定を結び、定期的に通い始めて数年になる。そもそもの始まりは、二〇一六年夏、北欧のいくつかの矯正施設で実践されているリフレクティングの現場を訪ね、日本の矯正施設の雰囲気との大きな違いについて幾度も考えさせられたことだ。「雰囲気」とは、ずいぶん曖昧に聞こえるかもしれないが、閉鎖刑務所を囲む高い壁や、出入りの際の厳格なセキュリティチェックに特段の彼我の差はない。しかし、施設内に一歩足を踏み入れると、そこに入所している入所者たちのあいだ、そこで働く職員たちのあいだ、そして、両者のあいだに流れる空気は、大きく異なるものであった。その違いを生みだす特徴を一言で述べるなら、それは「あたりまえの会話」の有無と言えるだろう。

以来、日本の矯正施設で「あたりまえの会話」の場を創出するリフレクティングの実践可能性を模索し始めた筆者は、幸い多くの人に助けられ、それまで馴染みの薄かった矯正・保護領域の学会や研修会、刑務所出所者やその家族が参加する集まりの場等で話をする機会を積極的に持つようになった。そうした集まりで、ある種のリフレクティング・トークを試みることも幾度かあったが、日本の矯正施設内での実践のとっかかりを得ることは、それまでに筆者が経験していた病院や福祉施設でのリフレクティングの取り組み以上に、乗り越えるべき壁が高いようにも感じられた。

大きなきっかけのひとつは、全国の矯正職員の人材育成を担う法務省の矯正研修所でリフレクティングの講義を担当する機会が得られたことだ。そこから、いくつかの矯正施設内でもリフレクティングについて紹介する機会等を重ね、二〇二〇年二月に山口県の美祢社会復帰促進センターと、二〇二〇年一一月に福岡県の福岡少年院と、それぞれリフレクティングに関する共同研究の協定を結び、継続的な研修や実践をスタートすることとなった。これらの組織の英断には、未知の事柄に踏み出す勇気への敬意とともに感謝する他ない。本章では、それらのうち、「全国の少年院で初めてリフレクティングに取り組む」とメディアで紹介されることもある福岡少年院で実践し、学び、考えてきたことを（無論、いまもそれは変化し、動き続けているけれど）振りかえってみたい。

その際、矯正施設におけるリフレクティング・プロセスが従来「支援」や「立ち直り」と呼ばれてきたものに対していかなる新たな含意を有するのかを闡明するため、二つの光源を用いる。一つは、第2章でも触れた、ヴィゴツキーを独自に読み解くことを通して、発達に関する新たな理論を提示したフレド・ニューマンとロイス・ホルツマンの《道具と結果》方法論。もう一つは、和辻哲郎の風土とユクスキュルの環世界の概念に示唆を得て、きわめて広い射程を持つ「風土学」を提唱するオギュスタン・ベルクによる風土理論である。《道具と結果》方法論は、「立ち直り」という結果のための道具として狭隘化した「支援」と、そうした支援観に規定されることで貧窶《ひんる》化する立ち直り像を脱するための一つの手がかりとなろう。また、風土理論は、アリストテレスのいうトポス（抽象的局所）とプラトンのいうコーラ（実存的場所）を弁別することで、支援や立ち直りが生じる場の風土に注目する意義への理解を促してくれるだろう。

無論、つねに先にあるのは実践である。記述や理論的意味付けは、あくまでその後に続く。本章では、立ち直り支援のパラダイムシフトをめぐる近年の諸議論を瞥見した上で、福岡少年院の人々とともに筆者が取り組むリフレクティング・プロセスの実際と、それを透かし見ることで展望される今後の実践への手がかりについて素描したい。そのことは、たんにユニークな会話技法として矮小化されがちなリフレクティングが本来有する広さと深さを再確認することを意味すると同時に、従来の「立ち直り支援」研究において看過されてきた「支援」の変容可能性に焦点を置いた実践を切り拓く具体的方途を示唆するものでもあるだろう。先取りして述べるなら、それは対面的相互行為の域を超えて、矯正施設の風土を更新していく活動であり、「支援」と「立ち直り」の両者を硬直化させる相互の桎梏から解放せんとする身振りである。

## 2　立ち直り支援のパラダイムシフトとロゴスの檻

### 2-1　立ち直りとその類語・関連語

本論に入る前に、「立ち直り」という語について、その実用上の類語とともに確認しておく。犯罪学領域の先行研究や関連分野の言表を瞥見すると、「更生」「離脱」「回復」「社会復帰」といった類語がひとまず目に留まる。岡邊健（2021）によれば、日本の刑事政策・犯罪学の研究者・実務家のあいだで伝統的に用いられてきたのが「更生」で、一九四九年成立の犯罪者予防更生法に見られるように、少なくとも七〇年以上の歴史を持つ概念であるという。遡れば、かの『荘子』に「更生則幾矣」の一文が見られるように、本来、はるかに長い歴史を持つ語であろう。

一般に、「更生」の英訳には rehabilitation の語が当てられていることが多い。これは、もともと医療・福祉分野で用いられ、近年、犯罪学の研究分野でも頻繁に使われる「社会復帰」の英訳語とも共通する。研究者らが後者を用いるのは、英訳語は同じでも、「更生保護」といった特定の制度と結びついてイメージされる「更生」よりも「社会復帰」の方が一般的なニュアンスを持ち、使いやすいということもあるのだろう。つづいてよく用いられているのが、日常的にも広く使用される「回復」である。「立ち直り」と「離脱」は二〇一〇年代半ば以降に頻用されるようになった、と岡邊（2021）は分析している。「回復」は recovery、「離脱」は desistance に対応した訳語であるが、「立ち直り」に関しては、各所で desistance と recovery の両方に対する訳語として（明示的にも暗示的にも）用いられており、管見の限り、犯罪学領域でこれら三語の用法はまだ明確に峻別されるには至っていない。

単語の構造から見るなら、desistance が de-sist、すなわち、離れることを意味する接頭辞 de- を伴うことから、何事かから離れる、止める身振りを表す一方、recovery は re-cover、すなわち、再び（re）何かをつかみ取ること、rehabilitation の語源 re-habilis は再び相応しい状態になることである。日本語を見ても、「離脱」は何事か相対的にネガティヴな事態から離れ、脱することであるのに対し、「回復」「更生」「社会復帰」は、再びポジティブな状態を獲得、あるいは、望ましい状況へと到来することを含意する語であるといえよう。desistance でもあり recovery でもある「立ち直り」には、この de-（〜からの離脱）と re-（〜への回復）という一見対極的な二つのベクトルの動きが内包されている。ひとまず、そのように見立てることで、「立ち直り」概念の潜在力を予感することも可能である。

「立ち直る」「回復する」「離脱する」「更生する」「社会復帰する」と動詞にすると明らかな通り、これらは本来、動作主体の自律的な動きあるいは変容を表す。しかし、当該分野の研究や実務における実際の用語法を見るなら、これらの語が用いられる際、多くの場合、そこに「支援」という語が伴うことに気づく。「立ち直り支援」「回復支援」「離脱支援」「更生支援」「社会復帰支援」といった表現は、当該分野において実に馴染み深いものであり、[*1]直接これらの語が用いられていない場合にも、関心の焦点が「支援」にあると見られる言表がその大半を占めている。そこでは、「立ち直らせる」「回復させる」「離脱させる」「更生させる」「社会復帰させる」といった使役形がそれらの言表に伏在あるいは顕在しており、その動作主体はあくまで支援を行う者、すなわち支援者（多くの場合、専門職や専門機関）ということになる。

## 2－2　立ち直り支援のパラダイムシフトと支援関係の絶対性の隘路

あるいは、このようにまとめてしまうことに対して、それぞれの語が有する固有の歴史を等閑にするものではないか、との批判もありえよう。たとえば、犯罪からの離脱研究で知られるシャッド・マルナは、desistance という単語が当初 rehabilitation とは対照的な事態に言及するために用いられたのだと指摘している（Maruna 2017）。そこでは「国家によって更生（rehabilitation）させられるか、自らが自発的に離脱（desistance）するか」という決定的差異が前景化することになる。マルナはこの二つの用語間の焦点の移行が薬物依存分野における治療（treatment）と回復（recovery）をめぐる議論に呼応したものであるとも述べている。すなわち、rehabilitation 研究では、一種の医療モデルとしてランダム化比較試験（RCT）に代表される評価研究により、そのプログラムの「治療」効果が検討されるのが一般的であるのに対して、desistance 研究では、プログラムの成果ではなく個人の人生行路に焦点を当てるため、長期にわたる個人の縦断研究やセルフ・ナラティブに関する質的研究が頻用され、個人の欠点を矯正するよりも、「回復」につながる強み・長所（strength）を承認することが重視される。

マルナによるこうした指摘が立ち直り支援の新地平を切り拓く上で重要なものであることは言うまでもない。本邦においても、マルナらの議論を参照しつつ犯罪者処遇をめぐるパラダイムのポジティブ・シフトを論ずる津富宏（2011）が、犯罪者を問題として捉えるネガティブモデルから、資源として捉えるポジティブモデル（長所基盤モデル）への移行を提唱している。そこでの類型化によれば、ネガティブモデルとは、犯罪者を治療や制裁の客体とみなすもの、中立モデルとは、犯罪者を主体と同時に客体であるとみなすもの、[*2] そして、ポジティブモデルとは、犯罪者こそを主体とみなし、「［…］本人がそもそももっている善き側面（長所・資源）を手がかりに立ち直りへの道筋をつける」

（津富 2011: 68）ものである。津富はさらに、ポジティブモデルをその一つに含む犯罪者処遇の新たなパラダイムを「リカバリー・パラダイム」と名付けている。ここに先のマルナの指摘にあった〈治療／回復〉の対比との同型性を見てとることは容易だろう。

こうした差異、変化をある種のパラダイムシフトとみなすことは、一見識として十分な意義を有する。実際、ポジティブモデルに見られる本人の主体性を尊重する支援のあり方は、そのアイデンティティに関してこれまで他者によって烙印された権威的かつ否定的な説明に対抗するための強力な戦略となりうるだろう。しかし、一方でそれがあくまで「犯罪者処遇のパラダイムシフト」であることを鑑みるなら、そこにはやはり「立ち直らせる」という使役形が伏在し、被支援者／支援者の絶対的関係が保持されているのではないか、との懸念は拭い難い。また、ナラティヴ・プラクティスの創始者として知られるマイケル・ホワイトがアイデンティティに関する自然主義的説明の脱構築に取り組むなかで、個人における強み（strength）や資源（resource）の保有が世界共通の普遍的現象ではない（それらは比較的最近、西洋文化の表舞台に躍り出たアイデアに過ぎない）と強調していたこと（White 2004=2007）を想起するなら、「本人がそもそももっている善き側面」をまなざそうとする研究者・実践者の視線が、そのパフォーマティヴな次元において、はたして個人のアイデンティティをいかなるものとして構成しようとするのか、との疑問も頭を擡げてくるだろう。こうした懸念や疑問に目を凝らすとき、そこに立ち直り支援のパラダイムシフトを標榜する議論になお柵むロゴスの檻が見透かされる。

敷衍しよう。**図6**は、既存の立ち直り支援の構図を図式化したものである。立ち直りという事象を犯罪や非行の停止状態と捉えるにせよ、個人のアイデンティティの変容プロセスと捉えるにせよ、*3 犯

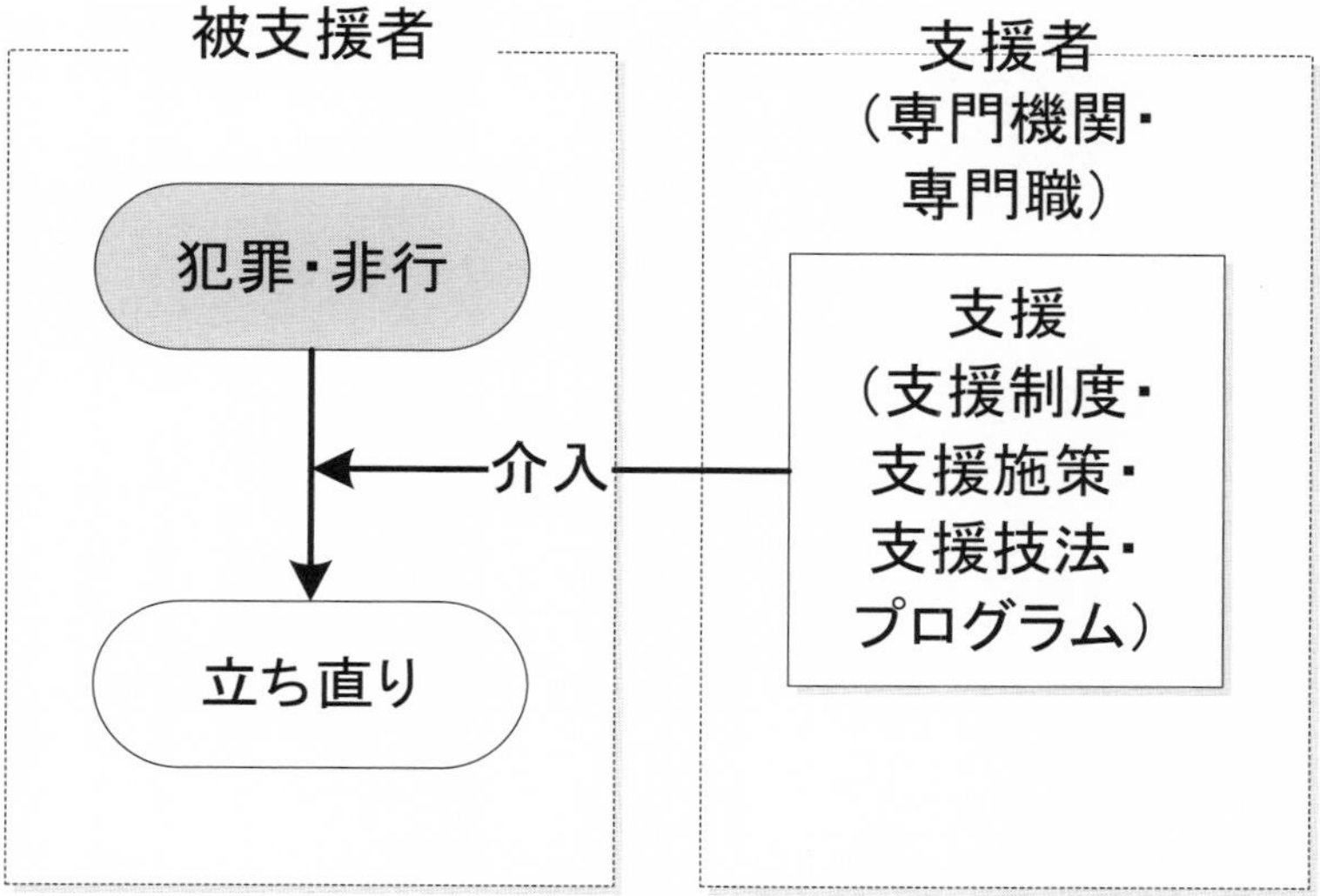


**図6**　立ち直りをめぐる既存の支援／被支援の構図

罪者処遇や立ち直り支援の基本は、専門機関や専門職を中心とした支援者による被支援者への介入にある。このとき、事象としての立ち直りは、あくまで被支援者の側において生じる結果であり、支援者側の行う支援（そこには制度や施策、技法、プログラム等の多層的レベルが含まれる）は、それが十分な成果を上げるにせよ、そうでないにせよ、そうした結果のための道具ということになる。支援、すなわち支援者からの介入に用いられる道具は、時流により（あるいは、時流の一種たるエビデンスと呼ばれるものにより）、新調されたり、入れ替えられたりするだろうが、支援者が支援者として被支援者に対して介入する側にあるという関係の絶対性自体が変化することはない。言い換えれば、この立ち直り支援の構図においては、支援者の使う道具は変わっても、支援者の優位的ポジションが（さらに言えば、主体としての支援者自体が）変わる必要はないということだ。そうした支援関係においては、そこで被支援者の悪しき側面（問題）に焦点が置かれるにせよ、善き側面（強みや資源）に焦点が置かれるにせよ、それは絶対的主体たる支援者側の支配的な文化知識を物差しとしたプロクルステスの寝台上で生じる事態の域を出ることはあるまい。そこにおいて被支援者側に割り当てられる「主体性」とは、支援関係における絶対的客体に対して、せいぜい形ばかりに与えられる安ぴかの飾りに止まるだろう。[*4] ここでは、これを「支援関係の絶対性の隘路」と呼ぶ。

### 2-3　傷ついた癒し手と〈主体／社会〉の二項対立の隘路

こうした主張に対して、当然ながら、支援が必ずしも専門機関や専門職の手によるものばかりでなく、立ち直った被支援者、仲間（peer）、元当事者と呼ばれる人々によっても担われることを指摘する声もあるだろう。そこにこそ光を感じる希望があることは疑いえない。長所基盤アプローチを論じるマルナらも、「修復的司法」の語の創始者として知られるアルバート・イグラッシュの議論（Eglash 1958）を参照しつつ、有罪宣告を受けた者がたんに刑罰を受けたり債務を弁済したりする一マイル目を超えて、「悪いことをしてしまった人自身が、刑務所に入ってしまうおそれがある他の人々を向き直らせる手助けをする」（Maruna and Lebel 2009=2011: 108）二マイル目を進むことの意義を論じている。いわゆる「傷ついた癒し手（wounded healer）」の自他への作用を考えるなら、この二マイル目が元当事者と呼ばれる支援者側にも、被支援者側にも、マルナらが主張するところの「スティグマ管理」の大きな力を生みだすであろうことは想像に難くない。

しかし、ここでなお見据えるべきは、そうした光を感じられる取り組みや、それを表現するための言葉が実に容易に専門機関や専門職によって簒奪されてしまうということだ。たとえば、薬物依存からの回復の支援者であるとともに薬物依存当事者でもある倉田めばは、自らが開設した大阪ダルクの活動を振り返るなかで、当事者主導のキーワード「回復」の持つ力と希望を論じつつ、こう自問する。「しかし現状はどうだろうか？　「更生」に代って今度は「回復」という言葉を多くの専門家が口に出した時、それは、あたかも強制的なゴールのようなニュアンスを帯び、プロセスとしての「回復」という言葉がもっている重層性や多様性、もっというなら、個人個人に立脚した創造性を喪失したように目に映る」（倉田 2020: 204）。そう。同じ言葉を用いたとしても、語り手とそのニュアンスによって、そこに生じる意味、働きは全く異質なものとなる。さらに、倉田の透徹した視線は、既存の支援制度に支援者として巻き込まれる当事者や、「当事者の語り」を一見中立的な研究という文脈において簒奪する研究者にも向けられる。「［…］ダルクの仕事を始めた時には、すでに障害者総合支援法があり、公的機関が提供する薬物乱用防止プログラムに協力する体制が当然のものであるとする新しい世代にとっては、それはこなすべき仕事の一環にすぎないのかもしれない。そこに、自由に支えられた主体的な回復はあるのだろうか。それを聞き取って研究している研究者は、回復について理解できるのだろうか」（倉田: 210）。「当事者主導」「当事者の声」といった希望も、それらが既存の制度や力関係に搦めとられるなら、「専門家にとって使い勝手の良い当事者」「研究者の論旨に沿って都合良く切り抜かれた当事者の声」へと虚しく歪められてしまうだろう。言うまでもなく、個々の専門家や研究者の意図にかかわらず、それは生じうる。すなわち、光を感じる二マイル目の歩みは、我々が生きる世界に深く刻まれた既存の関係の文脈上にその足場を置かざるを得ず、得てしてそれは不均衡の再生産という意図せざる結果へと人々を導くものとなる。*5　あらためて各種の制度に深くかつ多層的に根差した

「支援関係の絶対性の隘路」の容易ならざるが知れよう。

「だからこそ」とマルナらの声が聞こえてくる。彼らはイグラッシュのいう二マイル目が主としてスティグマ管理の行為であるのに対して、さらに「再統合的アドヴォカシー」という三マイル目へと進むことを提言する。それは社会的偏見を打ち破ることで元受刑者全般に対するスティグマと広範に対決せんとする一歩である。「社会が人にやり方を変えることを要請するのであれば、社会もまた変わることが必要だろう」（Maruna and Lebel 2009=2011: 122）との言葉に端的に表現される通り、そこで期待されるのは、当事者個人の立ち直りと対をなす社会の立ち直りという変化に他ならない。国内においても、平井秀幸（2016）はマルナらの主張をさらに精緻な形で理論的に推し進めるなかで「［…］生成的主体へと変容することを交換条件とするようなものではなく、それとは独立した「立ち直り」の対象として当該主体を取り巻く社会の変容が要請されなければならない」（平井 2016: 78）、と立ち直りの社会モデルの必要性を論じている。

当該領域の議論に見られるこうした注目すべき進展に「犯罪者処遇モデルのポジティブ・シフト」を超えた「社会の立ち直りモデル」と呼びうるラディカルなパラダイムシフトを見出すことが可能だろう。筆者もまた、こうした視野の広がりに強く期待を寄せる者の一人である。しかし同時に、なお懸念を有してもいる。たとえば、マルナらがトマス・ルベルによる調査結果（Lebel 2009）に言及しつつ、「［…］彼は、アドヴォカシー志向や活動家志向と、犯罪的態度および犯罪行動とのあいだに、強い負の相関を見出した」（Maruna and Lebel 2009=2011: 119）と強調し[*6]、三マイル目の活動が向社会的アイデンティティを維持し、犯罪からの持続的な離脱を促進する一助となりうることを訴える様を見るとき、そこになお「対象としての当事者」の離脱に焦点化する支援のまなざしが刻まれていることを感じぬわけにはいかない。

一方、より注意深く理論的検討を進めている平井の議論を見ると、そこでは「当該主体」に対する（それとは独立した）「社会」の位置付けがその議論における対立軸として前景化されていることが見てとれる。しかし、そうした〈主体／社会〉の二分法においては、前者の具体性（つまるところ、「元当事者」として指し示されてしまうような個的存在）に比べ、後者の「社会」はあまりに茫漠たる存在に留まる。畢竟、「社会の立ち直り」という言葉が勇ましいスローガンであることを超えて、それが具体的にいかなる場でのどのような立ち直りを指すのか、その実践的な踏み出し先は定かとは言い難い。「社会の立ち直り」を空虚なものとしないためにも、我々は「支援関係の絶対性」が生じるその場から目を逸らすべきではない。

無論、生起しつつある新たなパラダイムに対してあまりに多くを求めるのは、それ自体、無いものねだりであるだろう。しかし、具体的な場の文脈に根差すことなく用いられる〈主体／社会〉の普遍的二分法に依拠した研究や実践は、得てして働きかけ易い個的対象、すなわち当事者の焦点化へと立ち戻りがちだろうし、その一方で社会変革は唱えられつつも、社会という巨大な対象（そもそも、それは具体的実践の対象たりえるだろうか？）に向かう太刀先は曖昧化して、変容の内実は有耶無耶となりかねまい。かつて「場所」を論じた中村雄二郎（1989）は、近代化の過程において生じた意識あるいは自我としての主体の「場所からの自立・離脱」が、場所の無意味化、すなわち抽象的無限空間化と表裏をなすものであることを喝破した。そうした視座に立つなら、生きられる具体的な場の文脈に根差すことなく用いられる〈主体／社会〉の普遍的二分法が孕む危うさもまた、近代社会において定型化されたロゴスの檻の一種といえよう。ここでは、これを「抽象的二項対立の隘路」と呼ぶ。

かくして本節では、立ち直り支援をめぐる複数のパラダイムシフトを経てなお柵むロゴスの檻、「支援関係の絶対性の隘路」と「抽象的二項対立の隘路」という二つの隘路を確認した。では、これらの隘路を横目に、いかなる実践と理論がありうるのか。以下では、福岡少年院という一つの具体的な「立ち直り支援」の場（あるいは、十分な摩擦を有するざらざらした地面）におけるリフレクティング・プロセスを参照しつつ、その一つの可能性を検討する。

## 3 福岡少年院のリフレクティング・プロセスとその含意

### 3－1 矯正施設をリフレクティングのフィールドとすること

まず、本章において紹介する実践が少年院という矯正施設の一種をフィールドとすることの意味について確認しておこう。日本の刑事司法システムにおいて、犯罪者や非行少年と位置づけられた者を刑務所や少年院等の収容施設において処遇（treatment）することを施設内処遇と呼び、これに対して収容施設の外でなされる保護観察等の処遇は社会内処遇と呼ばれる。また、社会内においては、刑事司法システムに則したフォーマルな処遇に加え、前節でも触れたいわゆる「当事者」を含む多様な担い手によるインフォーマルな処遇（きわめて豊かな可能性を有するそれらを表現するのに「処遇」の語が適切であるか否かについては、当然、議論の余地があろう）も登場していることが知られている。*7

そうしたなか、矯正施設を実践の場とすることを通して期待されることは何だろうか。一つは、

「立ち直り支援」をその内側から乗り超えていくこと、すなわち、「支援の立ち直り」という可能性を模索すること。もう一つは、社会内処遇ならざるものとしての施設内処遇の位置付けを揺るがすことである、と現時点で筆者は考えている。後者から前者へと敷衍しよう。言うまでもなく、矯正施設も社会の一部を構成する以上、〈施設内／社会内〉という区分は実は奇妙なものであると同時に、そうした区分は、日本社会における矯正処遇のメインストリームの一つである矯正施設における取り組みを社会から外閉し、同時に、矯正施設から社会を外閉する現実の身振りの一面を表現している。社会から外閉された抽象空間でなされる立ち直り支援が、「支援関係の絶対性」の構図のもとで硬直化してしまう可能性を考慮するなら、その場の内と外に新鮮な風を通すことの意義はおのずと明らかであろう。その体現者であるトム・アンデルセン以来、本来、リフレクティング・プロセスとは、そのような硬直化し、不可視化された文脈を繰り返し会話の場に前景化し、人々にとって生きられるものにしていくような実践である。

近年、精神医療・精神保健福祉分野において注目を集めるオープンダイアローグの中核的方法としても関心の高まるリフレクティングについて、筆者はこれまで、その理論的・実践的含意を紐解くとともに（矢原 2016）、その矯正領域での展開に関しても、北欧の刑務所等の現場に繰り返し足を運びつつ、それがたんなる道具と誤解され、その本来を損なうことのないよう慎重に紹介してきた（第3章参照）。いずれ日本の現場においても、そうした展開が可能になることを期待してのことであったが、それが容易ではないだろうことも（だからこそ必要であろうことも）認識していた。そうしたなか、福岡少年院との共同研究という奇遇を得られたことは、実に貴重といえる。

無論、機会はつねに好機と危機の二つの相貌を有する。明治以来の監獄法が今世紀初めまで一〇〇年近く存続し、「欠陥を正す」意味を持つ「矯正」の語を冠する日本の矯正施設の組織風土に、支援以前の「矯正関係の絶対性」が深く刻まれていることは確かだろう。そうした場においては、リフレクティングもまた他の各種支援技法とともに被支援者に望ましい変化（＝結果）をもたらすために専門家が駆使する新奇な道具の一つとして取り込まれ、消費されてしまう可能性が高い。[*8] 一方、新たなアプローチがいかなる思想にもとづくものであれ、固有の発展を遂げてきた日本の少年院という「教育」の現場で、これまで濃やかに重ねられてきた入所者と法務教官との関係の蓄積を、もしも大上段から否定する類いのものであれば、道具としての実質的な活用以前に、それは自ずと棄却されることになるだろう。[*9] それゆえ、既成の道具として消費されることを回避しつつ、その場の文脈に丁寧に沿いながら、同時に、その場の生成変化をともに創出するような活動、すなわち、新鮮な道具と結果を同時に生みだし、その場の風土を涵養していく活動こそが、そこでは期待される。筆者が福岡少年院においてリフレクティング・トークという会話方法の教示のみならず、現場の職員らとともに当該組織全体の（あるいは、そこで編まれる多層的制度の）リフレクティング・プロセスを模索するのは、そのゆえである。[*10]

### 3-2　《道具と結果》方法論と全体の変化

ここで、福岡少年院の実践に適切な陰翳を与えるための一つめの光源として、ヴィゴツキーのアイデアを独自に開拓したフレド・ニューマンとロイス・ホルツマンによる議論を参照しよう。第2章でも述べた通り、彼らが提示したのは、「結果のための道具／《道具と結果》」という二つの方法論の画期的な区別である。前者の「結果のための道具」が特定の目的のために用いるものとして同定、認識される、いわば特定の機能が物象化された形態であるのに対して、《道具と結果》は、たとえば道具製作者によって（他の道具を含め、何かをつくり出すために）特別にデザインされ、開発された道具である。こうした道具は完成された、あるいは、一般化されたアイデンティティを持たない。我々に柵む「特定の目的のための特定の活動」という桎梏を乗り超える上で、こうした《道具と結果》方法論は大切な足場を提供してくれる（Newman and Holzman 2014=2020）。

福岡少年院での実践に引き寄せつつ敷衍しよう。リフレクティングを誤って被支援者の立ち直り（＝結果）のための一支援技法（＝道具）と捉えてしまうなら、そうした道具を使用する支援者（少年院であれば法務教官ら）と使用される被支援者（少年院であれば入所者）は二つの立場に分断され、両者間における（被支援者を劣位に、支援者を優位に置く）一方向的関係が固定され、本来、円環的あるいは多方向的で豊かなものである入所者との会話の機会は、定型化された立ち直りという目的に縛られた介入手段へと矮小化されてしまうことになる。さらに、そこでは支援者、教育者の意図が歪むことなく被支援者に伝達されること、すなわち「原因と結果の同一性」という現実離れした想定を土台に、介入の効果やエビデンスと称するものが問われ、人生の長さ、分厚さに比して、きわめて限られた時間幅のなかで、十全な意味の多くが削ぎ落された浅薄な変数のいくつかでもって、その成否が測定されることになるかもしれない[*11]。やがて、そうした変数に脅かされるなかで、測定対象とはならない（あるいはそれを超えた）世話や心配、親しみや寛ぎといった生き生きとした会話の本質は着実に損なわれていくことになるだろう。

これに対して、《道具と結果》方法論の視座から、リフレクティング・プロセスをそこで展開していく活動自体と捉えるならば、どうだろうか。そこに見出されるのは、つねに未完成であり、名付けること（でその動きを止めること）のできないプロセス、すなわち、直線的因果論でもって介入とその効果を切り分け、原因と結果に安易な同一性を見出してしまうような貧寠化を免れるべき取り組みとなるだろう。実際、福岡少年院のリフレクティング・プロセスとして取り組まれていることの本来は、入所者という部分対象のみを変えることではない。共同研究の当初から継続してなされているのは、たとえば「研修」という名目のもと、プロジェクトのコアメンバーである職員らと当該施設にとっての「よそ者」たる筆者が、あらかじめ方向性や計画を定めない即興的な会話を重ね（それは、あらかじめ準備された知識の提供という研究者と現場の職員との分断化ではなく、その場での相互の学び合いである）、少年院の現況に沿いつつ、それについて会話することで既存の文脈を前景化し、そこで生じる様々なアイデアについて協働を継続していくことである。そのような場を一つの基盤にして、入所者の話したいことについて入所者と法務教官が会話するリフレクティング・トークのみならず、法務教官らが自身の心配事について話すために入所者の協力を得るリフレクティング・トークや、職員同士が職員間で生じた困難な事柄について話し合うリフレクティング・トークが試行錯誤しながら実施され、それらと連動して取り組まれているいくつかのプロジェクト（会話を行う部屋づくりやリフレクティングについてのポスターづくり、リフレクティングを活かした援助集会や職員向けの心理的安全性調査等）を含め、少年院全体の風通しの良い雰囲気が醸成されていく。*12 ここで企図されているのは、少年院全体の変化、そこでの活動の更新に他ならない。

ニューマンらはこうした「全体の変化」と《道具と結果》方法論との結びつきについて、印象深い表現で次のように述べている。「道具製作者と詩人は（大量生産された道具の使用者や日常言語の使用者とは対照的に）、生産に際して道具をそろえてから実際に作り始めるわけではない。むしろ彼らは、

《道具と生産物》の統一体（全体性）を作り出す」（Newman and Holzman 2014=2020: 64）。まさしく、詩人が詩を創るのと全く同時に新たな言葉、新たな意味を生みだすように、我々の活動は、少年院における風通しの良い新鮮な会話と、そうした会話によって実現し、それによって、そうした会話を可能とするような会話の場としての少年院の更新を同時に試みるものである。そもそも、具体的な場において何か一つだけを変えることなど不可能である。何か変化が生じるとき、それはつねに場全体の変化なのだ。したがって、我々が見つめるべきはあくまで全体の変化、更新であり、個的存在としての入所者や、さらには職員の変化はあくまで副次的に生じる、あるいは、事後的に切り分けられ、見いだされるに過ぎない。「支援関係の絶対性」を表現した先の図6の構図と対照させるなら、こうした場の変化・更新の全体性の構図は、**図7**のようなものになるだろう[*13]。そこでは、場全体の変化・更新と同時にその場に関わる各種の関係の変化・更新が生じている。

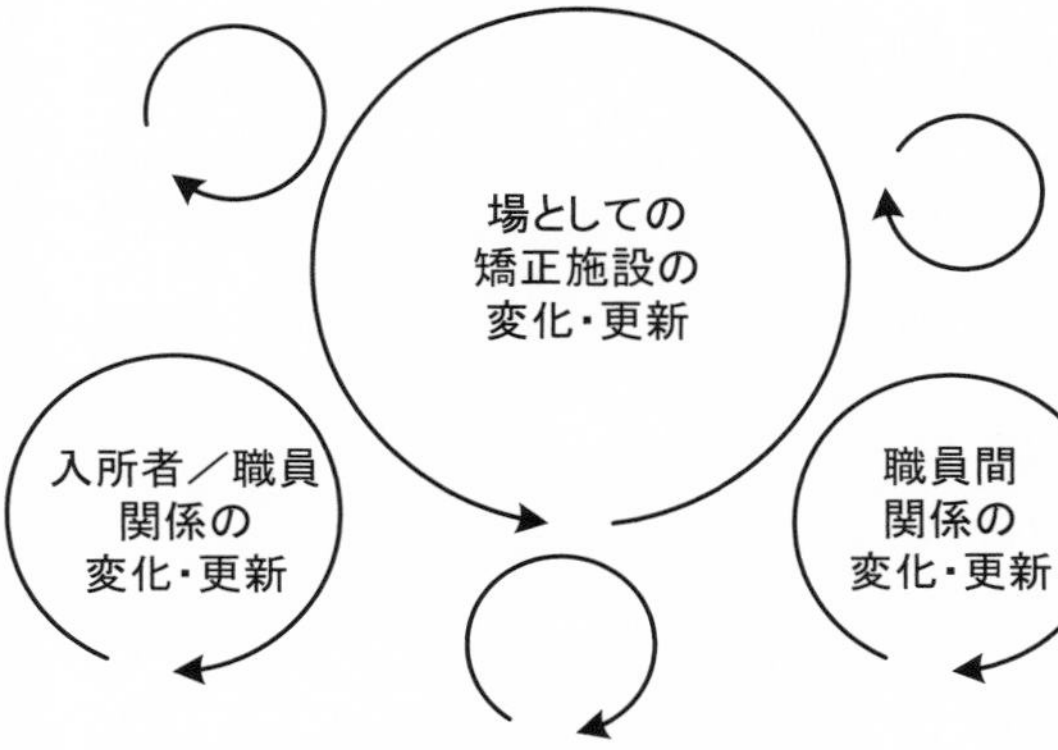


**図7**　立ち直りをめぐる場の変化・更新の構図

しかし、《道具と結果》の視座に立ち、こうした新たな構図を描いたとしても、いったん生まれた詩が断片化されクリシェとなり、道具製作者の道具のコピーが大量生産され工具セットとして販売されるように、入所者と法務教官のリフレクティング・トークの手順がマニュアル化して流通することで他施設においても表面的にのみ反復されてしまう可能性に晒されていることもまた、我々が生きる現実である。だからこそ、リフレクティングは他でもない「ここ」で育まれるヴァナキュラーな場の風土性に沿っていくことを忘れてはならない。

### 3-3 風土としての少年院

被支援者の立ち直りという「結果のための支援」がなされる場としての少年院と、少年院という場全体の変化・更新が生じていくような場としての少年院。現実においては、つねに後者が前者へと呑み込まれていく動きが避け難いものであるにせよ、この二様の場の差異と関係を吟味しておくことは、生きられる場、すなわち、風土としての少年院のリフレクティング・プロセスを見損なわぬために大切だろう。言うまでもなく、「風土」はたんなる対象化された自然環境ではなく、「人間存在の構造契機」として和辻によって提示された概念であるが、いまやベルクにより発展・拡充され、「風土学」として体系化されている。ここでは、風土としての少年院のあり様を見つめるための光源として、彼の風土学とそこで示された二様の場所概念を参照しよう。

「場所」をめぐる古今の議論が立ち戻る二つの根源的概念として、プラトンのコーラとアリストテレスのトポスがある。多様な解釈に開かれた両者の違いを、ベルクは次のように整理する。「まず場所（筆者註：アリストテレスのトポス）は物から分離できる。物は動くが、場所は動かない。そして器がその中身の限界であるように、場所は物の限界である。これに対してコーラは、そこにあるものに参与する場所である。これは動的な場所であり、そこからなにか異なるものが生成してくる」（Berque 2000=2002: 42）。別のところで彼は、物から分離可能であり、物が動いても動かないようなトポスとしての場所を「抽象的局所」、分離不可能であり、そこから何か異なるものが生成してくるようなコーラとしての場所を「実存的場所」と呼んでいる（Berque 2010=2017）。前者の抽象的局所たるトポスが西洋近代的ロゴスの源流に位置づけられることは容易に想像されよう。それ自体は動かないトポスという容器の中で、物は自身の同一性（identity）を変化させることなく動くことができる。すなわち、ここに見られる「物」とは、主体＝主語の原型であり、論理学における排中律の基礎である。一方、実存的場所たるコーラは、そこにある何かに浸潤しつつ、異なるものを生みだしていく。それは固定された同一性や物質的な場所には還元できず、プラトンによるその説明からしてもロゴスを超えた、明確に捉え難いものである。*14

しかし、ベルクがその風土学において詳細に論じている通り、本来、存在はトポスにあると同時にコーラにある。たとえば、少年院という存在を抽象化された場所に還元してしまうのが不可能であることは、誰しにも明らかだろう。無論、根拠法によって与えられた外形や、在院者数、非行名別構成比、職員数、居室や寮などの空間編成、カリキュラムなどの時間編成、あるいは、再入院・刑事施設入所率といった一定の普遍化可能な尺度を持って、矯正施設としてのその少年院の一面を把握し、対象化することは可能である。そこでは在院者はあくまで在院者、法務教官はあくまで法務教官であり、その同一性に変化はない。しかし、風土としての少年院は、そうした尺度によって測定、あるいは、規定可能な外形を超える。すなわち、たんに固定された同一性（主体）としてではなく、それに対立するものとして位置付けられた対象物（客体）としてでもなく、そこから新たな何かが生成し、変化するような人と人、人と身体、人と意味、人と人工物（物理的・制度的）等の関係の躍動する網の目、豊かな述語的世界が少年院という実存的な場を形成している。

こうしたトポスとコーラという場所の二重性とその動的な結びつきを洞見するベルクの風土理論の

中核をなすのが、〈主体／客体〉という近代的二元論による隘路を回避し、現実の動的で複雑なつながりを描出する「通態性（trajectivité）」の概念である。*15 通態性の論理において、現実（r）は人間存在により述語（P）として述語づけられた論理上の主語（S）、つまり、r=S/P と表現される。ベルクが和辻とともに風土学の創始者としてその名を挙げるユクスキュルの環世界（Umwelt）概念が生物ごとに異なる豊かな世界の存在を我々に知らしめたことを想起するなら（Uexküll 1934: 1970=2005）、人間世界の風土に対するベルクの定式化がこれと相同的なものであることに気づくだろう。ただし、生物一般に比しての人間の固有性は、人類の歴史とともに編み上げられてきた象徴体系と技術体系にある。技術体系は人間にその生物的限界を超えた活動を実現させ、象徴体系は同じくその限界を超えて広大な世界を把握することを可能にさせる。これらは近代科学をその一部に含みつつも、それを大きく超える人類史的蓄積であり、有機的全体として育まれてきた人間の風土という現実である。

しかし、先に触れた「結果のための道具」に見られるように、今日優勢な西欧近代の論理においては、AはAならざるものとはなりえない（主語の同一性の論理）。そこではあくまで、道具はあらかじめ確定した特定の結果のためにのみ存在するし、少年院における個々のプログラムは事前の計画に記載された目的の達成度合で、矯正施設としての少年院は管理運営上の問題の有無や測定可能な在院者の改善更生の状況でもって評価されてしまうだろう。その背後で生じるのは、本来の現実、すなわち動的な全体性である風土の解体であり、あとに残されるのはただバラバラな抽象的局所の寄せ集めに過ぎない。無論、幸いなことに、現実はそれがすべてではない。実際の少年院では、容易にその結果を示すことができないような様々な取り組みが粘り強く重ねられており、そのプロセスのなかで入所者のみならず職員、そして、そうした個的存在が事後的に見いだされるところの関係の網の目たる制度や組織の全体が既存の同一性からの変化を多かれ少なかれ経験していく。

福岡少年院のリフレクティング・プロセスの働きとは、そうした内側からの変化の機会の創出、涵養であり、主語の同一性の論理へと還元されてしまいがちなトポスとしての少年院を、生成変化が可能な述語的世界（コーラ）に重ね合わせ、通態的な現実（r=S/P）へと繰り返し更新していくことに他ならない。ときには、そうした試みの一部が支援や矯正のための新たな道具として受容されることも生じるだろうし、特定の技法（たとえば、入所者との会話技法としてのリフレクティング・トーク）が誤解され、物神化されてしまうかもしれない。[*16] しかし、リフレクティング・プロセスは、主語（S）化して硬直した（S/P）を（S/P）/P'、（(S/P)/P'）/P''…と繰り返し適度に差異化し、述語化しながら、人間の実存的場所、生きられる現実を取り戻していく活動（通態の連鎖）を含意する。福岡少年院という具体的な風土において、いま続いているのは、そうしたことである。

## 4　おわりに——支援の立ち直りへ

福岡少年院を真摯な関心とともに継続取材しているメディアから、リフレクティング・トークについて、「（筆者註：少年が）気持ちを言葉にする能力を育むことが狙い」「少年たちの言葉の獲得を目指して」と紹介されることがある。[*17] 本章の記述からいくらか明らかであろうように、それは福岡少年院という場で実際に生じている事態の一面に留まる。本来、言葉が個人に帰属することなどありえない以上、新たな言葉を獲得するのは関係であり、「場」それ自体であろう。そこでは、少年とともに職員たちも、筆者もまた、新たな言葉を獲得し、新鮮な関係を発見していく。そのようにして、新たな会話とともに育まれていくのがその場に固有の風土である。少年院という場を取り巻く環境が制度的にも、社会的にも大きく変化する昨今、これまで培われてきた矯正施設における組織風土の脱すべきを離脱し、地続きである社会の網の目の新鮮な一部へと回復していくこと（同時に、それは施設の外部へと自ずと反響していくだろう揺らぎでもある）。「支援関係の絶対性の隘路」と「抽象的二項対立の隘路」という二つの隘路を横目に、いまも日々、特定の目的を掲げることなく矯正施設の内側で重ねられているそうした活動を「支援の立ち直り」と呼ぶこともできる。

## 註

＊1　藤間公太（2021）は、朝日新聞の記事を対象に「立ち直り」という言葉がどのような言葉と結びつくのかを統計的に分析するなかで、「立ち直り」が「支援」と直接結びついていることを確認している。また、岡村逸郎（2021）は、犯罪ないし非行からの立ち直り言説を検討するなかで、法務省による「社会を明るくする運動」に注目し、その言説の特徴の一つに「立ち直り支援の用語が用いられる」ことを挙げている。

＊2　具体的には、認知行動療法に代表されるように自らの認知を客体化しつつそれをコントロールする主体ともなる二重性を指すものであるが、少し俯瞰すれば、それは専門家によって課される療法を客体としての犯罪者に適用することに他ならず、ネガティブモデルの域を出まい。

＊3　マルナらは前者を第一次離脱、後者を第二次離脱と区別した上で、ここでもAA（Alcoholics Anonymous）において依存症者が「回復し続けること」を参照しながら、第二次離脱の視座により立ち直りを主観的で継続的なプロセスとみなすことの妥当性を主張している（Maruna and Farrall 2004）。

＊4　たとえば、先の津富（2011）の類型において中立モデルとポジティブモデルのあいだに位置づけられるグッドライフモデルは、「犯罪者に、内的な資源と外的な資源を備えさせることで、さらなる犯罪から無事離脱させることを目的とする、ストレングス志向の改善更生理論であり枠組である」（Laws and Ward 2011=2014: 210）と定義されるが、同モデルについて精査するなかで相澤育郎は、「再犯予防重視のグッドライフモデルにおいては、グッズの促進は、リスクの管理・解消のための手段に過ぎないものとなるのではないか」（相澤 2019: 25）と指摘している。

＊5　こうした事態は薬物依存への支援に限った話ではない。米国のメンタルヘルスケア領域においてピアサポート・ワーカーの制度化がもたらした「意図せざる結果」を幅広く吟味しているウォリス・アダムスは、ピアサポート役割の制度化が、まさにその経験的専門性をそこで求められる仕事の中心ではなくさせてしまい、ピアサポート・ワーカーのスティグマに逆説的な影響を及ぼし、社会的不平等を再生産する可能性を持つと指摘している（Adams 2020）。

＊6　正確には、アドヴォカシー志向尺度と向犯罪的態度とのあいだに -0.159、同じく三年以内の再逮捕可能性とのあいだに -0.155 の決して強いとは言い難い負の相関（有意水準 0.05）が見られたに留まる（Lebel 2009）。

＊7　リフレクティング・プロセス自体は、無論、矯正施設に限らず、更生保護の現場でも、司法福祉的支援の現場でも、インフォーマルな地域の活動においても実践可能であるし、実際に試行されている。また、当然、そうした関連する他の場のリフレクティング・プロセスは、たとえば多機関連携と呼ばれるような機会に様々な組み合わせでカップリングするものでもある。

＊8　ただし、こうした傾向は矯正領域に限られたことではない。メンタルヘルスケアの領域において、近年、オープンダイアローグ界隈に散見されるリフレクティングの新奇な会話技法（形式化されたリフレクティング・トーク）としての矮小化という事態に対する筆者の懸念については、別の章でも触れた（第11章参照）。

＊9　矯正施設において、そうした棄却の可能性は、ほぼ毎年生じる幹部職員の大幅な異動やその時点での入所者の状況、近年であれば、新型コロナウイルス感染症対策といった各種要因においてもつねに生じうるものである。そうした意味でも、福岡少年院の継続的な取り組みは貴重といえる。

＊10　リフレクティングの二つの層、リフレクティング・トークとリフレクティング・プロセスの差異について確認しておくなら、対面的相互行為における会話を基本とするリフレクティング・トークに対し、リフレクティング・プロセスは、リフレクティング・トークが実現される「場」の文脈形成プロセスをも含み込んだ動的な生成変化のプロセスである。それは各現場でリフレクティング・トークをおこなうことを可能とするための制度や組織の変革、および、各現場でリフレクティング・トークを行うことを通して可能となる制度や組織の変容、それに附随し、並行してなされる各種の制度分析を含意している。

＊11　そこでは、現場の支援者に対する専門的研究者の優位、一方向的関係が生産されることで、「立ち直り支援」をめぐるさらなる階層構造が構成されていくことになるだろう。

＊12　アンデルセンとともにスウェーデンのカルマル刑務所において世界初の矯正施設のリフレクティング・プロセスに取り組んだユーディット・ワグナーは、その実践を振り返るなかで「私自身は刑務所の雰囲気（armosphere）に注目している」（Wagner 2009: 24）と述べ、リフレクティングを重ねるなかで、刑務所全体の雰囲気が友好的なものに変化していったことを強調している。言うまでもなく、雰囲気は個としての支援者にも被支援者にも還元することはできない。それはその場の全体と、その場における個々の振る舞いが纏う質である。

＊13　この図において、場としての矯正施設の変化・更新の渦の周囲には、入所者／職員間の関係、職員間の関係はもちろん、入所者間の関係、関係機関との関係、上級官庁との関係、地域との関係、外部の研究者との関係等、それぞれに固有のリズムを持つ多様な渦が生じている。そこには、それらのカップリング、すなわち「関係と関係の関係」が生じていることを見てとれるだろう。

＊14　プラトンによってたとえば、それは次のように記述されている。「［…］これを目に見えないもの、形のないもの、しかしすべてを受け入れ、何か厄介な仕方で知的なものに与り、きわめて理解しがたいものだといえば、間違っていることにはならないだろう」（Plato 1902=2015: 83）。

＊15　通態性は、当初、「「風土」（milieux）の生まれ出る実践の次元。二つ以上の指向系の動的組み合わせ」（Berque 1986=1992: 212）と定義されている。

＊16　ベルクによるなら、物神化とは、「主語（S）に述語（P）が授与している価値を与えることで、（通態的な）物事（S/P）を（客観的だと自称する）主語（S）として考える」（Berque 2010=2017: 378）誤謬である。

＊17　前者は一瀬圭司による二〇二一年四月二七日付の西日本新聞記事、後者は鴻上佳彦による二〇二二年一月放送のＲＫＢ毎日放送ドキュメンタリー「自分自身の言葉で─変わる少年院と新人教官─」のオンライン上の紹介文（https://rkb.jp/article/58816/、二〇二二年六月一日最終確認）からの抜粋である。

# コラム③　矯正職員のためのリフレクティング

## はじめに

筆者の研究室では、ＰＦＩ（Private Finance Initiative）手法による官民共同の刑務所である美祢社会復帰促進センター、そして、福岡少年院という二つの矯正施設とリフレクティングに関する共同研究の協定を結び（いずれも五ヵ年ほどの中期的なプロジェクトです）、定期的な研修や実践をスタートしています。また、筆者自身、矯正研修所でのリフレクティングに関する講義をはじめ、保護観察所や地域生活定着支援センター職員の方々等を対象としたリフレクティング研修に関わらせていただいています。いずれ矯正や保護の分野で、組織や領域の垣根を越えてリフレクティングが共通言語となり、生き生きとした会話が人々のあいだで育まれていく可能性を期待せずにはいられません。

とはいえ、多くの矯正職員の方々にとっては、まだまだ「リフレクティングって何？」「実際、どんなふうに使えるの？」という疑問もおありでしょう。そこで、本稿は、矯正職員の方々に少しでもリフレクティングについて知っていただき、できることなら関心を持っていただけるようにとの願いを込めて、日本の矯正施設にリフレクティングを導入する際に大切と思われることをご紹介してまいります。気軽に読んでいただけるように架空の会話形式で進めていきますので、お茶でも飲みながらリラックスしてご覧ください。

## リフレクティングとは

**矢原**　ここからは会話形式で進めていきたいと思いますが、リフレクティング・トークらしく三者の会話が良いでしょうかね。それでは、山口さん、福岡さん、熊本さん、どうぞよろしくお願いします。

**熊本**　え。ちょっと待ってください。リフレクティング・トークらしく、と言われても、自分はそもそも何のことだか、まだよくわからないのですが。正直、初めて聞く言葉で、リフレクトっていうくらいだから、何か反射するイメージでしょうか。車の反射板をリフレクターって言いますよね。

**福岡**　熊本さんはリフレクティングのことを初めて聞かれたんですね。私も、現在所属する少年院で半年ほど前に初めてリフレクティングに触れて、まだよくわかっているわけではありませんが、何度か矢原さんの研修に参加したり、いただいた資料を読んだりして、「はなす」ことと「きく」ことを丁寧に重ねていくのがリフレクティングなのだろうといまは感じています。

**山口**　はじめまして。僕は現在、美祢の社会復帰促進センターに勤務している山口といいます。もともと心理系のことに興味があり、数年前からオープンダイアローグやリフレクティング・プロセスについても関心を持って、自分で本を読んだり、最近はオンラインで開催されている多分野の人たちが集まる自主勉強会に参加したりしています。リフレクティングでは「はなす」ことを外的会話、「きく」ことを内的会話と呼んでいて、この二種の会話を丁寧に折り重ねながら展開していくところにその特徴があるんですよね。

**熊本**　うーん。早速聞きなれない言葉が出てきて難しそうです。でも、話したり聞いたりするのは普段の会話でも当たり前にやっていますよね。リフレクなんとかというのに、何か特別なことがあるんでしょうか。

**福岡**　たしかに特別なことではないかもしれませんが、普段どれだけ相手の話をきちんと聞けているのか、と考えると、意外とできていない気もします。先日、研修で紹介されたリフレクティングに取り組んでいる北欧の刑事施設の刑務官の声にも、「以前は一方的に「これをしなさい」と伝えることが多かったが、入所者の話を熱心に聞くということはとても新鮮な経験だった」という言葉があって、ハッとしました。私自身、仕事のなかで、どうしても一方的に伝える会話が多くなっている気がしています。

**熊本**　そう言われれば、そうかもしれません。受刑者に対してもそうだし、職員間でも、矯正の世界は上意下達の縦社会ですから、指示を受ける、指示をするというやり取りが基本になっています。それではまずいんでしょうか。

**福岡** 施設の規律や秩序を守っていく上では、上意下達もちろん必要だと思います。それと同時に、「入所者の更生を支える」という私たちの役割を考えると、やはり相手の話をしっかり聞くことを意識するのも大切だろうと思っています。また、私自身、最近は上司として部下の話を聞く機会が増えてきたのですが、うまく聞けているのか、こちらの伝えたい思いがどこまで伝わっているのか、正直、心許ないところもあります。

**山口** リフレクティングやダイアローグの分野でよく名前が登場するミハイル・バフチンという文学研究者は、「人格の真の生を捉えようとするなら、ただそれに対して対話的に浸透するしか道はない。そのとき、真の生はこちらに応え、自らすすんで自由に自己を開いてみせるのである」と述べています。「対話的に浸透する」ってなかなか難しいですが、「はなす」ことと「きく」ことを丁寧に重ねていくリフレクティングは、そのための有効な方法なのかもしれませんね。

## リフレクティング・トークの基本構成と手順

**熊本** 丁寧に聞くことが大事だというのはわかったんですが、具体的にはどうすればいいんでしょうか。自分は現在、工場担当として受刑者の様子に日々注意しながら指導・監督を行っています。実際のところ、日々の業務に加えて担当する受刑者全員の話を一人一人ゆっくり聞くというのは時間的に難しいのではないかと思います。

**福岡**　たしかにそうですね。一回のリフレクティング・トークに小一時間程度は見ておいた方が良いでしょうし、いきなり全員に実施するのは難しいだろうと私も思います。一律に義務化すべきものでもありません。私の所属する少年院では、入所者のなかでも少し心配な者、話を聞いた方が良さそうな者に「あなたがいま気になっていることについて、複数の職員で話を聞く機会があるけど、話してみませんか？」と尋ねるところから始めています。もちろん強制することはありません。話したくない人に無理に話させるようなことはしないのがリフレクティングの大前提ですから。ただ、私のこれまでの経験のなかでは、一度体験してみると、「またやってみたいです」という反応が多いですね。

**山口**　僕の所属するセンターでも、同じような形でスタートしています。実施する職員の側も、リフレクティングについて基本的なことを理解し、体験しておく必要がありますし、いたずらに職員の負担が増えてもいけませんから、無理せず着実に進めていくことが大切だろうと感じています。ただ、実際にリフレクティング・トークに参加したセンター生の反応は、僕たち職員の予想を超えるものでした。現在は、講師を交えたライブ・スーパービジョン形式でのリフレクティング・トークや施設内研修も重ねながら、少しずつ職員のなかに実践者を増やしているところです。

**熊本**　少しずつ始められると聞いて安心しました。ところで、「複数の職員が話を聞く」っていうことは、一対一で話すわけではないんですね。

**福岡**　はい。リフレクティング・トークの最小構成は、話し手、聞き手、観察者の三人からなるトライアローグと呼ばれる形なので、入所者が話し手となる場合、そこに聞き手と観察者の二人の職員が参加することになります。

**熊本**　必ず三人でやらないといけないんでしょうか。

**福岡**　話し手以外に職員が二名入るのは最小構成です。もちろん、より多くの職員が参加することもできます。ただ、あまり多すぎると全員が会話に参加するのが難しいので、観察者役（リフレクティング・チームと呼ばれます）で三、四人くらいまでが適度なところかな、と私は思います。話す側も、急に大勢の前だと話しづらいでしょうし。また、まずは一人の話し手の話をしっかり聞くことが大切なので、一度に複数の入所者の話を聞くことはしていません。入所者同士、お互いの目があると話しづらいこともあるでしょうし。ただ、矢原（2016）で紹介されているように、リフレクティング・トーク自体は、目的に応じてかなりバリエーションが豊富みたいなので、あくまで刑事施設で入所者の話を聞くために実施する場合にひとまずそうしている、ということです。

**熊本**　二人で、つまり、一対一で話す方がじっくり話せる気もしますが、どうでしょう。

**福岡**　そこがリフレクティング・トークの特徴的なところだと思います。一対一で話を聞いていると、聞き手が「何とかして話し手の問題を解決しよう」と、つい助言や指導、さらには、お説教という雰囲気になりがちです。それが三者で会話を重ねていくと、聞き手をしていても

「自分が何とかしないと」というプレッシャーをあまり感じずに、一通り話し手の話を聞いた後、観察者と二人で「ああかもしれない」「こんなふうにも考えられる気がする」と思い浮かぶアイデアを話していくことができます。また、話し手は、そんな二人の会話をただ聞いていられることで、そのあいだに自分の内的会話を自律的に無理なく進めることができます。

**山口**　僕が勤務するセンターでは、現在、熊本大学の矢原研究室とリフレクティングに関する共同研究に取り組んでいるのですが、施設内で開かれたリフレクティング研修の際、ノルウェーの刑務所内で焚火を囲んで入所者と職員がリフレクティング・トークをしている写真を見せていただいたことがあります。そのとき、「相手に向かって直接言葉を投げつけるのではなくて、皆で囲む会話の焚火に言葉の薪をくべるように、そっと置いていく感覚を大切に」と講師が話されていたのが印象に残っています。上司から直接強い調子で言われて、その場では「はい、わかりました」と返事をしても、自分のなかでは納得できていないことって、僕たちにもあるでしょう。そこでは外的会話と内的会話がすれ違っているんですよね。だから、強く言えばそれが相手に伝わるというものじゃない。むしろ表面的な反省のポーズを引き出してしまうだけで、本当の変化からは遠ざかってしまう可能性すらあるでしょう。それは、リフレクティングでそっと置かれた言葉が徐々に自分の内に浸みて、おのずと変化が生じてくるのとは対照的な感覚です。

## リフレクティングにおける会話の作法

**熊本**　「言葉をそっと置く」ですか。何となくわかる気もしますが、正直、まだ具体的にどうすれば良いのかイメージできません。聞き手や観察者の立場でやるべきこと、また、逆に言ってはいけないこととか、やってはいけないこと、気を付けた方が良いことなんかの決まりはあるんでしょうか。

**福岡**　決まったルールというよりは、会話の作法、会話のマナーとして紹介されるものはあります。先ほども少し触れましたが、聞き手は、解決策を提示したり、問題の原因を解明することにこだわるのではなく、話し手が話したいことを話せるように丁寧に聞いていきます。「丁寧に」といっても、こちらが聞きたいことを一方的に根掘り葉掘り聞こうとすると尋問のようになってしまい、話し手が本当に話したいことから離れてしまうので、それは避けます。と言いつつ、私も時々やってしまうのですが（笑）。相手の話した言葉をきちんと拾い上げながら、それについて確認したり、関心を持って尋ねたりしていく形でゆっくり進めていくのが大事な気がしています。

**山口**　僕も、リフレクティングを始めた頃、話を聞いていて沈黙に耐えられずに次々と違う質問をしてしまったことがありました。ただ、リフレクティング・トークでは、会話における「間《ま》」を大切にする、というお話を研修で伺って、黙って考えている時間も、話し手にとって内的会話が生まれるのに必要な時間なんだと意識するようになりました。沈黙も大事な会話の一部なんですよね。

**熊本**　「沈黙も会話の一部」か。難しいけれど何となくいいですね。それに、聞き手が解決策を示さなくてもいいっていうのは、だいぶ気が楽になります。自分には「何でも答えてやらないと」「問題を解決してやらないと」というところが結構あったので。では、聞き手と観察者で話すときは、どんなことを話せばいいんでしょうか。

**福岡**　矢原（2016）のサブタイトルにもあるように、リフレクティングは「会話についての会話」なので、あくまで話し手の話したことについて、すなわち、会話について会話することが基本です。話し手のどんな言葉を自分が聞いて、それについてどんな考えが浮かんだかを話していきます。このとき、自分の経験や専門知識で断定するような話し方をしたり、否定的・批判的な話し方はしないようにします。

**熊本**　自分の経験や知識を話してはいけないとなると、何を話せばいいのかなぁ。

**福岡**　もちろん、全く話してはいけないということではないと思うんです。ただ、最初からこちらの枠組みをあてはめてしまうと、目の前の相手の話を聞くというよりも、こちらが勝手に相手のことを分析して、判断して、いつの間にか一方的に話しているようなものになりかねません。まずはその場で相手が話した言葉を大切に取り上げて、それについて興味を持って会話することだと思います。

**山口**　さっき少し引用したバフチンの文章の続きには、こんな風に書いてあります。「対話姿勢を欠いたまま、他者の口から語られるある人間に関する真実、すなわち本人不在の真実は、もしそれがその個人の《神聖不可侵》の部分、つまり《人間の内なる人間》に関わってくる場合には、彼をおとしめる致命的な虚偽となる」。ここに出てくる「本人不在の真実」というのが、いま福岡さんの言われた「勝手に相手のことを分析して、判断して、いつの間にか一方的に話している」ときのことなんじゃないかな、と考えていました。僕たち職員の側がどんなに専門知識や経験を持っていて、それが真実だと思っていたとしても、本人の声がそこになければ、それはやっぱり本人のことをおとしめることになるし、それは致命的な虚偽なんだと。

**福岡**　私たちは、つい入所者のことを一方的にわかっているつもりになったり、「何とか更生させなきゃ」という熱意から、とりわけ問題のある部分や気になるところに注目して、助言や注意をしてしまいがちなのかもしれません。たとえそれがあからさまな言い方でなくても、こちら側のそういう空気は相手に伝わってしまう気がします。

**山口**　だからと言って、やたらと褒めたり、おだてたりするのも、もちろん違うと思いますよ。それは結局、一方的にこちらが評価しているという意味で、一方的に批判するのと同じですから。他の多くの心理学的技法やプログラムとは異なるリフレクティングの大きな特徴は、相手のことを人為的にコントロールしようとしないところだと思います。聞き手と観察者で会話する際に、あえて話し手の方を見ない、視線で縛らない、というリフレクティングの作法も、できるだけ話し手に聞き手や観察者の意図を押しつけないように聞いてもらうための工夫なんだと思います。

**熊本**　うーん。でも、そうするとますます何を話せばいいのか難しい気がしてきました。

**福岡**　やっぱり、まずは「話し手がこんなことを話していたと私は聞いた」というところからではないでしょうか。その上で、「それを聞いて私はこんな風に感じた」「こんな風に考えられるかもしれないと私は思った」と、あくまで私自身を主語にして、断定的でなく推量的に話していく感じで私は話すようにしています。それから、話し手に尋ねてみたいこともリフレクトするなかで話しますね。「○○さんが言う△△ってどんな感じなんだろう？」「もし、□□するとしたら、そのとき○○さんはどう思うんだろう？」とか。それが正解かどうかわかりませんが。

**熊本**　あ、いまの「正解かどうかわかりませんが」っていうのが推量的な感じの話し方なんですね（笑）。

## リフレクティングの適応と禁忌

**熊本**　それにしてもリフレクティングって会話を重ねていくわけだから、話し手の言語能力というか、そういうものがやはり必要なんじゃないでしょうか。すぐに言葉が出てこないような受刑者には難しくないですか。

**福岡**　たしかに話すのが得意じゃない人もいると思います。ただ、リフレクティング・トーク自体は、もともと家族療法の実践のなかで生まれてきたものなので、小さい子どもから高齢者まで誰でも話し手として参加できるとお聞きしています。それに、先ほど山口さんがおっしゃった「間《ま》」の話にも重なりますが、リフレクティング・トークでの会話のペース自体、日常の会話よりもかなりゆったりと丁寧に話していく雰囲気です。応答を急かされることもないので、すぐに言葉が出ない人でも、むしろ安心して話したり、聞いたりできるのではないかと感じています。

**山口**　リフレクティングに最初に取り組んで、この方法を世界に知らしめたトム・アンデルセンはノルウェーの精神科医でしたが、精神医療の現場や刑務所内だけでなく、いわゆる知的障害とされる方々の施設でも継続的にリフレクティングに取り組んでいたというお話を研修で伺いました。僕もその様子を実際に見たわけではありませんが、リフレクティングでの会話というのは、言語的な情報のやり取り以上のものを含んでいて、その場の雰囲気に共鳴していくようなところがあるのかもしれません。だからこそ形式や技法以上に、その場の良い雰囲気が大切なんだろうと思います。

**熊本**　うーん。しかし、良い雰囲気といっても、福祉施設の職員とは違って、我々は矯正職員として監視や保安警備という役割も担っています。変に甘い顔を見せてしまうと、それ以外のところでやりづらいんじゃないかと気になります。それに、若い職員だと受刑者に隙を見せると籠絡されてしまう危険性もありませんか。

**福岡**　そういう心配もよくわかりますが、まず、籠絡の危険性について言えば、先ほど紹介したようにリフレクティング・トークでは、最小構成でも二人以上の職員が参加します。たとえば、一人が比較的経験の浅い職員であっても、もう一人、経験を積んだ職員が同席していることで、むしろ、一対一の個別面談よりもいろいろな意味で安全性の高い構造になっていると言えるんじゃないでしょうか。外部から見えにくい閉じた関係性でこそ不正が生じやすいことを考えると、より多くの職員が関わることのできる風通しの良さが特徴のリフレクティング・トークには、むしろ透明性を増す効果が期待できます。それに、複数の職員が参加する会話の場は、経験の浅い職員にとって、経験を積んだ職員の職人芸のような言葉かけを間近で学ぶ貴重な機会にもなりますよね。私自身、このユニークな会話を通して、若い職員が安全に多くの学びが得られる可能性を実感しています。

**熊本**　言われてみれば、籠絡についてはそうかもしれませんね。ただ、自分が担当している受刑者に普段見せている顔と、リフレクティングで優しく話を聞くときの顔とのギャップがお互いにあるような気もして……。自分たちの仕事では、ときには厳しく受刑者に関わらないといけませんよね。そのあたりがまだモヤモヤしています。

**福岡**　たしかに、それはあるかもしれませんね。ただ、リフレクティングではたんに優しく聞くというよりも、相手の話を人として真剣に受けとめるという感覚です。これも先日の研修で紹介されていたんですが、やはりリフレクティングに取り組んでいる北欧の刑事施設の刑務官の声で「刑務官としてやらなきゃいけない役割もあるけれど、会話していると制服は見えなくなってくる」という発言がありました。組織における管理的な役割自体は、役割として当然きちんと果たすべきであるのと同時に、そんなふうに入所者とも「人と人」としてお互いを尊重していけるような関係がリフレクティングを通して実現できるといいな、という気がしています。理想論かもしれませんが。

**山口**　もちろん、簡単なことではないでしょうが、北欧の矯正職員にできて日本でできないことはないはずです。北欧の刑事施設でも、リフレクティングの導入時には戸惑う職員が多くいたそうですし、日本の僕たちにも、こうしてリフレクティングに関心を持つ仲間がすでにいるわけですから。研修で伺って、とても印象に残っているエピソードが矢原（2017）に紹介されています。デンマークで三〇年以上刑務所に入所している男性が数年前からリフレクティング・トークに参加するようになり、当初は「男は感情を表に出さないものだ」という考え方にとらわれ、心理士に対しても「自分をコントロールしようとしているのではないか？」と抵抗を感じていたのが、だんだんと会話の場で自分の気持ちを率直に話せるようになっていき、いまでは、「この会話を通して、自分も、刑務官も、心理士も、皆が人間になったんだ」と話すほどになったというんです。入所者が人間として話せるようになるためには、僕たちも人間として聞き、話すことが必要なんだと思います。もちろん、僕も矯正職員として、守るべき秩序や役割が大前提としてあることは自覚しています。そして、そのこととリフレクティング・トークは決して矛盾するものではないと考えています。

## 職員間におけるリフレクティング・トーク

**熊本**　こうしていろいろリフレクティングについて伺っていると、一度自分で体験したくなってきました。やはり実際にやってみないとイメージがわかないところもあるし、自分が話し手になったら、どんな感じがするのかということにも興味があります。

**福岡**　そうですね。入所者と実践する前に職員間でリフレクティング・トークを体験しておくことは、職員側のトレーニングとしてもちろん必要なことです。私も研修で他の職員がやっているところは何度か見たりしていたんですが、初めて実際に自分が話し手になってやったとき、ようやく「こういうことか！」と実感できたところがあります。研修で説明を聞いたり本を読んだりするのと、実際にやっている様子を見るのと、自分自身が話し手を体験するのとでは、それぞれインパクトが全く違いますよ。

**山口**　職員間でのリフレクティング・トークは、もちろん入所者との会話に向けた実践者養成トレーニングという意味でも必要なんですが、それだけでなく、僕たち矯正職員同士の日常的な話し合いの方法としても、大いに活用できる場面があるだろうと感じています。たとえば、上司として若手職員の話を聞く面談、スーパービジョン等の機会にも、そこにもう一人別の中堅職員が入ることで、より多様な視点を提示することができるんじゃないかと考えています。上司と部下も一対一だと相性もいろいろで、ときに合う合わないがありますよね。そこに第三者が入ることで風通しが良くなれば、いろんな意味で救われる職員も多いでしょう。もちろん、上司二人から同時にお説教されたら二倍しんどくなりそうですから（笑）、リフレクティング・トークの会話手順や会話の作法をきちんと押さえながらおこなうことが大切です。

**福岡**　あ、それをやれば、私が心配している部下との面談でも、何か新鮮な会話ができるかもしれませんね。入所者の話を聞くのとは、また違った難しさを部下との面談で感じていたので、貴重なヒントをいただきました。職場内のコミュニケーションにも、リフレクティング・トークをいろいろな場面で生かしてみたいと思います。

**山口**　リフレクティングの研修では、繰り返し「リフレクティングに取り組む職員同士が信頼関係を築いていることが大切」と言われますよね。たしかに職員同士がお互い真摯に話したり、聞いたりできる関係でないと、リフレクティング・トークにおいて大切な「安全で安心できる会話の場」を一緒につくっていけません。「安全で安心できる会話の場」とは、入所者にとってのみならず、職員同士も勤務年数や役職に関係なく、お互いに敬意を持ちながら、率直に自分の意見を表現して、オープンに話し合えるような場だろうと思います。これは、最近、心理学の分野で注目されている「心理的安全性」という考え方とも重なりますね。

**熊本**　まずは職員同士でもリフレクティングをやった方が良さそうだというのはわかりました。ところで、「心理的安全性」っていうのはどんなことですか。

**山口**　最近、あのGoogle社の研究チームの調査でも注目されている、成功するチームにとって最も重要とされる要素です。この概念について研究を重ねてきたエドモンドソン（2014）によれば、心理的に安全な環境では、人々はアイデアや疑問や懸念を積極的に口に出すし、失敗を厭わず、失敗したときはそこから学習することができるそうです。

**福岡**　私も聞いたことがあります。縦社会で先輩や上司に言いたいことがあっても言いづらい雰囲気がある職場では、たしかに新しいアイデアが生まれにくいし、問題を報告したら自分のミスを責められてしまうような環境では、表面化しないまま問題が放置されてしまって、結果的にチーム全体の成功からは遠のいてしまいますよね。

**熊本** だけど、刑事施設においては自分たち矯正職員にミスは許されません。そのために自分たちは細心の注意を払っていますし、いろいろな規律や命令を遵守しているのだと思いますが。

**山口** ミスがないことはもちろん大事だけれど、ミスが生じたときにそれを率直に報告して、そのことについてオープンに話し合える雰囲気がないと、より深刻な問題につながる可能性が高いんじゃないでしょうか。現場では日々、本当にいろんなことが起こるので、いままでのルールが想定していないようなことにも私たちは対応していかないといけませんし。

**熊本** それは、まあ、そうかもしれませんね。では、その心理的安全性とリフレクティングはどう関係があるんですか。

**山口** 本書の第3章によれば、刑務所でのリフレクティングに世界で最初に取り組んだのはスウェーデンのカルマル刑務所という施設だそうですが、その中心人物であったユーディット・ワグナーは、リフレクティング導入の成果をこう振りかえっています。「私自身は、刑務所の雰囲気に注目しています。それは、より友好的、かつ、はるかにプロフェッショナルになり、リハビリテーションに向けたケアと仕事がなされています。もめ事は、職員が自分たちでトライアローグを用いた会議をおこない、新しい効果的な方法で解消されます。効果のひとつは、刑務所内で生じることへの不安な気持ちが消えたことです」。

**福岡** 「刑務所内で生じることへの不安な気持ちが消えた」って、とても力強い言葉ですね。つまり、心理的安全性が高まった、ということでしょうか。職員同士がリフレクティング・トークを重ねていくことで、日本の刑事施設でもそんな変化が生まれていくなら、私たち矯正職員も一人一人がいままで以上に生き生きと仕事に取り組んでいけるだろうと期待が膨らみます。

### 矯正施設におけるリフレクティングの可能性

**熊本**　なんだか話が大きくなってきましたね。そうすると、リフレクティングは受刑者の更生のために実施する一つの手法ということだけじゃなくて、矯正職員同士の関係や刑事施設の雰囲気全体を変化させていく可能性があるということでしょうか。

**福岡**　こうしてお話ししているうちに、ますますそんな気がしてきました。そして、そのことは新しい矯正の文化を育んでいくことにつながるのかもしれません。かつての監獄法の時代から新法になり、日本の矯正施設も大きく変わりつつあるなかで、私たちが大切に守っていくべきことと、新たに育んでいくべきことがあるのだと思います。リフレクティングはそんな新しい矯正の文化にとって、ひとつの可能性ではないでしょうか。

**山口**　僕もそう思います。それに、最近では保護観察所や地域生活定着支援センターなどでもリフレクティングの研修が導入され始めていると伺っています。近年、司法と福祉の連携の重要性への関心が高まっていますが、いずれは矯正施設内と地域社会を結ぶ様々な支援の連携場面でもリフレクティングが共通言語になって、本人も含めて一緒に話し合っていけるようになるかもしれません。実際、北欧では、出所後の地域での生活に向けて、出所前から家族や外部の多機関の専門職を交えたリフレクティング・トークが刑事施設内でおこなわれているところもあるそうです。リフレクティング・トークを身につけることで、僕たち矯正職員がそういう場のファシリテーターになることもできるんじゃないかと思っています。

**福岡**　矯正施設と外部の諸機関や地域社会とのあいだにも「安全で安心できる会話の場」が一緒につくられていくと、これまで縦割り的なあり方によって生じていた組織や集団間の溝に橋が架かるかもしれませんね。

**熊本**　ますます話が広がってきて、正直びっくりしていますが、戸惑い半分、期待半分というのが正直なところです。自分の場合、やはりまずは気になる受刑者とのリフレクティング・トークに取り組むことで、何か手応えが得られればといまは思っています。それには、一緒に取り組んでくれそうな同僚と職員同士で練習してみるところから始めてみないといけませんね。福岡さん、山口さん、自分はまだよくわかっていないところもあるので、ぜひまた具体的なお話を教えていただけますか。

**福岡**　もちろんです。矯正施設間でも、それぞれの新たな取り組みについて情報交換したり、相互に研修で学び合ったりしていけると心強いですよね。

**山口**　はい。リフレクティングに関心を持つ者同士、風通しの良いコミュニケーションでつながることができれば、うれしいです。共同研究の進捗についても、できるだけオープンに発信していきたいと思いますので、これからもよろしくお願いします。

**全員**　今日はどうもありがとうございました（笑）。

**矢原**　うーん。すっかり三人の会話に聞き入ってしまって、何も口を挟めないうちに、いつの間にか会話が一段落したようですね。熊本さん、福岡さん、山口さん、どうもありがとうございました。また皆さんのお話を伺えるのを楽しみにしています。

## おわりに

いかがでしたでしょうか。ここでの三人の会話は基本的に架空のものですが、同時に、これまでにお会いしたたくさんの矯正職員の方々との会話を通して、筆者の内なる会話に響いている様々な声が、福岡さん、熊本さん、山口さんの言葉にうつし込まれているような気もしています。リフレクティングについては、まだまだ話しきれない、書ききれないところもありますが、同時に、矯正職員の皆さんがそれぞれの現場で、筆者の想像を超えるような新たなリフレクティング実践を展開されること、それをいつかお聞きできるのが楽しみにも思われます。ぜひまた、どこかでそんなお話を皆さんとご一緒できましたら幸いです。

# Ⅲ　多機関連携のリフレクティング

会話者　多機関連携、多職種連携は、特定の領域に限定された話ではありません。いたる所で専門分化が進む世の中において、広く共有されている課題です。これまでリフレクティングの実践研究に取り組んできた様々な現場でも、対利用者、対患者等を想定したリフレクティング・トークばかりでなく、ときにはそれ以上に、現場の職員同士や他機関の専門職とのあいだでの生きた会話の必要性と、その難しさについて耳にしてきました。そのことをどのように受けとめることができるでしょうか。

研究者　対人援助に関わる支援者の支援、ケアする人々のケア、さらには、ケアに関わる組織自体の風土やそこでの心理的安全性という視点からも考えることのできるテーマです。それらは、治療環境の治療（第2章）、立ち直り支援の立ち直り（第4章）、といった本書の論考に通底しているトピックとも結び付くように思います。第5章では、これまでリフレクティングを用いて取り組んできた多職種連携をめぐる研究をいくつか紹介しています。こうした組織の次元への視線は、リフレクティングを用いた臨床社会学の一つの特徴と言えるかもしれません。

会話者　いかなる会話も何らかのコンテクストに於いてあります。リフレクティング・トークがたんなる会話技法として特定の専門職の結果のための道具に矮小化されてしまわぬためにも、既存の制度がはらむコンテクストへの視線を欠くことはできません。

実践者　はい。リフレクティング・プロセスとは、そうしたコンテクストのうちにありつつ、そのコンテクストを更新していく身振りです。

研究者　一方、コラム④で紹介されている未来語りのダイアローグは、かなり構造化された質問からなる多職種・多機関連携のためのミーティング技法のように見えますが。

**実践者**　質問こそシンプルに定型化されていますが、これは、支援者が支援対象とする誰かの問題について話し合うための会議ではありません。支援者自身の心配事を和らげるため、一般には問題の「当事者」と呼ばれるような人々を含む関係者たちに、困っている支援者が助けを求めるという場の設定には、第4章で述べた「支援関係の絶対性」を揺るがすユニークさがあります。支援者が「自分を助けてほしい」と周囲に声を発することは、それ自体、既存の支援関係のコンテクストをずらしていく画期的な身振りと言えるでしょう。

**会話者**　このミーティングにおける会話の進め方は、リフレクティング・トークのバリエーションでもあります。北欧では、この他にも多機関連携のための様々なリフレクティング・トークが行われています。無論、日本での導入に際しては、社会的・文化的コンテクストに応じた工夫が大切ですが、それらがもたらす新たな会話の場のありようは、従来の会議とは大きく異なるし、この国の支援の風土に新鮮な風を通してくれるかもしれません。

# 5章　ディスコミュニケーションの場をひらく　多職種協働のためのリフレクティング

ディスコミュニケーションは、決して、いつも悪いものとして考えられるべきでない。ディスコミュニケーション（あるいは、コミュニケーションのない状態）は、しばしば、思索の跳躍を助ける。

（鶴見俊輔）

## 1　多職種連携とディスコミュニケーション

英語の辞書にはまず見当たらないディスコミュニケーション（dis-communication）という言葉が最初に用いられたのは、鶴見俊輔の論文（初出は一九五二年）だろう（鶴見 1975）。一種の和製英語であるその語感が、英語の辞書に掲載されているミスコミュニケーション（mis-communication）、すなわち、たんなる誤った伝達という事態以上の、いわば、コミュニケーションにおける根本的な意味の通じ合わなさ、といったニュアンスを含んでいることは示唆深い。そうした観点から、鶴見は、コミュニケーションがコミュニケーションとディスコミュニケーションという二重の性格を持つものとして理解されるべきである、と主張したのだった。

なるほど、何らかのコミュニケーションがそこで生じたからといって、そのコミュニケーションに関わる人々のあいだで十全に意味が通じ合っているとは限らない。いや、日々の会話のなかで、そんなことは、うまくいかない場合の方が多いことを私たちは知っている。会話を対話と言い換えてみたところで同じことだ。それでも、近しい関係で細かいことまで気にしていたらきりがないから、日々多くの事柄は流されていくし、疎遠な関係なら、そもそも気にしなくてもあまり困ることはないままに過ごすことができる。私たちがそんなに通じ合わなくても、それなりにやっていけるというのは、ともに社会を生きていく上で、実は大切なことだ。

けれど、多職種連携と呼ばれる状況において、ディスコミュニケーションをめぐる困難は、ときに差し迫ったものとなる。多職種連携とは、異なる複数の専門職が単独では達成困難な目標に協力して取り組むプロセスを指す。そのプロセスにおいてディスコミュニケーションが生じるのは、一見、同じ利用者（あるいは、クライアント、患者、当事者等）に関わって、共通の目標に向けた活動を行っているように見える際にも、専門職種のそれぞれには、固有の自明な世界（world-taken-for-granted）が存するためだ。

自明な世界は、職業固有の歴史、人間観、専門知識、価値、技術、規範、大きくいえば当該専門職種の文化に支えられている。時の流れとともに多少の変化は伴いつつも、そうした職業固有の自明な世界が一定の凝集力をもって保たれていることで、ひとりひとりの専門職はそこでの現実を内在化しつつ、専門職として社会化されていく。そして、彼らはまた、その自明な世界を保ち再生産していくことになる。何らかの専門職が社会において固有の位置を占め、固有の働きを担っていくことが可能となるのは、そのようにしてである。
異なる専門職種がそのようにそれぞれの自明な世界を構成しつつ生きていることを踏まえるなら、多職種が共在する場において、専門職種ごとに異なる固有の意味が流通しているのは当然だろう。そして、それら固有の意味の連なり同士のあいだにズレがあることは、機能分化した現代社会において個々の専門職が当該専門職種独自の働きを担うために必要なことでもあるはずだ。多職種間のコミュニケーションにおける意味の通じ合わなさは、そうした水準で捉えられるべき事態であって、とにかく皆で率直に話し合えばよい、心をひらいて対話すればよい、という話ではない。では、多職種連携場面で生じるディスコミュニケーションをどのように捉え、どのようにそれと取り組むことが可能だろうか。

ディスコミュニケーション概念について心理学の立場から定式化を試みている高木光太郎は、ディスコミュニケーションとは、言語的相互作用において経験された「不全感」や「違和感」が、相手の「あるべき状態」から逸脱している反応によって生み出されていると、当事者（または観察者）が理解している事態であると定義している（高木 2011）。ここで言われる「あるべき状態」を本章の議論に引き寄せるなら、それは当該専門職種固有の自明な世界がはらむ広義の規範とみなすことができるだろう。自明な世界は、そこに住まう人々にとってまさしく自明ゆえ、ふだん、それがはらむ規範が意識される機会は多くない。けれど、異なる職種との相互作用において、自身が自明視する何らかの規範、それにもとづく相手への期待が裏切られたと理解されたとき、人はディスコミュニケーションという事態に直面することになる。

念のために確認しておくなら、多職種連携場面に限らずとも、たとえば同職種の後輩が先輩の期待に応えられないといった状況は当然ありうる。しかし、そこで決定的に異なるのは、「物差し」の有無である。同職種の先輩と後輩とは（経験の違いや世代間のギャップ等があるにせよ）当該専門職としての自明な世界の規範、いわば一定の物差しを共有しつつ「期待を裏切られたこと」「期待を裏切ったこと」についてコミュニケーションを継続していくことができるかもしれない。これに対して、多職種間では互いの有する物差し自体が異なっている。無論、個々人でも物差しに多少の違いがあることを加味すれば、物差しの適正さを検査するための基準器自体が異なると言った方がより適切だろう。その結果、職種間で生じた行き違いをめぐるコミュニケーションは不定なものとなり、相手のふるまいは自明な規範からの逸脱とみなされたままで、あえて言挙げされることなく隠蔽され続けることさえ生じてしまう。そうした経験の積み重ねは、各職種や部署のサイロ化を促し、連携はますます困難となるかもしれない。

「それでも、事態が深刻なものとなれば、人々はそれについて対話することができるはずだ」という意見もあるだろう。たしかにそうかもしれない。ディスコミュニケーション事態に関するメタコミュニケーション（Bateson 1979=2001）の可能性は、つねに開かれている。しかし、その可能性について丁寧に考えてみるためにも、いま少し対話のコンテクストがはらむ陰翳をながめておこう。

## 2　対話のコンテクストがはらむ不均衡な力——アクションリサーチからの知見と仮説

多職種間に見られる基準器の齟齬と、その齟齬によって生じるズレ（とその隠蔽）について、筆者自身が携わったアクションリサーチから振りかえってみたい。ひとつは、西日本地区の高齢者福祉施設五カ所で介護職と看護職との連携に焦点をおいて取り組んだもの（二〇一二年調査）、もうひとつは、やはり西日本地区で複数の福祉施設や病院を擁する大規模社会福祉法人において連携の実態を把握するため、全職員を対象に実施したものだ（二〇一五年調査）。

二〇一二年調査では、看護職一三名、介護職（リーダー層）一六名に職場における相手職種との連携の現状を尋ねた（各施設での質問紙を用いた自記式集合調査）。その結果、たとえば、「同じ職種間で話し合いの機会が十分にある」「同じ職種同士の連携がスムースにおこなわれている」という項目への評価は、看護職と介護職の得点にほぼ差が見られなかったのに対して、「他の職種との話し合いの機会が十分にある」「他の職種との連携がスムースにおこなわれている」「他の職種の仕事内容について、互いに適切に理解している」という項目については、両職種間の評価に開きが見られた。また、それらの得点の開き方は、看護職側が一貫してより高く、介護職側が一貫してより低いものだった。

考えてみれば、同じ職場でともに仕事をしている人々への調査なのだから、「他の職種との話し合いの機会」があるとすれば、客観的には同じだけ機会が存在するはずだ。「連携がスムース」かどうか、相手の仕事内容を「互いに適切に理解」しているかどうかという質問も、明らかに双方向的な関係を尋ねる内容である。それでも、看護職側は介護職との話し合いの機会が十分にあり、両者の連携はスムースで、仕事内容を互いに適切に理解していると考える傾向が高く、介護職側はその傾向が低かったのである。

二〇一五年調査では、同一法人に属する施設や病院の全職員四〇〇名ほどにひとつひとつの部署・職種との連携の量と質を尋ねた（質問紙を用いた自記式託送調査）。連携の質に関しては、相手部署・

職種との仕事上の関わりが全体的にどの程度うまくいっているかについて「とても悪い」から「とても良い」までの五件法で尋ねている。比較的大きな組織のため、十数種類の専門職が所属し、部署・職種間の関係の組み合わせは数百通りにおよんだ。ここでその詳細を紹介する紙幅はないが、調査結果においてもっとも顕著であったのは、様々な部署・職種との連携の質について、一貫して高い自己評価が目立ったのが医局の医師ということだ。そして、様々な部署・職種から見た評価において、連携の質に関して一貫してかなり低い評価を得ていたのも、医局の医師であった。

これら二つの調査から得られた知見にもとづき、対話のコンテクストがはらむ不均衡な力関係について大まかな仮説を構築することができる。まず、確認しておくべきことは、これらの調査に参加した各施設における専門職間の関係は決して悪いものではなかったということだ。二〇一二年調査で質問紙調査に続いて実施した職種ごとのグループ・インタビューにおいても、他職種への気遣いや感謝の発言が双方の職種から多数聞かれた。しかし、先に見た通り、調査結果は職種間でちぐはぐなものとなった。そして、このちぐはぐさには一貫した方向性が見てとれる。

多職種が働く医療・福祉の領域に職種間のヒエラルキーが存在することは、それを好むと好まざるとにかかわらず周知の事実だ。その頂点に位置してきたのが医師であり、高齢者福祉施設のように常駐の医師がいない施設の場合、看護師がその位置を占める。二つの調査において、他職種との連携がうまくいっていると認識する傾向が高かったのは、いずれもそうしたヒエラルキー上位者であり、その逆の立場の職種では、相対的に連携の現状への評価が低かった（ちなみに、二〇一五年調査において、看護職による医師との連携の質に関する評価はかなり低いものだった）。すなわち、（1）職種間の認識には連携の現状をめぐって明確なズレが生じており、それは基準器間の齟齬と考えられるが、（2）職場におけるヒエラルキー上位者が自らの基準に照らしてそうしたディスコミュニケーション事態を認めない場合、職種間の不均衡な力関係のもと、職種間の対話というメタコミュニケーションの回路は閉ざされ、(3)ズレは言挙げされることなく隠蔽され続ける可能性が高いと考えられる。

第2章において、筆者が「連携イメージの見晴らし効果」と名付けた事態が、いかなるメカニズムによって職種間の風通しを悪化させ、全体の組織風土に悪影響を与えるのか、以上の考察から明らかだろう。なお、こうした事態が国内、すなわちタテの関係を重視する日本社会固有の事象ではなく、より広汎な普遍性を有するであろうことは、米国を主とする欧米各国のデータを用いた横断的研究(Sexton et al. 2000)において確認された類似の結果からも推察される。

## 3　多職種連携のためのリフレクティング——会話にディスコミュニケーションを装置する

多職種連携のためのリフレクティングは、こうした多職種間のディスコミュニケーション事態にメタコミュニケーションの回路を創出することを企図して、筆者が提案するものだ。トム・アンデルセンがリフレクティング・トークの形態や活用場面について、きわめて柔軟で広範な可能性を示唆し、かつ、実践していたことはよく知られており、筆者も様々な分野でその展開を試みている(矢原 2016)。近年、国内でも注目が集まるオープンダイアローグのミーティングの際、専門職同士がそれまでの会話について会話する場面を指してリフレクティングと言われることが多いが、それはリフレクティング・トークの多様なバリエーションのひとつに過ぎない。

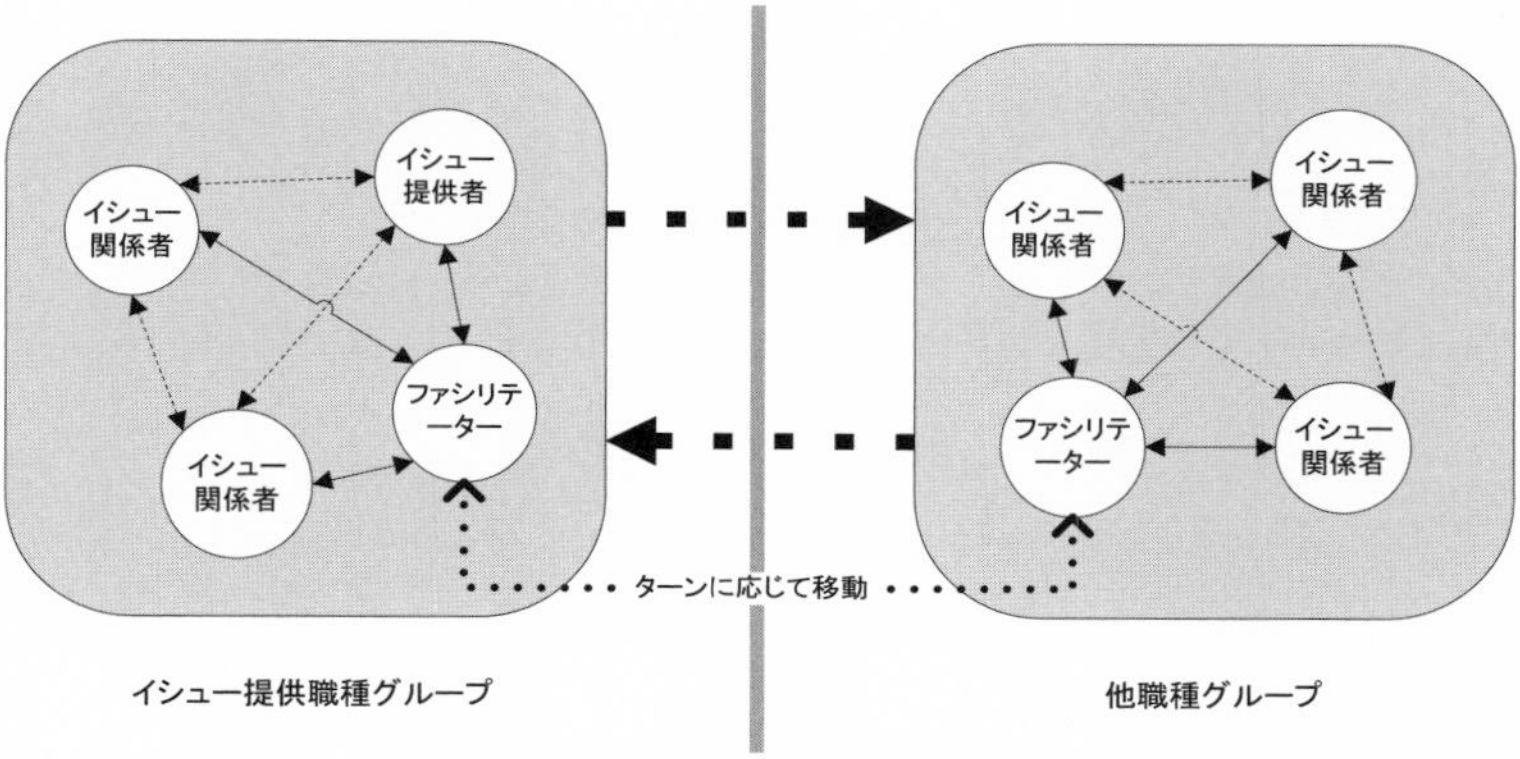


**図8**　リフレクティング・チーム形式を用いた職種間連携促進のワーク

多職種連携のためのリフレクティングにおける要点のひとつは、職種間の対話をはっきりと分断することである。逆説的に響くかもしれないが、職種間の力関係が不均衡であって、そのことが職種間に生じているズレについて言挙げするのを妨げている状況を具体的に思い浮かべるなら、その大切さが理解されるはずだ。「今日はお互いフラットな関係で対話しましょう」との掛け声だけで、対話のコンテクストがはらむ不均衡な力関係が雲散霧消するわけはないし、そうした状況で無理に話し合うことで、ズレがより深く隠蔽されてしまうことさえありうるだろう。対話の分断は、そうした状況に新鮮な風を通すための工夫である。ただし、それはあくまでオープンになされなければならない。

職種間連携の促進を企図してリフレクティングをおこなう際、たとえば二職種間の会話の場合であれば、**図8**のような構造をとることができる。このスタイルは、先に紹介した二つのアクションリサーチでも、実際に筆者が用いたものだ。

会話のファシリテーターは、リフレクティング・トークの経験を有した外部の者が担うことが望ましい。組織における既存のしがらみが会話の場に影響することを避け、新鮮なコミュニケーションを実現しやすくするためだ。ファシリテーターがまずおこなうのは、イシュー提供者が現在感じている職種間連携上の課題について話すための準備に協力することである。このとき、イシュー提供者が無理をしないように十分な配慮が求められる。しんどい話をするのは、しんどいものなのだから。同時に、イシュー提供者が他職種の人々を責めるような話し方にならず、あくまで本人や同職種の人々が感じている難しさや心配事を具体的に紹介できるよう、話の整理を手伝う。また、会話の場に招かれる他職種の人々にも、この会話がそうした非難や論争の場ではないことを丁寧に伝えておく。

実際のリフレクティング・トークの流れは、以下のようなものだ。

（1）まずイシュー提供者からファシリテーターに、現在気になっている事柄が話される。ファシリテーターは、自分が聞きとった内容を相手に確認しつつ聞いていく。同職種のメンバーからの声もそこに重ねられることで、当該職種の自明な世界が浮かび上がることになる。この間、他職種グループの人々は、会話に参加せず、少し離れた席で静かに会話に耳を傾ける。

（2）ひと通り（1）の会話が展開した後、ファシリテーターは他職種グループの人々が座る席に移動し、先ほどの会話に耳を傾けているあいだに他職種グループの人々によって聞きとられたこと、そこで生じたアイデアについて会話する。このとき、断定的な話し方や指示的な発言にならないよう、あらかじめリフレクティングにおける会話のマナーを紹介しておくことが有効である。この間、イシュー提供職種グループの人々は、会話に参加せず、少し離れた席で静かに会話に耳を傾ける。

（３）他職種グループの会話を踏まえ、再びイシュー提供職種グループがファシリテーターを交えて会話する。その際、必ずしも他職種グループから出されたアイデアのひとつひとつに応答する必要はない。他職種グループは静かにその会話に耳を傾ける。

（４）以上のプロセスを二回程度反復し、最後はイシュー提供職種グループの会話で終わる。最後に、イシュー提供者からは、この場の参加者への感謝が伝えられる。

こうした多職種連携のためのリフレクティングの特質をひとことで言うなら、会話にディスコミュニケーションを装置する、ということだ。二つのグループは直接的にコミュニケーションをおこなわないし、ファシリテーターも前のグループの会話のひとつひとつに応答するようなことは求めない。それにより、それぞれの職種グループは、相手グループの会話をただ聞いていることができる。ただ聞いていることができるゆえに、相手グループの会話が自らの内にうつし込まれ（内なる会話）、それが自分たちのグループの会話へとうつし込まれていく（外なる会話）。そして、その様子は、その会話をただ聞いている相手グループにうつし込まれていくだろう。こうして、それぞれのグループでなされる会話は単一の流れに収束することなく、かつ、豊かなメタコミュニケーションを展開していくことになる。それは不均衡な力関係のもと、一色に塗りつぶされてしまうようなコミュニケーションとは対照的なあり方である。

その特質を体得するなら、こうしたリフレクティング・トークは、二職種間に限らず多職種間・多機関間でも十分に実現可能である。そこに当事者やそのプライベートな関係者、経験専門家等が参加することも当然、考えられるだろう（ただし、願わくは、あらゆる立場の人々がそうした場のコンテクストを問い直すことがつねに許されていますように）。階層化と機能分化をはらむこの社会のなかで、様々な会議、カンファレンスを生きた会話の場とするために、私たちはいかなるコミュニケーション／ディスコミュニケーション／メタコミュニケーションを育みつつ、それらを縒り上げていくことができるだろうか。

## コラム④　未来を語る？　未来で語る？

多職種連携や多機関連携というと、何だか面倒で大変なことのように感じられるかもしれませんが、フィンランドでは、リフレクティングにおける会話の作法をベースにしながら、関係者が集まって「未来で語る」というユニークで楽しい会話の方法が用いられています。ここでは、そのエッセンスを少しだけ紹介しましょう。

### 気になることの語り方

何か心配事があるとき、「なんでこうなっちゃったんだろう？」「あのときああしておけば（あの人がああしてくれていれば）……」と一人でグルグル考えて、そのことについて誰かと話すのも難しいことってないでしょうか？　そんなとき、私たちはたいてい過去に目を向けていて、そこで誰かや自分を責めてしまったり、あるいは、誰かに責められているように感じてしまうことだってあるかもしれません。できるなら、うつむいている顔を少し上げて、未来に目を向けてみると、きっと何かが変わりそうです。

### いい感じの未来の語り方

けれど、なんとか顔を上げて明るい未来を見ようとしても、目の前には険しい山道がずっと続いているような気がしたり、行く手に靄がかかって先のことが見えないように感じられることだってあるでしょう。そんなとき、ぜひ試していただきたいのが、フィンランドで生まれた「未来語りのダイアローグ」というちょっとユニークな未来の語り方です。それは一言で言うなら、「未来を語る」というよりも「未来で語る」方法です。コツは簡単。そんなに遠くない未来（数ヵ月か、せいぜい一年以内）、すっかりいい感じになっているどこかの日（具体的な日付がある方が跳びやすいです）に跳んで、そこからこれまでを振りかえってみるのです。なにせ、いい感じの未来にいるわけですから、何かを悔やんだり、誰かや自分を責めたりする必要はありません。無理に顔を上げなくても、心地良い日射しや風を感じながら楽な気持ちで振りかえれば、こんなにいい感じになるまでに歩んできたあなたの道のりが、見晴らし台から眼下に広がる景色のなかに浮かび上がってくるのです。

**誰かと一緒に跳んでみる**

この方法は、やろうと思えば一人でもできそうかもしれませんが、ふだんあなたが関わっている人たち（たとえば、友人や家族、職場の同僚や近所の人などからなるプライベートなネットワーク、そして、福祉サービスや病院、学校や役所など何らかの機関の専門職の人たちからなるプロフェッショナルなネットワークの両方が考えられるでしょう）と一緒に未来に跳んで、いい感じの場所で一緒に語り合うことができるなら、さらに素敵なことがたくさん生まれます。

「未来に跳んで、そこから未来を振りかえるなんてばかばかしい」。もしかすると、そんな思いが湧いてくるかもしれません。ところが、実際に誰かと一緒にやってみると、そんなばかばかしさも笑顔の種になります。気がつけば、皆で一緒に心地良い風を額に感じながら、そんないい感じの未来にいたったここまでの道のりで、自分はどのようにやってこられたのか、そのためにどんなことが役に立ったのか、誰がどんなふうに支えてくれたのか、語りが重ねられていくのです。そして、語りが折り重なっていくほどに、いい感じの未来の輪郭ははっきりとして、あたたかな手触りや奥行きのあるものになっていくでしょう。

**どんなとき、どんなふうにおこなわれているの？**

この「未来語り」という方法が生まれたフィンランドでは、こうした語り合いを中心としたミーティングが、いわゆる多機関連携・多職種連携の場面で役立てられています。先に述べたプライベートなネットワークとプロフェッショナルなネットワークの両方が一緒に参加するこのミーティングでは、多くの場合、自身の支援関係について心配している専門職の誰かの求めによって、この集まりが招集されます。その際に、とても大切なことは、専門職である支援者自身が「自分の心配事を和らげるために助けがほしい」と、他の参加者全員にきちんと伝えることです。そうすることで、関係者みんなが優しい気持ちで、すっかりいい感じになっている未来で語り合うことができるのですから。

フィンランドのいくつかの地域では、そんなふうに皆で一緒に未来で語り合うのを助けてくれるコーディネーター（その場を準備する人）やファシリテーター（その場の会話を進める人）が活躍しています。そして、近年、日本でもそれぞれの場所で、そうしたことに取り組もうとする人たちが増えてきました。このユニークなダイアローグを考案したフィンランドのトム・アーンキルさんは、素敵なことに、この方法についてコピーレフト（コピーライトの反対で、著作権者が著作物の自由な利用や改変を認め、さらにその派生物の再配布についても制限のない利用を守るよう求める権利）と考えていると話してくれました。つまり、皆さんの誰もが、自由にこのやり方を試みたり、アレンジしたりできるのです。

いい感じの未来で尋ねられる質問は、たった三つです。「未来の語り方を変えてみると何かが変わる」。そんなことを皆さんもぜひ一緒に体験してみませんか。

**いい感じの未来にいるあなたへの三つの質問**

（1）とてもいい感じになった今、なかでも特に「いい感じだなー」「うれしいなー」とあなたが感じているのはどんなことですか？

（2）そんなにいい感じになるまでに、どんなことがあったんでしょうか？　あなたがしたのはどんなことですか？　誰がどんなふうにあなたを助けてくれましたか？

（3）○ヵ月前のあなたの心配事ってどんなことでしたか？　何がそれをやわらげてくれましたか？　そのためにやったのはどんなことですか？

# 理論編

# Ⅳ　ケアの臨床社会学

**研究者**　理論編は四つのパートからなります。いくらか前後するところはあるものの、この間の筆者の関心の移り行きと見ることもできるでしょう。

**会話者**　移り行きは、たんに関心領域の時間的推移を意味するものではありません。研究者の視座から実践がまなざされることもあれば、研究を会話の手がかりとして用いることも、会話の場の形成自体を実践的取り組みとすることも可能です。そのように、いずれが前景化するときにも、それらは同時にそこにあり、相互に編み込まれています。

**実践者**　そもそも実践と理論はきれいに分けられるものではありません。実践編における記述から明らかな通り、理論なしに筆者の実践はありえなかったでしょうが、実践を通して徐々に理論の輪郭が浮かび上がってくることも、当然、生じるでしょう。そこに理論と実践の往還を見出すこともできるし、理論もまた一種の実践であると捉えることもできるように思います。

**研究者**　本パートで言及される「ケア」は、筆者の社会学研究と臨床実践を結ぶキーワードの一つです。第6章のケアのコードをめぐる分析は、システム論に依拠したケア概念のゼマンティク構造の観察ですが、現代社会に見出されるケアをめぐるドミナントな語り口についての一種のナラティヴ分析とみなすこともできるでしょう。

**会話者**　ケアのコードをめぐる分析は、一見、各コードにおける重点の推移に注目されるかもしれませんが、タイトルにある通り、それらのコードをいかに新たに編みなおせるのか、という更に大きな問いを投げかけています。

**実践者**　前半に見た臨床社会学的研究実践としてのリフレクティング・プロセスを、そうしたコードのあいだに読み込むなら、そこにはどのような風景が広がるでしょうか。これは本書全体を通して応答されるべき問いであるとも言えるでしょう。

**研究者**　一方、第7章では、そうした議論の足場となる社会学自体に焦点が置かれ、ケアの社会学と社会学的ケアの双方の可能性が吟味されています。第6章と同様、リフレクティングについては明示的に論じられていませんが、そこではある種の理論的なリフレクティングが実践されているとみなすこともできるかもしれません。第7章の最後に述べられている「相互のシステムが互いを眼差すことによって、各々のシステムにおけるコンテクストの相互更新の機会を濃密化する」というのは、二つのコミュニケーション・システムからなるリフレクティング・チーム形式の会話とも相似の働きでしょう。

**実践者**　ただし、それらは文献を介した、筆者と内なる他者との会話ですね。

**会話者**　もちろん、内なる会話の濃密化と外なる会話の豊饒化とは、つねに相互促進的です。以降の理論的議論は、前半に紹介してきた諸々の実践と編み合わされることでこそ、一定の弾力を保持することができるでしょう。

# 6章　ケアのコードをほぐしつつ編みなおす

もっとも一般的な意味において、ケアは人類的な活動 a species activity であり、わたしたちがこの世界で、できるかぎり善く生きるために、この世界を維持し、継続させ、そして修復するためになす、すべての活動を含んでいる。世界とは、わたしたちの身体、わたしたち自身、そして環境のことであり、生命を維持するための複雑な網の目へと、わたしたちが編みこもうとする、あらゆるものを含んでいる。

（ジョアン・C・トロント）

本章では、ケアを観察するためのいくつかの基礎視角を吟味する。それは、相互行為の水準から社会制度の水準まで多岐にわたる現代社会におけるケアの全体像を隈なく詳述することを目指すというよりも、ケアをめぐる諸議論（＝一定のコミュニケーション）において繰り返し見出され、かつ、ケアをめぐる諸社会構造（＝一定のコミュニケーションの連鎖と蓄積によって形成される構造）を主導的に形作っているようないくつかのコード（＝コミュニケーションを秩序立てるもの）の縺れをときほぐし、その抽出を試みることだ（これを一種のナラティヴ・プラクティスとして眺めるなら、現代社会における「ケア」をめぐるドミナントな語り口を析出する実践と捉えることもできるだろう）。

それは、当該領域への社会学的探求可能性を切りひらく試みでもある。そこで抽出された「ケアの方法」、「ケアの主体」、「ケアの場」に関するコードは、いずれも現在に至るケアをめぐる諸議論やそこで用いられている概念装置に通底し、それに依拠した一定の観察・記述を可能にしている。こうした吟味を通して得られるある種の見取り図は、ケアをめぐる個々の議論におけるコード間相互のうつし込みの構造やその過程を観察するための手がかりを提供してくれるのみならず、その図式を新たに編みなおす可能性を思い描くことを通して、未来社会におけるケアの他なる有り様について一定の示唆を与えてくれるはずだ。

## 1　はじめに

「ケア」は、きわめて多面的な概念である。マイケル・ファインがその著書の冒頭において、「ケアは社会生活の本質的特徴であるが、もはやそれがかつてそうであったようには現在の世界にあてはまらない」（Fine 2007: 1）と述べると同時に、「その重要性にもかかわらず、ケアをめぐる社会現象が社会科学研究者から熱心な注目を浴び始めたのは最近のことに過ぎない」（Fine 2007: 6）とも述べている通り、ケアは我々の社会生活全般においてきわめて普遍的かつ基本的な事柄でありながら（あるいはそれゆえにこそ）、これまでの歴史のなかで前景化して論じられることは少なく、往々にして等閑に付されがちなものでもあった。[*1] すなわち、ケアをめぐる社会現象も、ケアという概念自体も、社会において長らくケアされぬままにあり、今日見られるようなケアへの関心の高まりと、「ケア」という語の氾濫は、比較的近年に生じた事態であると言うことができる。では、そもそもケアとは何か。

しかし、「ケアということの内包 connotation も外延 denotation もはっきりしない用語は、論者によって、あまりにもまちまちに使われている」（上野 2005a: 19）という上野千鶴子の指摘を待つまでもなく、近年にわかに活況を呈しているケアをめぐる諸議論において、「ケア」という言葉を用いて指し示される個々の内容は、論者間に部分的重なりを感じさせながらも各々の広がりを有する、いわば家族的類似の様相を示す。ケア概念と互換的に用いられる場合もありつつ、より具体的な意味を有する「ケア・ワーク」という概念や、ときにケア概念と対比され、ときにケア概念よりも深みのあるニュアンスで用いられることのある「ケアリング」という概念についても、同様のことが言える。[*2]

こうした状況は、その研究対象について明確な定義付けを行った上で開始されるような研究プロジェクトにとっては難儀といえようが、本章における検討の企図はそこにはない。ここで企図するのは、ケアおよびケア・ワークをめぐる社会学的観察を遂行するために有効であるようないくつかの基礎視角について整理し、一定の枠組を提示することである。敷衍するならば、それは相互行為の水準から社会制度の水準まで多岐にわたるケアの全体像を限なく詳述することを目指すというよりも、現在に至るケアをめぐる諸議論において繰り返し見出され、かつ、それらをめぐる諸社会構造を主導的に形作っていくようないくつかのコードを抽出すること。更に言うならば、それを通して、複雑に入り組んだケアをめぐる言説と実践の諸領域の探究可能性を切りひらく試みである。

そのための理論的道具立てとして、本章では、ルーマンの社会システム論におけるいくつかの概念を用いる。とりわけ枢要なもののひとつは、「観察」概念、もうひとつは、「ゼマンティク」概念である。まず、ルーマンにおける観察概念は、「区別と指し示しの操作」(Luhmann 1990: 73)というきわめて形式的な定義を出発点としており、その概念としての汎用性は非常に高い(実際、何かを観察する際には、その何かを指し示さねばならないし、何かを指し示すためには、それを他のものから区別せねばならない)。また、一見シンプルなこの概念は、十分に複雑なものでもある(何らかの観察について語ろうとするならば、観察という事態を観察せねばならないゆえに)。つぎに、ルーマンの言うゼマンティク概念とは、社会システムの作動であるコミュニケーションの不確実性を低減させるために保管されているテーマのストックを指す。[*3] こうした観察概念とゼマンティク概念との関係については、以下の高橋徹による説明が簡にして要を得ているだろう。

このシステムのオペレーション(筆者註:社会システムの作動のこと)について、ルーマンはその進行が「盲目的」であることを繰り返し指摘している。それゆえ、そうしたオペレーションを方向づけるために、コミュニケーションを秩序だてるコード化が必要となる。ここに関与するのが、観察に関わる構造としてのゼマンティク構造である。観察とはなんらかの区別をもちいてあるものを他のものと区別し、特にそれを選別して表示することである。ゼマンティク構造は、その中でも特別に選択的で、表示されるものを強い説得力とともに提示する観察図式として、コミュニケーションの統御機能を果たす。(高橋 2002: 37)

すなわち、以下、本章において試みられるのは、いまや社会に氾濫する「ケア」をめぐるコミュニケーションを、我々にとってある程度秩序だったものにしている一定のコード、および、それに関与する諸ゼマンティク構造の観察である。別言すれば、それはケアをめぐるコミュニケーションに関するセカンド・オーダーの観察の試みである。

## 2 ケアをめぐるコミュニケーションのいくつかのコード

現在の社会におけるケアをめぐるコミュニケーションについて観察を試みる上で、その観察対象とするのは、ケア、あるいは、ケア・ワーク、ケアリング等を主題とした諸議論である。本章註1でも触れたように、ケアという言葉が医療や福祉の専門領域を超えて幅広く、かつ、頻繁に用いられるようになったのは、せいぜい一九八〇年代後半以降のことであるが、それでも社会の様々な水準において生じているそれらの記述を隈なく網羅することは、困難というよりも不可能だろうし、ここで企図するところでもない。ケアを観察するための基礎視角を得るという本章の目的からは、そのそれぞれがケアをめぐる諸議論に一定の影響を有しているような諸記述を素材としつつ、それらを特定のゼマンティク構造の例証として示すことができれば、ひとまず事足りる。

以下において取り上げるケアをめぐる内外の主だった記述は、哲学、倫理学、社会学等多領域にわたる。その記述の水準は様々であり、哲学的・倫理学的アプローチによるものがしばしば本質主義的、規範的ケア論を展開しているのに対し、社会科学的アプローチによるものは経験主義的、記述的な傾向がある。*4 しかし、それらいずれの記述も、そこからケアをめぐるコミュニケーションを秩序立てるいくつかの基本的な区別や図式を抽出する上で、十分に豊富なゼマンティクをはらんでおり、そこで触れられ、述べられている記述の観察（すなわちセカンド・オーダーの観察）を通して、そこでは何が、いかに観察されており、また、何が観察されていないかについて、観察することが可能となる。

## 2-1 ケアの方法

ケアとは、何を、いかになすものか。

ケアを主題とする多くの議論が、ケアという言葉にはらまれた対立的な二つの意味に言及している（その対立点は、必ずしもつねに一様なものではないが）。それは、端的に言えば、「ケアとは何をすることなのか」、また、「ケアとはいかになされるものなのか」という「ケアの方法」の次元をめぐるコードに関わる。

いまや哲学的ケア論の古典といってよいその著書のなかで、ミルトン・メイヤロフは「専心（devotion）」をケアにとって本質的なものであると述べる（Mayeroff 1971=1987: 24）。この専心により、そこから導き出される諸義務は、「自分に押しつけられたもの」と感じられることなく、「私が行うことになるであろうと感じている行為と、私がしたい行為とのあいだには、一つの収斂点がある」（Mayeroff 1971=1987: 25）ようなものとなる。そこでなされているのは、いわば、「ただケアしている」とでも言うべきことであろう。

一方、教育哲学の視点からケアの倫理学を展開しているネル・ノディングズは、外側から眺めてどのような行いがケアと言いうるのかを考察するなかで、年老いた母を養護施設に預けているスミス氏の例を挙げつつ次のように述べる。

したがって、スミス氏が、一度も母を見舞わず、手紙も書かず、電話もしないのであれば、わたしたちは、こんなふうに言うことだろう。かれは、形だけ、母のことをケア（世話）してはいるが――たしかに、入院費は払っているが――本当にケアしてはいないと。（Noddings 1984=1997: 15）

ここでは、明確に「形だけのケア／本当のケア」という区別の導入が見て取れる。ノディングズによれば、それが「本当のケア」であるためにケアする者に要求されるのが「専心没頭（engrossment）」と「動機の転移（motivational displacement）」の二つである。これらは、「わたし自身の実相から、他のひとの実相への、関心の転移」（Noddings 1984=1997: 22）とも表現される。すなわち、それが本当のケアであれば、その人が感じるままを受け容れ（専心没頭）、自分自身のためであるかのようにその人のために行う（動機の転移）ことが促されるということだ。

更に少し時代を下ると、生命倫理学者として知られるヘルガ・クーゼは、ケアという概念が神話や古代にさかのぼるものであり、その時点でケア（cura）には、少なくとも二つの根本的に異なる意味があったと述べている。[*5] すなわち、「一つは、「心配」「煩い」「不安」とか「個人的な好み」という意味で、感情を伴った反応と言えるものである。もう一つは、「他者に何かを提供する」、つまり「他者のために何かをする」という意味である」（Kuhse 1997=2000: 184）。こうした区別は、英語の用法としての“care for”あるいは“care about”と“take care of”との差異としても確認することができる一般的説明力の高いコードといえよう。端的に言えば、それは「感情としての気遣い／行動としての世話」という区別である。

クーゼは、更に看護職に焦点を置いてその議論を進めるなかで、ケアの看護倫理が「傾注」の側面ばかりを問題にして、仕事や作業について等閑にしていることを批判する。そして、先に触れたメイヤロフやノディングズの掲げるケアリングにも言及しながら、「看護婦が世話をする対象は患者なのだが、患者の方は本当にこのような気高い理想を望んでいるのだろうか?」(Kuhse 1997=2000: 189) と問いかける。

あらためてメイヤロフ、ノディングズ、クーゼという三者の議論において用いられているケア概念をめぐるコードを整理しよう。メイヤロフにおいてケアとは、「私が行うことになるであろうと感じている行為と、私がしたい行為」が「収斂」するところで、いわば「ただそれがなされるだけのこと」であった。しかし、ノディングズにより、「形だけのケア/本当のケア」という区別が導入されることで、メイヤロフが述べていたケアが「心」を伴った「本当のケア」と呼ぶべきものであることが再確認されることになる。*6 クーゼは、更に、「感情としての気遣い/行動としての世話」の区別を導入することにより、「本当のケア」をめぐる議論が、その半面である「感情としての気遣い」ばかりに比重がおかれがちであることを指摘し、それが看護等の実践現場で用いるには、あまりに恣意的で曖昧なものであると批判するのである。

原著の刊行年で、一九七〇年代、一九八〇年代、一九九〇年代とほぼ一回りずつ異なるこれら三者の議論は、この間に着実に社会の注目を集めていったケアをめぐる諸議論の一つの意味的次元、すなわち、「ケアの方法」のコードの展開を体現するものとして読み解くことが可能である。そして、ここに見出されたコードは、哲学や倫理学の領域のみならず、社会学を含むケアをめぐる多様なコミュニケーションの領域で現在も活用され、ときに幾許か変奏されつつ再生産されている。

たとえば、日本を代表する介護問題研究者であり、社会学者の春日キスヨは、「ユニットケアの導入」などに見られる日本社会における高齢者介護をめぐるパラダイム転換を指摘するなかで、身体管理を優先した「業務中心ケア」から「心のケア」へという変化の方向をケア・ワーカーに対する研修内容を踏まえて確認し、そうした現場で「感情労働」がこれまで以上に要請されつつあることを指摘するとともに、その結果として、ケア・ワーカーにおけるストレスの蓄積が、当人のコミュニケーション能力の不足の問題へと帰責されてしまう危険性を示唆している（春日 2004）。

また、「ケアの社会学」を標榜する三井さよは、近年の医療・福祉領域に見られる一種のクリシェである「キュアからケアへ」というテーゼの指し示す問題に注目するなか、医療をケアに向けたものとして再編しようとする諸議論のうち、患者へのケアに関するものを「ケア技法論」と「ケア倫理論」の二つに大別している（三井 2004: 64）。「ケア技法論」とは、ケアにおいて必要となる技法を主に模索し、その理論化を試みる議論であり、「ケア倫理論」とは、ケアをより人間的な行為として捉えようとする議論である。こうした整理を踏まえ、三井は、前者は他者としての患者に十分に注目しておらず、後者は医療専門職もまた患者と別個の主体であり続けていることを軽視しているため、そのどちらもが限界を抱えていると断ずる（三井 2004: 76）。

言うまでもなく、こうした個々の議論の成否について問うことは、本章の企図ではない。注目すべきは、ここに挙例した記述を含め、ケアに関するその観察領域も観察対象も異なる幅広い議論が、その説明図式として、メイヤロフ、ノディングズ、クーゼという三者の記述を通して浮かび上がるゼマンティク構造をそれぞれのあり方でなぞっているということ。そして、いくらかのアレンジは施されつつも、それらの議論は、基本的に**図9**の中央に略述したような「ケアの方法」をめぐるコードを用

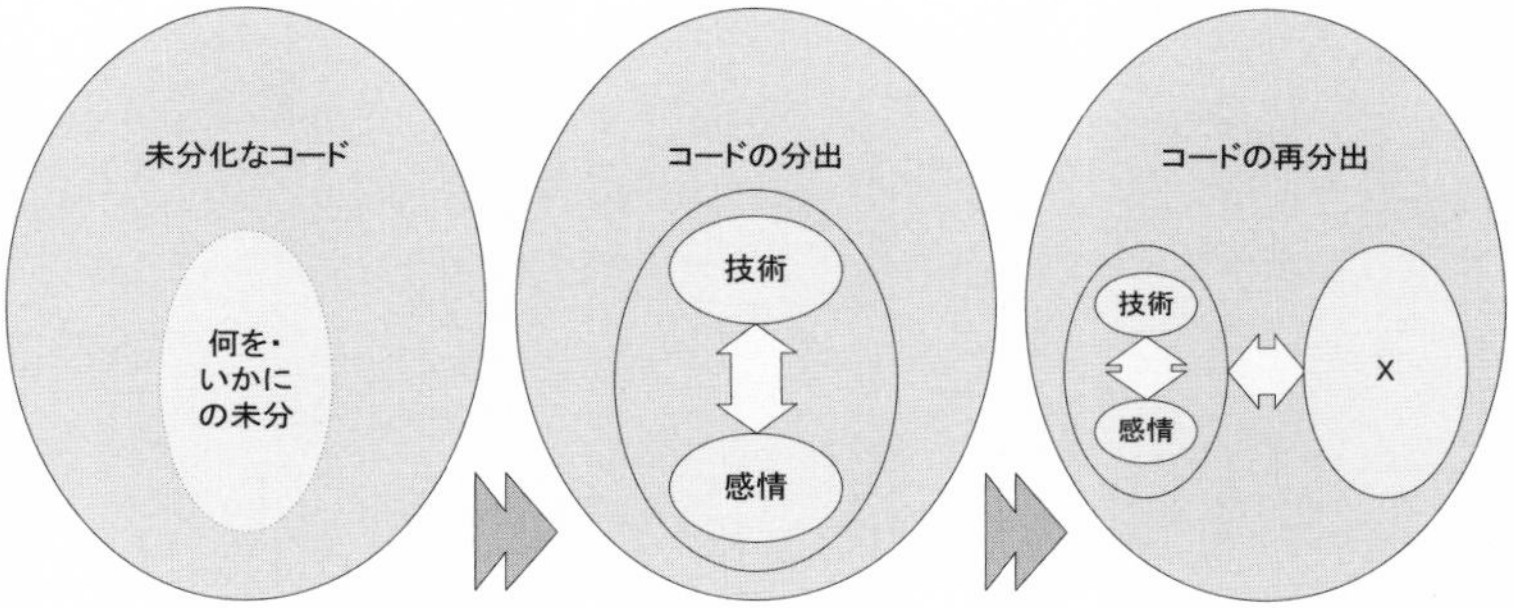


**図9**　「ケアの方法」をめぐるコードの展開

いることで、一定の説得力を確保しているということである。図9の左半分には、当初、「専心（devotion）」と名付けられたような未分化なコードの濫觴と、「何が」「いかに」なされるのか、という議論の積み重ねを通して、ケアの〈感情的側面／技術的側面〉というバイナリーコードが分出していく様子が描写されている。ここに見出される基本コードを、ひとまず〈感情を用いた気遣い／技術を用いた世話〉と名づけることができるだろう。

ただし、この基本コードは、あくまで現時点において当該次元における主導的区別として見出されたものであって、当然のことながら不変ではない。こうした区別における比重の変化や、さらなる区別の複合化、新たな区別の分出可能性もまた、そこにはつねにはらまれている。ケアの実践に関わる臨床家による言表からいくつか例証するなら、精神科医である小澤勲が、自らの施設のスタッフに対する指導について語るなかで、感情労働の問題性を指摘しつつ、「やさしさをやさしさとして求めるのでなく」、「あえていうと「技術としてのやさしさ」。どうすればやさしくなれるのかという技術を伝えたつもりです」（小澤 2006: 148）と述べるとき、また、オープンダイアローグで知られるセイックラらが、対話的アプローチによる精神的危機への治療的介入によって治癒が生じる要因に言及する際、それらのすべてが強力な感情的同調（人々が愛の感覚と認識するもの）によって支えられていると述べるとき（Seikkula and Trimble 2005）、そこには基本コードの入れ子構造的な複合化を見出すことができる。

すなわち、「感情か？　技術か？」ではなく、感情と技術とを調和させるための感情労働の技術＝｛〈感情／技術〉／技術｝が論じられることもあれば、感情や技術を含む治癒をもたらす各種要因の基盤としての感情＝｛〈感情／技術〉／感情｝が位置づけられることもあるということだ。そうしたコードの再分出によって新たに（メタ的に）見いだされる「技術」や「感情」は、一見、既存の概念に比して、そこで生じる折り返しに応じた複合性を纏うかに見えようが、再分出のプロセスを経ながら、「ケアとは何を、いかになすことか」というケアの方法をめぐる基本コード自体の頑健さは維持されていることにこそ、注目されてよいだろう。

## 2-2　ケアの主体

誰が、誰をケアするのか。

現代のケアをめぐる諸議論に最も大きな影響を与えた作品の一つとして、キャロル・ギリガンによって一九八二年に出版された『もうひとつの声』（1982=1986）がある。このなかでギリガンは、男性と女性の主要な道徳的志向とを対比し、有名な「正義の倫理（ethic of justice）」と「ケアの倫理（ethic of care）」という区別を提示している。正義の倫理は、個々人が対等であるか否かに関する道徳的関心に焦点をおくなかで、形式的・抽象的な思考で諸権利の優先順位を決定して問題解決を図るのに対し、ケアの倫理は、個人的な愛着と分離に関心を持ち、自己と他者との関係性のなかでの諸責任の葛藤を重視する。ギリガン自身は、男性の声、女性の声という区別が絶対的なものではなく、男性と女性の対比は、それぞれの性に関する一般概念を示すというよりも、あくまで二つの思考モードの区別を強調するためのものであることを明言しているが（Gilligan [1982]1993: 2）、ときにケアの倫理を女性倫理と結びつけるものとして受け取られたこの議論は、多くの注目と賛同、反発を引き起こした。*7

たとえば、先にも触れたノディングズは、その著書のなかで一貫して、総称的な「ケアする人」と全称的な女性型の語「彼女（she）」を結びつけ、また、「ケアされる人」と男性型の語「彼（he）」を結びつけて語っているのだが、ギリガンの言葉を引きつつ道徳的な問題に手をつける際の女性の取り組み方に言及した箇所のすぐ後で、「女性は、男性よりも、ケアするためのなにかを備えていると信じるに足る理由がある」（Noddings 1984=1997: 152）と断言する。すなわち、そこでは、「ケアの主体」について、「女性／男性」という区別を用いつつ、ケアの担い手としての「女性」の倫理的優位性が主張されている。

一方で、「女性」であることを「ケアの主体」であることへと本質主義的に結びつけてしまう怖れのある議論に対し、社会学や、とりわけフェミニズムの立場の論者には、多くの異論が存在する。たとえば、イタリアのフェミニストであるジョヴァンナ・フランカ・ダラ・コスタは、資本主義社会において女性が担わされてきた家事労働について次のように述べる。

> 結婚の契約によって女が男に与えることを課せられるのは、表向きにはまず第一に「愛」であって、労働ではない。結婚の契約の常套句――それは十九世紀後半以降のあらゆる先進資本主義諸国において、きわめて似通っている――の中で述べられる身の回りの世話という表現は、契約の第一

の目的である厳密な労働の義務としてではなく、このように愛の帰結、愛の結果的表現として登場する。このような神秘化によって、愛は「相互に」交換されるかのように語られる。だが平等な交換のイメージの背後には、男が彼の労働者としての女の労働力を獲得するという事実が隠されているのだ。(Dalla Costa 1978=1991: 24)

ここでは、「愛」をめぐる特殊なイデオロギーが、家庭において女性の側に「世話」という名の労働を強いていること、すなわち、ケアの主体としての女性の位置づけにはらまれた「女性の抑圧」という問題性が指摘されている。同様の議論は、内外の多くの論者によって異口同音になされており、そのスタイルも思想的、理論的なものから量的・質的データに基づく実証的アプローチをとるものまできわめて多様で、枚挙に遑がない。一例を引けば、家族社会学者である山田昌弘は、これを「家族責任を負担すること＝愛情」というイデオロギーと表現するとともに、それに加えての、女性が本来「情緒的存在」であるという神話が女性に家族責任を負担させ、更に、そのこと自体に対する不満の表明を抑制することで近代家族の安定性が保障されてきた、と簡潔に整理している(山田 1994)。

ダラ・コスタや山田の議論は、「ケアの主体」をめぐるコードとして性差を用いつつ、家庭において「ケアする者」と位置づけられてきた女性の側に焦点を置く点で、ギリガンやノディングズの議論と一定のコードを共有している。一方で、これらの議論のあいだには、そうした現実に対して記述的か、批判的か、また、そこに見出されているのが、心理的性差か、社会的性役割か、といった複数の次元にわたる対立軸を確認することも可能である。*8 しかし、いずれにせよ、「ケアの主体」をめぐってなされるこれらの議論の説明力が、そこに見出される性差のコード〈女性／男性〉の区別に依拠していることは明らかだろう。

ことほどさように、ケアの主体をめぐるコードと性差のコードは、現代社会において強固に結びつけられている。しかし、本章のエピグラフに掲げたジョアン・トロントらによるケアの定義に見られる通り、ケアが「この世界を維持し、継続させ、そして修復するためになす、すべての活動」を含むような人類的な活動であるとするならば、「家庭における女性」というケアの主体像は、たしかにその一定の典型を体現するものでありつつも、本来、多様な担い手によって（また、次項で論ずるように多様な場において）なされるケアにとって、いささか限定的描像であると言えるだろう。

無論、トロントによるあまりに広汎な定義は、我々が生きるためになすほとんどの活動をケア概念に包含してしまう可能性を有してもいる。この世界における営みをそのように捉えなおすことで見えてくるものがあるのだということを受容しつつ、ここでは、今少しケアの主体をめぐるコードを見澄ますため、「依存（dependency）」概念を人間関係の中心に置くことからケアをめぐる議論に一石を投じたエヴァ・フェダー・キテイを参照しよう。

キテイは、まず、乳幼児期や病気、障害、老いといった誰もが避けることのできないライフヒストリーの段階に目を向けるなら、依存者（＝被保護者、誰かがケアを担わなければ生きていくことや機能することができない存在）であることは人間にとって何ら例外的状況ではない、と指摘する。その上で、そうした依存状況でなされる仕事（有償労働に限定されない）を「依存ワーク（dependency work）」と呼び、それをなす者を依存ワーカーと名付ける（Kittay 1999=2010）。すなわち、ここでは、人間が生きる上で不可避な依存関係という関係性に光が当てられることで、その両端に、「ケアする者としての依存ワーカー」と「ケアされる者としての依存者」というケアをめぐる二つの主体が描出される。ここに、〈ケアする者／ケアされる者〉というケアの主体をめぐるバイナリーコード分出の一例を看取することができるだろう。

ただし、キテイによる依存ワークの定義は、トロントによる広汎なケアの定義に比べ、かなり峻厳なものである。たとえば、キテイは、医療、法律、教育、ソーシャルワークなどの専門家が、クライアントの健康や福祉、教育を改善することを通して、他者の能力や活動を高める任務を負っていること、また、そこではクライアントの専門家に対する何らかの依存が生じていることを認めつつも、それらは依存ワークではない、と断言する。その理由は、以下のようなものだ。

> 専門家は介入はするが、いずれ立ち去っていく。介入は、入念に対象が絞られた関心事に重点を置き、専門家はそのための特別な訓練を積む。いったん介入の目的が達成されると、専門家の責任も終了する。医者の介入は、ケアのための診断と処方箋を下すことであり、それにもとづいてケアを行なうのは他の者である。弁護士はクライアントと法体系の間に介入するが、法的判断が下されると弁護士の責任も終了する。債務の返済や訴訟になった被害の回復といった、介入が必要となる原因を作った災難に対応するのは弁護士の仕事ではない。それに対して、依存者を支える仕事には、そのようなはっきりとした境界線がない。（Kittay 1999=2010: 98-99）

すなわち、「介入すること」は専門家側の論理や関心・利害（interest）に則してなされるのに対し、「支えること」は依存者側の多様ではっきりしないニーズに応答しながらなされる。こうした介入と支援を区別するキテイの議論は、前項に見たケアの方法をめぐるコードの一つのバリエーションであると同時に、現代社会においてケアの主体が置かれた社会的地位について可視化するための足場ともなっている。すなわち、現代社会の特質たる社会システムの機能分化と専門化の対極にあるような、依存者を支える「はっきりとした境界線がない」仕事は、専門職のヒエラルキーにおいては相対的に下位に位置付けられ、その身分は不安定なものであり、今なお、その多くの部分は家庭内で女性によって担われている。まさしく『ケアの主体（*The Subject of Care*）』と題された論集において、キテイとエレン・フェダーは、次のように述べる。*9

依存ワークは、家族の、また、不払いか賃払いの労働かもしれないが、それがどこで見出されるにせよ、主として女性によって遂行されるし、人種や階級によって周縁化された女性（ときには男性）によって遂行されることもまれではない。（Kittay and Feder 2002: 2）

ここでもやはり、ケアの主体は、まず女性に焦点化されているが、加えて人種や階級といった次元についても指摘されていることが見てとれる。ケアの主体をめぐる人種や階級の問題は、かなり古い歴史を有しつつも、近年、グローバリゼーションの進展とともに大きく浮上してきたテーマでもある。感情労働論で知られるアーリー・ホックシールドは、国境を越えて移動する移住家事労働者の実情を「母親業のグローバル化」として詳らかにしたことで注目されるラセル・パレーニャスの研究（Parreñas 2001）を参照しつつ、「グローバル・ケア・チェーン」という概念を提示している。

グローバル資本主義は、それが関わるあらゆることに影響を及ぼすが、それは私がグローバル・

ケア・チェーンと呼ぶ、有償・無償のケアの仕事にもとづくグローバルな人々のつながりを含む、ほとんどすべての事態にも関わっている。こうしたチェーンは、たいていは女性によって構成されるが、ときには女性と男性の両方によって、まれには男性のみでも構成される。このようなケア・チェーンは、ローカル、ナショナル、グローバルのいずれの水準にもありうるものである。(Hochschild 2000: 131)

すなわち、性別、人種、階級といった社会的不平等をはらむ諸次元において多元的に周縁化された人々が、何らかの専門性を示すことが高く評価される現代社会のなかで、それとは対極的であるような「はっきりとした境界線がない」ケアという仕事を広く担っている。このように周縁化された存在としての「ケアする者」について、イブリン・ナカノ・グレンは、更に率直に、「それは依然としてジェンダー化されているのみならず、著しく人種化されている」と断言した上で、次のように述べる。[*10]

ケア・ワークが人種や階級、移民層であるという理由により、当該社会において低い地位に置かれた人々によってなされるなら、それは、ケアを低技術の「汚れ」仕事とみなす考え方を更に強化することになる。この二重の価値低減――ケア・ワークとケア・ワーカーの――は、ケア・ワークを特徴づける低賃金と給付金の欠如を正当化する。(Nakano Glenn 2000: 86)

このように、グローバリゼーションの進展に伴い増大するケア・ワーカー(介護・看護・家事労働者など)の国際移動をめぐる議論の蓄積とともに、「ケアの主体」をめぐるコードに、性別はもちろん

（実際、国際移動しているケア・ワーカーの多くもまた女性である）、人種や階級、移民であること、といった社会的不平等が深く絡んでいることを剔抉する言説も増え続けている。[*11]

ふたたびキテイの議論にもどるなら、そこではケアする者の置かれた立場の困難さが「二次的依存（secondary dependency）」という概念によって精細に指し示されている。[*12] 二次的依存とは、依存ワーカーが依存者のケアを担うがために自身も依存状態とならざるをえない（いわゆる「稼ぎ手」に依存せざるをえない）事態を指す。従来の自立した個人からなる社会を前提とした考え方においては不可視化されてしまう、こうした多層的な依存という事態に正面から向き合うため、キテイが提案するのが、「人間の相互依存の不可避性が平等を可能にする条件となるような平等論」（Kittay 1999=2010: 125）、すなわち、「つながりにもとづく平等（connection-based equality）」である。

このオルタナティヴな平等概念においては、平等の基盤は個人ではなく関係性であるゆえに、そこで求められるのは、第一に、「誰かがケアを必要とすることそのものや、ケアが提供される状況が適切であるような関係性」、第二に、「ケア提供者の福祉を引き下げることなく誰かをケアできるよう社会的に支える状況」（Kittay 1999=2010: 155）といったことになる。端的に言えば、ここで提唱されているのは、「ケアされる者のケア」を可能とするような「ケアする者のケア」、そして、「ケアする者とケアされる者のケア関係自体が社会においてケアされること」に他ならない。キテイは、こうした入れ子状態になった一連の互酬的関係と義務、社会的協働のあり方を「ドゥーリア（doulia）」と名付けている。[*13]

以上に見てきた諸議論から、ケアの主体をめぐるコードの展開を**図10**のように略述することができる。当初、〈女性／男性〉という性差のコードと強く結びつく形で（とりわけ、ケアする者としての女

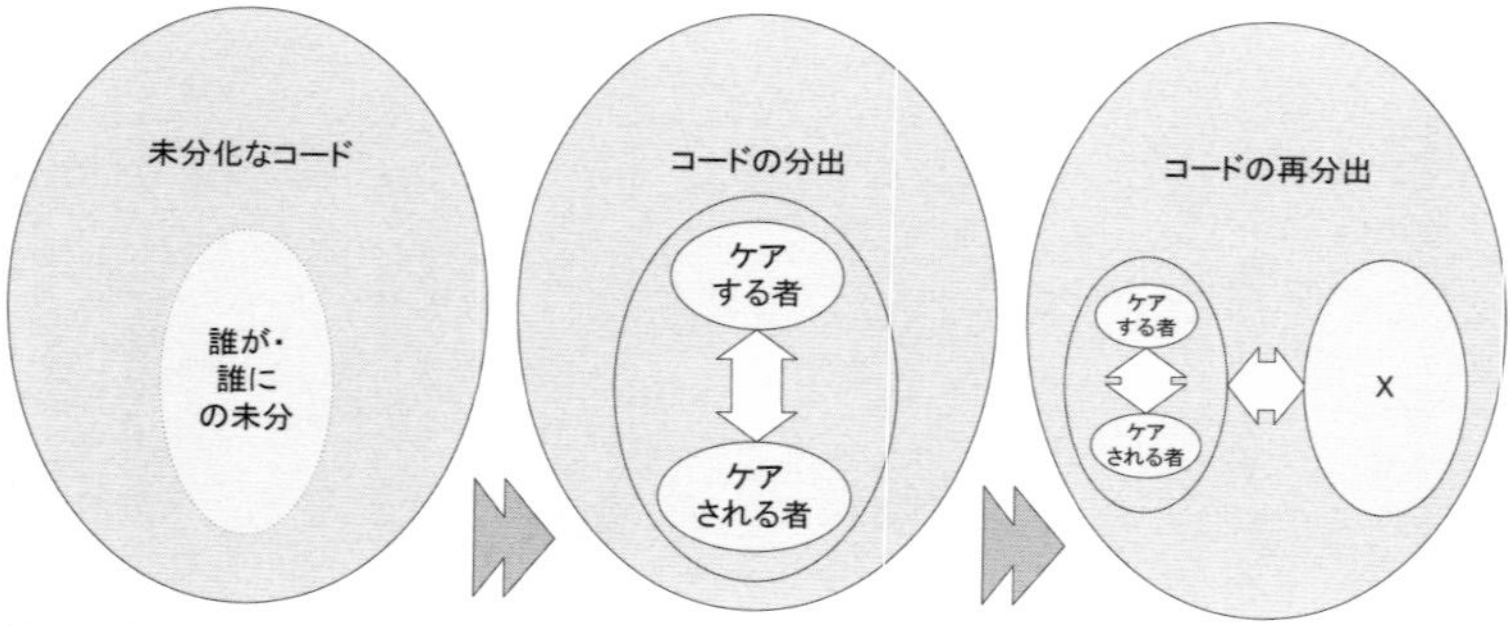

**図 10**　「ケアの主体」をめぐるコードの展開

性に焦点化しながら）〈ケアする者／ケアされる者〉というケアの主体をめぐるバイナリーコードの分出が生じる。その後、グローバリゼーションの進展とともに、ケアする者に関しては、人種や階級といった諸次元において周縁化された立場との結びつきも語られるようになる。更に、従来の個人の自立を前提とした平等主義に対するオルタナティヴとして登場した「つながりにもとづく平等」の概念においては、〈ケアする者／ケアされる者〉の関係性自体を（たとえば、社会によって）ケアすることを要請する入れ子構造的な互酬的関係が示唆される。ここに、ケアの主体をめぐるコードの再分出の一例を看取することができるだろう。

### 2-3　ケアの場

どこで、いつケアはなされるのか。

ケアの場は、それ自体、長く社会から外閉されてきた。古代ギリシアにまで遡りつつ、トロントは次のように述べる。

歴史的にみれば、民主主義は、一部の人びとを政治的生活に立ち入らせないことで、ケア提供の義務をそのひとたちに割り当てることを選んできました。高度に参加的な民主主義として賞賛されがちな、古代ギリシア・アテネの民主主義は、平等だとみなされる人びとだけに政治的役割を限定してきました。すなわち、市民に生まれた男性に、です。女性、奴隷、子ども、そして外国人居住者たち（かつて外国から、その家族がアテネにやってきた労働者たち）は、市民から排除されていました。その理由のひとつは、彼女たちは「家内労働の義務」を担っていたからです。（トロント 2020: 37）

多くの社会で、政治的役割が徐々に「市民に生まれた男性」以外の人々にも開放されることを経てきた現代でも、ある種の「家内労働の義務」はなお社会から外閉されているとみなすことができる。端的に述べるなら、そうした外閉化は、家庭という領域に私事化されることで生じている。そして、前項に触れた議論のなかで、ダラ・コスタが「結婚の契約」に、山田が「家族」に言及していたことからも明らかなように、当然ながら、「ケアの主体」のコードは、「ケアの場」のコードと密接に結びついている。フェミニズム法学者として知られるマーサ・ファインマンは、すべての人々にとって普遍的で避けられない「依存」に対する集団的・社会的責任に関する主張を展開するなかで、次のように述べる。

だが社会は、ケアの担い手の労を慮ることも、その価値を認め、補償することも、労働に見合うだけの対応をすることもなかった。その代わり、避けられない依存を典型的に私的な制度、すなわち伝統的な結婚でつくられる家族（婚姻家族）に割りあててきたのだ。〔…〕こうして依存は、私的な婚姻家族に託されることで隠蔽される。依存は家族のなかに私事化され、その公的で、誰にでも

起こりうるという性質は見えなくなる。(Fineman 2004=2009: 32)

すなわち、ここでは、依存に対するケア・ワークが遂行される領域、「ケアの場」について、〈私／公〉という区別を用いつつ、従来、ケアが私的な家庭という場に位置づけられ(無論、それは本来的にそうであるということではなく、歴史的な「私事化」のプロセスを経ることによって、そうした状況が生じるのだが)、公的には隠蔽されてきた、という主張が展開されている。ここに「ケアの主体」のコードと固着した性差のコードを重ね合わせるなら、「ケア・ワークが、家庭という私領域において、女性によって担われてきた」という馴染み深いゼマンティクが浮かび上がることになる。

本章の冒頭でその言葉を紹介したファインもまた、ケアの提供が家族の責任、とりわけ自然で本能的行動として日常的に女性に帰されてきたことにより、インフォーマルなケアが隠れた家庭内の私領域に閉じ込められ、社会生活にとっての根本的重要性が無視されてきたことに言及しているのだが、同時に、近現代に見られるケアをめぐる「場」の着実な変化についても、次のように指摘している。

変化の明らかな突発性にもかかわらず、ケアを公領域へと引き出し、徐々に問題化してきた社会変化は、西洋近代のこの二世紀間にわたり着実に展開してきた。二〇世紀最後の一〇年間において、これらの変化の度合いは、ケアの提供と有効性が現代生活におけるひときわ論争的局面となる段階にいたった。(Fine 2007: 6)

また、ケアに関する学際的研究を展開している広井良典は、「ケアの場」の推移について、「端的にいえば、現代におけるケアということの大部分は、もともと家族や共同体の内部でおこなわれていたものが「外部化」されたものである、ということができる」(広井 2000: 21) と述べ、「ケアの外部化」について歴史的視点から三つの段階に整理している。それによれば、第一段階は「前・産業化(工業化)社会」の農業を中心とするムラ社会のイメージで、ここではほぼすべてのケアは家族や共同体のなかで「相互扶助」としておこなわれていた。第二段階は「産業化(工業化)社会」で、ここでは三世代同居の大家族から核家族への変化に伴い、老人の扶養ということが徐々に「外部化」されていく。同時に、社会の複雑化に伴い、教育(というケア)も外部化される。そして、現在を含む第三段階は「成熟社会/高齢化社会」で、いわゆる後期高齢者の増加が家族の変化ともあいまって、介護(というケア)が外部化されていく。また、女性の社会進出(産業構造の変化と並行した雇用労働力の女性化)などを背景に子育て(というケア)も大きく外部化されていく(広井 2000: 23-24)。

ここに取りあげたファインと広井の議論の射程はかなり異なるものの、いずれも「ケアの場」に焦点化しつつ、その基本コードとして〈私領域/公領域〉の区別を用いることで、その歴史的変化の方向性(私領域から公領域へ)を大きく共有しつつ、その議論について一定の説得力を確保していることが見てとれる。

更に、「ケアの場」をめぐるコードは、論者によりすでにいくつかの分化を示している。たとえば、ファインは、ケア提供の基本図式として、「無償/有償」と「インフォーマル(特定の個人のケア)/フォーマル(見知らぬ人のケア)」という二つの区別の組み合わせからなるマトリクスを描き、「無償かつインフォーマル」なものとして「家族ケア」を、「無償かつフォーマル」なものとして「ボランティア」を、「有償かつインフォーマル」なものとして「有償の家事援助」を、「有償かつフォーマ

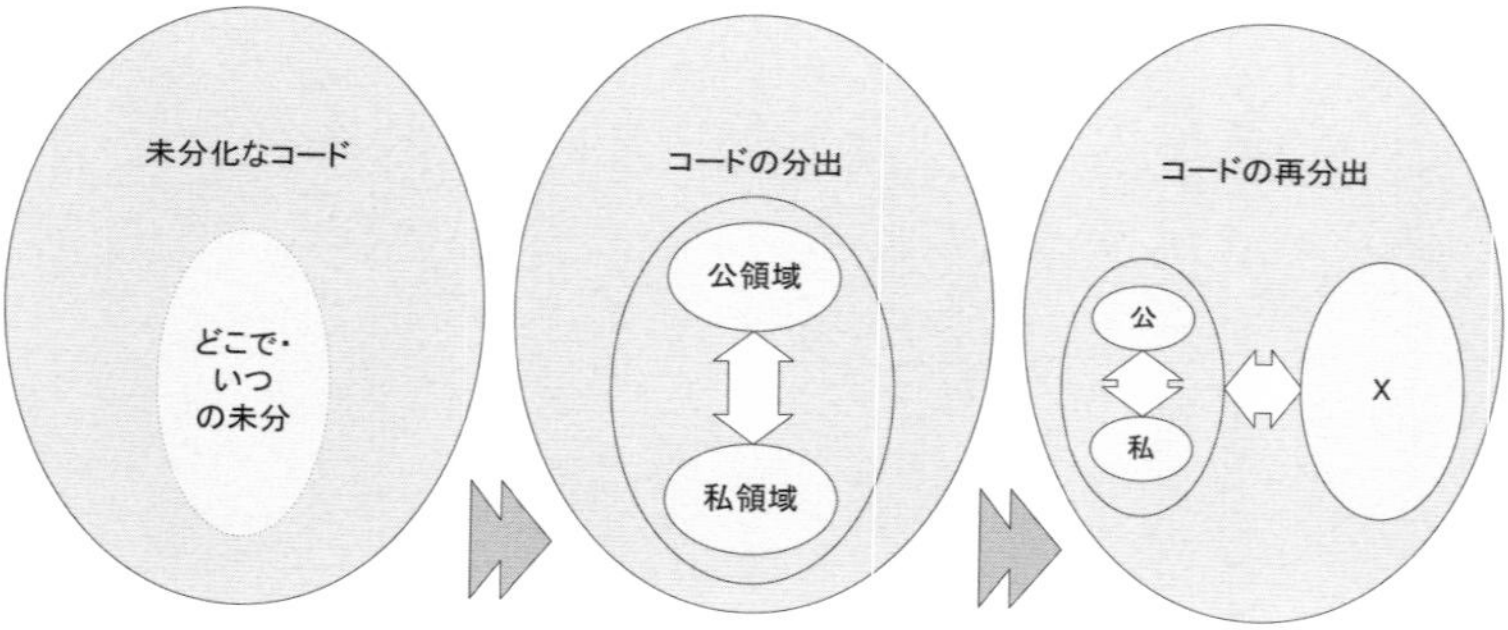


**図 11**　「ケアの場」をめぐるコードの展開

ル」なものとして「福祉サービスの施設や制度、ケア専門職」を挙げている（Fine 2007: 200）。無論、ファイン自身、この図式の各領域が独立したものではなく、現実のケア場面では、これらが混合された形式が見られることも付け加えている。実際、「家族介護に対する現金給付」、「地域包括ケアシステム」といった具体的トピックをいくつか想起するだけでも、現実のケア・ワークの「場」がはらむ多面性・多層性が理解されよう。

　また、上野は、今後の福祉政策のアクターとして国家、市場、家族、市民社会という四つの相互の役割を重視するメアリー・デイリーとガイ・スタンディングの議論（Daly and Standing 2001）を踏まえつつ、（1）官セクター（国家）、（2）協セクター（市民社会）、（3）民セクター（市場）、（4）私セクター（家族）という四領域を提示し、（1）と（2）を合わせて「公的セクター」、（3）と（4）を合わせて「私的セクター」と呼んでいる（上野 2008: 126-127）。上野によれば、「これらの四つのセクターは、相互行為としてのケアが成り立つ場（社会的領域）に与えられた分類であり、登場する領域によってケアの受け手も与え手も異なる」（上野 2008: 127）ことになる。

　**図11**は、以上の議論を踏まえつつ、ケアの場をめぐるコードの展

開について略述したものである。当初、不可視化されてきたケアの場は、とりわけ近代社会におけるそうした不可視化がケアの私事化、社会から家庭内へのケアの外閉によって生じたものであることを指摘する言説の蓄積、更に、近年では「私領域から公領域へ」というケアの場の変化を指摘する議論を通して、ケアの場をめぐる〈私領域／公領域〉というバイナリーコードを分出させる。更に、〈私領域／公領域〉というコードとも交錯する形で、〈無償／有償〉というコードや〈官／民〉といったコード*14が付加されていくことで、ケアの場をめぐる言説は一定の複合化を生じている。

## 3　諸コード間のうつし込みとしてのケア・ワークをめぐるコミュニケーション

前節までの議論において、ケアの方法、ケアの主体、ケアの場という三つの次元の各々におけるコミュニケーションの主要なコードを抽出してきた。ここから更に、これら三次元とは別のケアの次元の探索や、各々のコードがはらむ意味の細分化の多岐にわたる可能性の追求を通して、議論の解像度向上を目指すことも可能であろうが、以下においては、いたずらに議論を複雑化させることを避け、これまでに抽出した諸コードを基盤として、それらコード間相互のうつし込みが現代社会におけるケア・ワークにいかなるゼマンティクを形成しているのか見ていこう。ひとまず、観察の助けとして、ここまでに抽出したケアをめぐる観察の基礎視角としての三つの次元と、そこで分出が確認された基本コードの表現型間の相互関連を略述したものを**図12**として示す。

①として示された「ケアの方法」と「ケアの主体」をめぐるコード間相互のうつし込みは、すでに

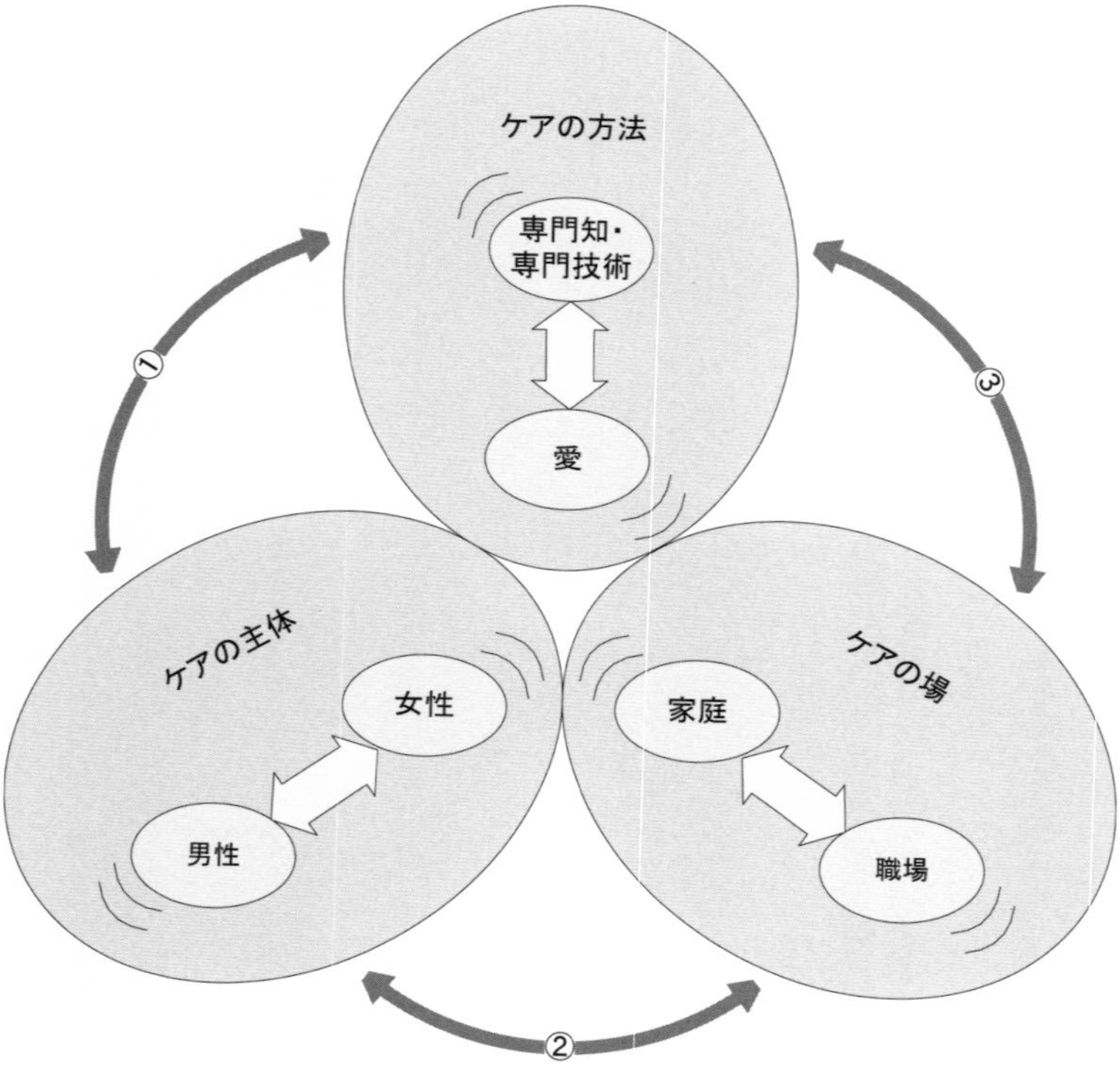


**図 12**　ケア・ワークをめぐるコードとコード間の引力

見てきた複数の論者の議論に確認できる。すなわち、ノディングズが言うような、ケアの主体としての女性の倫理的優位性、山田が言うような、女性が本来「情緒的存在」であるという神話が、ケアの方法としての「感情を用いた気遣い」とケアの主体としての「女性」とを結びつけるゼマンティクとして社会に広く共有され、同時に日々のコミュニケーションを通して再生産されることで、感情を用いた気遣いとしてのケアが女性に振り向けられていく。

②として示された「ケアの主体」と「ケアの場」をめぐるコード間相互のうつし込みにおいては、ケアの主体としての「女性」とケアの場としての「家庭」とを結びつけるゼマンティクが、一般に性別分業とよばれる意味構造と社会構造を生み出すとともに、それらの構造のなかでそうしたゼマンティクが再生産され、男性を産業社会における有償労働へと振り向ける一方で、女性を家庭内のケアをめぐる無償労働へと振り向ける。*15

③として示された「ケアの場」と「ケアの方法」をめぐるコード間相互のうつし込みにおいては、ケアの場としての「家庭」が、いわゆる親密圏として、そこでケアの方法としての「愛」が提供されるにふさわしい領域とされ（ファインマンの言葉を借りれば、ケアが「私的な婚姻家族に託されることで隠蔽」され）、また、そうした領域にはらまれた家族の力学が、「愛」とされる振る舞いを一定の形式（①に見られたような特定の「ケアの主体」にその役割の多くを担わせるような形式）で遂行することを促していくこととなる。

このように、三つの次元における各々のコードは、相互にその区別の一方の値を引き寄せあう形でゼマンティク（すなわち、ケア・ワーク＝「女性」が「家庭」で「愛」をもって行うもの、というテーマのストックであり、当該社会におけるドミナントな語り口）を形成することにより、ケア・ワークをめぐる一定の社会構造を形作っている。こうした構造の頑健さは、いずれかの次元でコードが反転したかに見える事態が生じたとしても、そこになお、これらのコードが発生させる固有の引力が根強く発揮されることにも見てとれる。たとえば、その場所が家庭でなく職場であっても、いわゆるピンクカラー・ジョブ（看護師や保育士等、伝統的に女性が多くを占める職業）の特徴を見れば、そこには明確な傾向が示されているだろう。

その形から見てとれるように、これらのコードは、そのいずれかが究極的な決定因となるようなものではなく、それぞれに独自の次元を有しながらも、互いを参照しあうことでドミナントな語りを構成し、相互の規定要因として働く。しかし、すでに前節までに概観してきたように、それらのコードのあり方は唯一のものでも、不変のものでもなく、コードの複合化や再分出の可能性を含め、それらの区別における比重の置かれ方や組み合わせは多様でありうる。本章の最後に、次節では、そうしたゼマンティクの変動可能性としてのケアの未来について展望しよう。

## 4　ゼマンティクの変容可能性としてのケアの未来とケアの社会学の可能性

ケアをめぐるコミュニケーションに見られるコード間の特定の結びつきの強固さの一方で、本章の冒頭においても引用した、ファインが指摘する「ケアをめぐる社会現象」への「熱心な注目」という近年の傾向は、実は、それ自体がケアをめぐるゼマンティクの変動可能性を含みこんだ作動でもある。なぜなら、そこでは、ケアをめぐる諸次元のバイナリーコードが、そのような区別として観察され、可視化され、前景化されることを通して、その他なる可能性の検討への回路を開くことになるゆえに。

ファインは、近年、ケアを公領域へともたらし、幅広い注目を集めるにいたった社会変化について、おもに次の四点を指摘している。（1）看護、医療、ソーシャルワーク、社会政策など、職業的専門化の拡大、（2）戦後福祉国家の出現、（3）フェミニズムのインパクトによる女性の政治的・社会的権利の獲得、（4）家族のケア提供能力へのグローバリゼーションの影響（Fine 2007: 6-7）。

本章における議論に重ね合わせてみるならば、（1）の医療・福祉における専門職化の進展は、「ケアの方法」を「感情」に焦点化したものから専門的「技術」を要するものへとシフトさせてきたし、（2）の福祉国家は、ケアをまさしく「公領域」における政策課題として位置づけてきた。また、（3）のフェミニズムは、そのあまりにも有名なスローガン「個人的なことは政治的なこと」が、ケアの担い手としての〈女性／男性〉に関する従来の区別、ケアの場としての〈私領域／公領域〉に関する従来の区別を可視化し、問い直すようなゼマンティクとして働き、私領域に隠蔽され、女性に担わされてきた依存ワークを公的な問題として位置づけてきた。そして、（4）のグローバリゼーションは、（1）から（3）の変化をその内に呑み込みながら、ケアの世界を大きく変容させている。

無論、こうした社会変化は、ケアおよびケア・ワークをめぐる諸区別の比重やコード間の結びつきを一挙に転換しうるようなものではなく、変化の幾ばくかは、ときに根強い既存構造のなかへと、様々な形で絡めとられてしまう可能性も高い。たとえば、公領域において有償労働となったケア・ワークが、全般的に他の労働領域に比較して低い賃金に抑えられるとともに、その多くが女性によって担われているというよく知られた現状や、矢原（2007）において指摘された、有償ケア・ワークに参入した少数派の男性がそこにおいて相対的により高い地位と賃金を確保するような「変化を生み出さない変化」の可能性に目を向けるとき、あるいはまた、近年、厚生労働省が「地域包括ケアシステム」として掲げる、住み慣れた地域で包括的なケアが提供されるシステムを担う人材として、外国人介護人材や外国人家事労働者に関心が集まるという（世界的にみれば遅ればせの）状況をながめるとき、現実の細部に入れ子的に折り畳まれたゼマンティクの頑健さと社会的不平等の構造の重層性を再認識することになるだろう。

しかし、ケアおよびケア・ワークをめぐる諸議論が、そもそも未分化であり、不可視化されてきたケアの諸次元に一定の区別を書き込み、また、その区別の観察を通して、従来とは異なるケアの可能性を示唆してきたことの意義は、やはり大きい。ケアの社会学が、社会におけるケアの有り様に何らかの影響をもたらしうるとするならば、それはこうしたケアをめぐる諸観察の観察を通してであろう。そうであるとするならば、ケアの社会学は、ケアをめぐる観察の観察を通して、いかなるケアのケアに接続しうるだろうか。また、社会学的ケアは、ケアをめぐる諸コードを編みなおすことを通して、いかなる新たなケアのゼマンティクを生み出しうるだろうか。それらは筆者の臨床社会学的研究実践に課される問いでもある。

## 註

＊1　高橋隆雄によれば、国内における「ケア」という言葉自体の歴史はそう長いものではなく、その概念が多くの領域で注目され、時代のキーワードの一つとさえ言えるにいたったのは、比較的最近のことである（高橋 2008）。実際、国内において、一九五〇年代には「アフタケアー」、一九六〇年代には「患者ケア」、「プライマリ・ケア」

といった用語をタイトルに含む書籍がいくつか存在するものの、ケアという言葉が医療や福祉の専門領域を超えて幅広く、かつ、頻繁に用いられるようになったのは、国内では一九八〇年代後半以降のことである。国外（といっても基本的に欧米圏に限られるが）においても、『生命倫理百科事典』（2004=2007）に収められた詳細にわたる「ケア概念の歴史」の記述の冒頭で、「1982年以前には、「ケア倫理」について言葉にする者はほとんどおらず、また「ケア」（care）という言葉は、西欧倫理史の表舞台に主要な概念として現れたことはなかった」（Reich 2004=2007: 862）と述べられているように、当該概念への注目は、近年の動きであることが見てとれる。

＊2　これら用語間の関係について考える場合、そこでは日本語への翻訳において生じている困難についても加味する必要がある。たとえば、メイヤロフの『ケアの本質』（1971=1987）の原題は、"On Caring" であるし、本章のエピグラフに引用したトロントの文章における「ケア」の語も、初出の原文では "caring" である。

＊3　ルーマンは、コミュニケーションとゼマンティクの関係について以下のように述べている。少々長くなるが、本章における議論の前提として重要であるので引用しておく。「［…］社会によるコミュニケーションの再生産は、その寄与をある程度までみずから組織化しているテーマの再生産をとおして進められなければならない。こうしたテーマは、そのつど、その時と場合に応じて新たに作り出されるのではないし、また他面では、言語によって、たとえば語彙としては十分にきっちりと前もって与えられているのでもない［…］。そんなわけで、その中間に位置して相互作用と言葉とを媒介している必要条件が見いだされる。そうした必要条件は、具体的なコミュニケーションにおいてすばやい受容とすばやく理解できる受容とを用意している、可能的な諸テーマの一種のストックなのである。こうしたテーマのストックを文化（*Kultur*）と名づけ、こうしたテーマのストックがとくにコミュニケーションのために保管されているばあい、ゼマンティーク（*Semantik*）と名づけることにしたい」（Luhmann 1984=1993: 256-257）。

＊4　上野は、哲学、倫理学等によるケアへの規範的アプローチに対し、①規範性、②抽象性、③本質主義（脱文脈性）、④脱ジェンダー性といったその諸特徴が、現状追認のセクシズムにつながると批判し、それらの本質論から社会学へのシフトを標榜している（上野 2005a）。しかし、本章における議論のスタンスであるセカンド・オー

ダーの観察の視座からは、哲学、倫理学的アプローチ、社会学的アプローチ等いずれもケアをめぐる一定の観察という作動として観察される。

＊5　古代ローマにおけるクーラの神話については、『生命倫理百科事典』におけるライヒの記述を参照（Reich 2004=2007）。そこでは、泥から人間を創ったケア（クーラ）、それに生命の霊を与えたジュピター（天空）、自分の体の一部を提供したテラ（大地）の三者間の争いとサタンによるその裁決が描かれている。結果、人間が死ぬとき、その霊はジュピターが、その体はテラが受け取り、生きているあいだは、ケアが人間を支配することになる。

＊6　日本語への翻訳に際して、メイヤロフの"devotion"という概念に「専心」という「心」を強調した訳語があてられたことの意味（それは一般には、「身」を強調する「献身」とも訳されうる語である）、翻訳者らの（あるいは無意識の）意図にも留意する必要がある。

＊7　ギリガンの「ケアの倫理」をめぐって生じた論争については、川本隆史（1995）を参照。

＊8　こうした対極的な議論について、イギリスの社会政策研究者であるクレア・アンガーソンは、「このように女性が介護を担う動機については、二つの異なった説明がある。第1の説明は本質的に保守的なものであり、児童期に根ざすものであるとして心理学的に説明される。もう一つの説明は本質的に動態的なものであり、社会に根ざすものとして社会学的に説明される」（Ungerson 1987=1999: 181）と明確に区別しており、更に、自らの行った事例調査における質的データを踏まえながら、あえてこの両者を統合する必要はなく、どちらの分析も現実の女性について説明する上で有効であると結論付けている。

＊9　キテイは、ソーシャルワークのような専門職としては不安定な、あるいは、新しく専門化された仕事では、働く者の役割が「支えと介入の境界線上」に位置していると述べている。また、医療人類学者として知られるアーサー・クラインマンは、ケアに関わる者の地位について論ずるなかで次のように述べている。「[…]ケアをすることで興味深いことは、ケアに関わる人の地位に逆相関が見られることです。つまり、ケアは重要であるにもかかわらず、ケアの大半を担っているのは看護師やソーシャルワーカーといった下位の健康専門職なのです。家族もヘルスケア・システムでは最下位に位置付けられています。しかし家族は、実は一番高度なケアに関する知識を有して

います」（クラインマン他 2015: 124）。

＊10　ただし、ここで言及されるケア・ワークは、おもに有償労働のそれを指している。

＊11　他の先進諸国に比べ、ケア・ワーカーの国際移動が限定的状況にある日本においても、二〇〇〇年代終盤から経済連携協定（ＥＰＡ）の相手国であるインドネシア、フィリピン等からの看護師・介護士受け入れが始まるなかで、メディアや研究者の注目が高まっている。国内への外国人介護士導入をめぐる論点については、小川全夫（2009）を参照。

＊12　二次的依存のメカニズムに関しては、Fineman（2004=2009）においても詳しく論じられている。

＊13　「ドゥーリア（doulia）」は、出産した母親が赤ん坊をケアすることを可能にするようサポートする人を指すドゥーラ（doula、古代ギリシア語では女性の奴隷を意味する）に由来する。

＊14　一九八〇年代以降、国内の社会保障・社会福祉分野でしばしば用いられるようになった「自助・共助・公助」の三分類や、そこから派生した「自助・互助・共助・公助」の四分類も、こうしたコードの系である。なお、これらの分類の使用例とその妥当性をめぐる議論については、二木立（2021）を参照。

＊15　公領域と私領域における自立と依存をめぐる日本社会の男女の認識の相違の現状については、大和礼子（2008）を参照。

# 7章　ケアの社会学と社会学的ケア

だれが、だれに、なにを、いかに、いつ、どこで、なすのか

## 1　ケアの社会学と社会学的ケア

「ケアの社会学」と「社会学的ケア」とは、ケアと社会学とを結ぶ二様の形式であると同時に、いずれもその一方が他方をうつし込むことが可能であるようなある種の観察システムである。[*1] すなわち、社会学としてのケアの社会学は、多様なケアのありようの一部分として社会学的ケアについて記述することが可能であろうし、ケアとしての社会学的ケアは、ケアの社会学において産出される学的コミュニケーションがはらむパフォーマティヴな効果を何らかの局面において活用することが可能であろう。

ただし、それらが可能であるとはいえ、少なくとも現状において双方にうつし込まれるその互いの姿は、きわめておぼろげなものにとどまる。そのようである理由のひとつは、双方が観察する環境世

界において、互いの存在が（その大きさのゆえか、その遠さのゆえか）比較的微かなものであるということに求められるかもしれないが、もうひとつの理由は、各々がその観察において前提とし、それゆえ自身にとっては隠蔽されている一定の区別（あるいはその影）に関わるように思われる。たとえば、市野川容孝は、社会学が社会学として観察を遂行する上で不可視化されるものについて次のように述べる。

社会学は「社会的」という言葉を拡張しながら、その言葉でもって二次元の観察を遂行する。それは「社会的」という言葉の脱規範化でもあり、その過程で、社会学は「社会的」という言葉に込められた価値を忘却＝不可視化するのだが、その忘却＝不可視化そのものが忘却＝不可視化されるのである。「社会的」という言葉をめぐる社会学的忘却は、社会学が、二次元のものとは言え、依然として観察であることの必然的な帰結と言えよう。あるいは、この忘却＝不可視化こそが、社会学に固有の観察を可能にしていると言ってよいかもしれない。（市野川 2006: 40-41）

そうした脱規範化の過程で生じる「忘却＝不可視化」の例として、ヴェーバーやデュルケームに言及しつつ市野川が示すのが、彼ら自身が「狭義の社会的なもの」を十分に認識しつつも、その社会学的概念を立ち上げていくなかで、「平等や連帯や福祉といった価値（ないし意味）に定位して、人間関係や相互行為を組み立てていくことは、数多ある「社会的」な行為のうちの一例に過ぎなく」（市野川 2006: 36）なり、また、「連帯のみならず、それを極小化するような「個人主義」をも、それらが外在性と拘束性を有する規範であるかぎり、等しく「社会的事実」として扱わざるをえなく」（市野川

2006: 38）なっていったというような事態である。市野川がここに指摘した不可視化が、社会学固有の観察を可能にするような区別の中核を剔出するものと断じうるか否かは予断を許さないが、そこにおいて生じているのが「社会的」という言葉の論理階梯の引き上げであり、また、それをもって学システムの一部としての社会学のコード化が促されたことは確かであろう。

このように社会学が「学」として自らを位置づける上で経ねばならなかった脱規範化の様子は、かつてそれが実践としてのソーシャルワークときわめて近しかった米国で歴史においても確認することができる。たとえば、一九二〇年代から三〇年代のシカゴ学派社会学について振り返るなかでロバート・E・L・フェアリスは、「この頃になると、かつては社会学と不可分の関係にあったソーシャルワークも、ちょうど離婚夫婦の間の冷えを背後に残しながら、独自の学部や専門機関で教育が行われるようになり、しだいに社会学とはたもとをわかつようになっていった」（Faris 1967=1990: 35）と述べ、シカゴ大学社会学部の草創期に見られた神学の伝統を背景とする人道主義的立場や福祉活動への関心と切り離されることを経て、「科学としての社会学」の進展がなされたことを繰り返し強調している。*2

社会学が「科学としての社会学」として立ち上がる過程において不可視化する必要があったものが、元来「社会的」という概念に含まれていた連帯、福祉、人道主義といったある種の価値であるとするならば、そうした区別、忘却された側面が、従来、「ケア」という概念に含意されると想定されてきたであろうようないくつかの価値とも深く結びつくものであることは、容易に推察されよう。

それでは、ケアとはいかなる概念であろうか。前章では、社会におけるケアをめぐるコミュニケーションをある程度秩序だったものにするコード化に関与している諸ゼマンティク構造の観察を試みるなかで、メイヤロフ、ノディングズ、クーゼといった一九七〇年代から一九九〇年代までの代表的なケアをめぐる諸議論や、それらに引き続く現在までにいたる様々なケア論が、そこにおける比重の変化やさらなる複合化といった事態をはらみながらも、ケアの方法をめぐる基本的なコードの分出、再分出の過程として記述可能であることを指摘した。これを「社会的」という概念の脱規範化による社会学の科学化という先に辿ったプロットを通してみるならば、ケアにまつわる医学・看護学・心理学・教育学・福祉学等々の領域の科学的なエビデンスにもとづく技術の進展や体系化（それら領域ごとの歴史に応じて、その進捗度合いには大きな差があるとはいえ）に際しても、ケア概念における脱規範化がその前提として生じており、あるいは、ケア概念に込められた道徳的価値としての側面を一定程度忘却することによってこそ、科学としての上記諸領域の展開が可能となったと見立てることもできる（そうした諸学の内部であらためて「専門職としての倫理」といったものが何らかの価値とともに説かれることもあろうが、それらはあくまで副次的な位置にとどまる）。

しかし、それらが医学・看護学・心理学・教育学・福祉学、あるいはケア学であるとしても、けっしてケアそのものではないこともまた明らかである。医療的ケアにせよ、心のケアにせよ、社会的ケア（≠社会学的ケアであることに注意）にせよ、スピリチュアルなケアにせよ（それらがいかなる区別を要請するものであるかは、ここではさておき）、コミュニケーションとしてのケアそれ自体と、諸々のケア領域に関する学システムによる観察・記述とを混同することは避けられねばならない（それは、たとえば、経済システムと経済学を、政治システムと政治学を混同することと同様である）。なされるべきは、そうしたケアに関する学問諸領域の急速な発達にも映し出されるような全体社会における一部分システムとしてのケアシステムの分出状況について観察を試みることであり[*3]、ケア領域固有のコードとしてそこに見出されるであろう〈ケアされる／ケアされない〉という区別がどのような個別的属性を有しており、また、そうしたコードのもとでいかなるプログラム化が進展しつつあるのかを吟味することであろう。

その過程において、やはり「ケア」という言葉にもともと込められていた何らかの道徳的価値の忘却＝不可視化がなされており（ケアシステムが固有のコードを有した機能システムとして分出するためにそれは不可避であろうが）、そこで不可視化されたものが元来「社会的」という概念に含まれていた連帯、福祉、人道主義的関心といったある種の価値と重なり合うものであるとするならば、ケアと社会学とは、一定の共通性を有する価値からそれぞれに分化した「ケア」と「真理」によって各々コード化された二つのコミュニケーション・システムであるとみなすことができよう。

（学システムの一部分領域である）社会学の一部分領域としてのケアの社会学と、ケアシステムの一部分領域としての社会学的ケアとが、現状におけるその展開の度合いに大きな差を有しながらも、各々のシステムを構成する部分領域であるとみなせるならば、冒頭に述べたそれら双方にうつし込まれる互いの姿がおぼろげなものとなるもうひとつの理由とは、すなわち、他方の観察を試みた瞬間に垣間見られる相手にとって不可視化された何らかの価値が、自らの観察の前提において不可視化されている何らかの価値の記憶を惹起するためであると考えることも可能かもしれない。それはちょうど相手の瞳を間近に見るとき、そこに映る自らの影を見つめてしまうような事態であろう。

以上のような素描を踏まえ、本章で企図するのは、ケアの社会学と社会学的ケアという二つの観察システムの作動を、その双方における他方のうつし込みという事態をも含めながら、いくつかの次元（だれが、だれに、なにを、いかに、いつ、どこで）において探索するとともに、そうした諸次元の意味づけ自体を、あらためて観察するシステムの視座から闡明することである。

## 2　だれが、だれに

それがとりわけケア領域を対象とするような社会学ならずとも、社会学において研究者と研究対象という関係が〈主体／客体〉の区別を前提として前景化され、問われる際には、ある種の自己反省とともに、研究者のスタンスや社会学的研究の認識論、実践的意義といったものを問い直す議論が繰り返し産出されてきた。そして、そこに社会学的ケアの萌芽を予感することもできる。ここでは、まず、わが国において社会調査をめぐって展開されてきたそうした議論をなぞりつつ、そこ見られるいくつかの縺れをほぐし、また編みなおしながら、ケアの社会学と社会学的ケアについて「だれが、だれに、それをなすのか」という次元より始めて、そこからいかなる可能性が切り拓かれるのかを検討していく。

わが国における社会調査論争として知られるのが、一九七〇年代に展開された所謂「似田貝‐中野論争」である。[*4] 論争の起点は、似田貝香門の「社会調査の曲がり角」（1974）と題するエッセイであった。そこでは住民運動調査で体験された調査遂行上の困難として、（1）住民運動参加者の、研究所や研究者に対するかなり強い不信感、（2）研究者や調査主体の、〈issue〉への関わり方の、執拗なまでの問い、（3）住民運動参加者の、研究者や調査者への情報・知識の要求、の三点が挙げられ、それらが「調査技法によるラポート関係や客観的調査を行なおうとする調査主体の客体へのみせかけの人間関係（調査者—被調査者関係）への鋭い問題提起」（似田貝 1974: 2）なのであるとされる。ここに似田貝が読み取るのが、人々における調査者と被調査者の〈共同行為〉の関係の渇望であり、これに対する研究者の側の暫定的課題として、（1）大衆のなかの今日の文化形成の担い手や問題提起者の動きに、研究者自身が少なくとも一つでもコミットメントしていく必要、（2）ここから個別・具体的な範例化という作業を行なう必要、の二点が示される。

こうした似田貝の主張に対し、とりわけそこで言われる「共同行為」という関係について批判的議論を展開したのが中野卓である。中野は、自らの調査経験を踏まえながら、「調査者と被調査者が一体化するのではない。あるいは、簡単に「連帯」が生まれたり、「共同行為」が可能となったりするのでもない。研究者は、研究者という役割をもっているが、それをはたすためにも社会学では対象たる人々との「生活の触れあい」が必要である。生活の全面で触れあうことなどできないし、生活の軸のところで一致したりもしえない。役割を同一化することも出来ない」（中野他 1975b: 29）と述べる。「火花の散る」とも表現されるような調査における「触れあい」を重視する中野が、安易な「共同行為」の標榜を危惧したのも無理からぬことであろう。

更に、似田貝と中野の両者の議論に対して、〈科学研究／科学技術〉という区別を用いた批判をおこなったのが安田三郎である。安田は、「我々が科学論を論ずるとき、法則定立を追求することと法則を現実の個別事例に適用することとの、大きい差異を忘れてはならない」（安田 1975: 492-493）と述べ、前者を科学ないし科学研究、後者を技術ないし科学技術と呼ぶ。そして、似田貝の言う「個別・具体的な範例化」もまた法則定立を目指しており、そこでは瑣末なリアリティを捨象することによってこそ、広範囲に適用可能な法則に達しうると述べた上で、法則定立と法則適用とを同時に行うことは、原理的に不可能と思われると断ずる。

詳細に見れば、更に多様な論点を含み、その組み合わせにより、ある種の三竦みの構造を抽出することもできるこの論争であるが、ここでは、本節において読み取るべき道筋である「だれが、だれに」という切り口から見ていく。論争の初発をなす似田貝の体験した調査者‐被調査者関係の困難と、それを踏まえた〈共同行為〉に関する提案は、社会調査（あるいは社会踏査）という場で社会学の実践的活用を志向する際に検討されるべき論点をたしかに提示している。「みせかけの人間関係」を超えて、研究者が大衆側の問題提起にコミットしようとするその姿勢には、社会学的ケアの予兆を感受することも可能である。

ただし、似田貝の議論においては、そこで前提とされる〈調査者／被調査者〉の区別が、同時に〈(専門) 研究者／研究対象〉、〈知識人／大衆〉、〈主体／客体〉の区別と重ね合わされ、ほぼ同義に用いられていることもまた見て取れる。*5 そして、同様の区別は、調査者と被調査者の安易な一体化を厳しく批判し、「研究者という役割」を強調する中野の議論においても、そしてまた、調査者の側に更に〈調査研究者／調査技術者〉という区別を設けた上で「法則定立」という研究者の役割を主張する安田の議論においても、論争に見られる決定的な立場の違いに反して、通底していることがわかる。しかし、今日すでに様々な形で具体的に展開されている社会調査の状況を踏まえるならば、そこで前提とされているいくつかの区別が、もはや有効なものとは言い難いことが知れよう。

たとえば、ケア領域を対象とする調査研究に限定しても、これまで被調査者という役割に位置づけられてきた人々の調査者側への参加は、近年、世界的な趨勢として見出すことができる。*6 国内においても、一九九八年には、保健医療福祉分野におけるわが国で初めての本格的な当事者参加型リサーチとして「薬害ＨＩＶ感染被害者の健康・医療・生活・福祉に関する総合基礎調査」が当事者と研究者の共同で実施され、そこでは、当事者と研究者のエンパワーメント、新しい理論と方法の動員や開発の促進、調査研究の科学性の向上といったことが吟味されている（山崎＋瀬戸編 2000)。同様の志向を有する調査研究は、障害者領域においても取り組みが進められている。[*7] また、認知症に関わる全国的な民間団体である公益社団法人「認知症の人と家族の会（旧呆け老人をかかえる家族の会）」では、一九九〇年代から自らの手によって介護家族を対象とした詳細な実態調査を継続的に実施しており、その結果をもとに国への提言等もおこなっている。

そもそも社会調査が職業的研究者、まして社会学者の特権などでないことは、これまでも当然のことであったにせよ、国、自治体、企業、マスコミ等といった従来の調査主体のみならず、調査技術の普及やパソコン等の情報機器の発達・普及により、また、社会の幅広い領域における「市民参加」、「当事者参加」の要請により、社会調査のプロセスの様々な段階において、様々な深度で、様々な人々がそこに関与する可能性が拡大していることは明らかであろう。中野が述べるように調査者と被調査者とが「生活の全面で触れあうこと」はなくとも（むしろそのようでないゆえにこそ）、多様な協働の形式がそこには見出されるし、ときに「火花の散る」と感じられるような触れあいも生じうるであろう。また、安田の言う〈調査研究者／調査技術者〉という区別も、そこではもはや有効なものとは言い難いように思われる。そもそも「法則定立を追求すること」を科学研究の作業と位置づけ、それを調査研究者の役割とみなすならば、調査研究者としての社会学者がこれまでなしてきた膨大な社会調査によって、はたしてどれほどの社会法則が定立されたのであろうか。[*8]

無論、このように述べることによって、筆者は調査者と被調査者との安易な共同行為を標榜し、それが社会学的ケアであると僭称しようとするものはでない。ここで確認されたことは、まずは、職業的研究者であれ、地域住民であれ、当事者であれ（特定の個人においてこれらの属性が相互排他的なものである必然性はないし、そもそも「当事者」とは誰であるのかは、多くの場合未規定であり論争的であるが）、コミュニケーションとしての社会学的観察に関与することが可能であるという、ある意味でごく当然のことに過ぎない。しかし、この当然の事態を足場に、ルーマンの社会システム論に依拠しつつ、観察システムとしての（ケアの）社会学、観察システムとしての（社会学的）ケアという本稿の視座を推し進めるならば、すなわち、「主体」概念を「観察者」概念に置き換えるならば、いま少し複雑な課題を見出すことができる。

われわれは主体を観察者に置き換え、観察者はシステムであり、そのシステムは連続的な実践を通して、自身が区別を行うという事態を自分自身で生み出していくものと定義する。そうである以上、客体のための〔主体／客体という区別＝形式による〕形式的保証はすべて脱落してしまう。同一性の設定に際して問題となるのは常にただ、ある観察者が用いている区別を区別するということである。（Luhmann 1997=2009: 1176）

「観察」という視座から「だれが」、「だれに」と問うとき、それがだれにとっての、あるいは、それがいかなる観察者（の用いた区別）によって見出された「だれが」であり、「だれに」であるのかこそが問われねばならない（ここであらためて、観察者とはシステムであり、本章の議論においては、とりわけ観察する作動をなすコミュニケーション・システムに焦点をおくことに注意が必要である）。従来、被調査者、研究対象、ケアされる者とされた人々が、調査者、研究者、ケアする者になることはたしかに可能であろうし、ときにそれを〈共同行為〉と呼ぶことも可能であろうが、たとえば、そうした調査研究の実践に｛〈調査技法（みせかけの人間関係）／共同行為〉／調査技法（みせかけの人間関係）｝といった或る種の再‐参入の形式を（そうした観察を観察する何らかの視点から）見出し、批判することもまた可能なのである。*9 ここにおいて、「調査者と被調査者が一体化するのではない」と断じた中野の主張をシステム理論に牽強付会し、どのような人々が観察者としての調査者の作動に関与するにせよ、それが観察である限りにおいて、そこに新たな〈調査者／被調査者〉の区別が生み出され続けざるをえず、区別の両側が一体化することは不可能であるということが、そこでは指摘されたのだと捉えることもできよう。そして、そうした視座に立つならば、先に述べたような「様々な主体が観察に関与する」といった記述が不十分なものであり、むしろ、何らかの観察という作動を通して、その観察に関わるとされるような調査者、研究者、ケアする者、あるいは、被調査者、研究対象、ケアされる者といった範疇が遡及的に構成されるという考察が要請されることになるであろう。

## 3 なにを、いかに

前節に見た、主体概念を観察者概念に置き換えることで生じる、客体のための形式的保証の脱落という事態を踏まえるならば、「［…］客体が構成されるのはただ、セカンド・オーダーの観察という文脈の中でのみのことなのである」（Luhmann 1997=2009: 1176）ということになる。社会学がセカンド・オーダーの観察（＝観察の観察）を遂行する観察システムであるということについては、本章の初めに引用した市野川の文章でも「二次元の観察」という表現で触れられていたが、観察システムとしての社会学と同様、観察システムとしてのケアもまた、セカンド・オーダーの観察を遂行する観察システムであるといえる。すなわち、その内部では、他の観察者の観察が観察され、そこに見出されたある種のケアのあり方についてケアされることになる。*10では、本章のテーマであるケアの社会学と社会学的ケアとは、社会学システム、ケアシステム、ケアシステム内部の作動においていかなるプログラムを提示しうるのであろうか。

社会学とケアとがセカンド・オーダーの観察をおこなう観察システムであることによって、ケアの社会学と社会学的ケアにおいて問われる問いも次のように変化する。「二次のサイバネティクスのレベル、観察者の観察のレベルでは、いかにして観察される観察者が観察するかを観察しなければならない。「何を」という問いが「いかにして」という問いに変わる」(Luhmann 1990=2009: 80-81)。無論、セカンド・オーダーの観察もまた、観察である限りにおいて、自らが一定の区別と指示を通して「なにを」(対象としての他の観察者を)観察するかを確定することは避けられない。しかし、ただ「なにを」観察するかということに加えて、そこでは「いかに」観察するかという見方が得られるのである。

以上のような理論的視座に立ち、本節では、ケアの社会学と社会学的ケアとについて、「なにを、いかに」という次元から検討を試みる。ケアの社会学と社会学的ケアとは、それぞれに「なにを」観察し、それらが「いかに」観察していると観察するのであろうか。本章においてその全体像を網羅的に記述することなど望むべくもないが、いくつかの例証を通して、そこに見出される二つの観察システム相互のうつし込みという事態に関する考察の足場を準備しよう。

社会学的観察システムとしてのケアの社会学は、その対象領域としての医療、看護、福祉、心理等について、相互行為の水準からマクロな社会制度の水準まで多様な観察と記述を遂行してきた。とりわけ、「医療社会学」、「健康と病気の社会学」と呼ばれる領域では、一九五九年に米国社会学会の専門部会として医療社会学部会（Medical Sociology Section）が正式に発足して以来、短期間のうちにそれは同学会最大の部会へと成長し、その流れはヨーロッパ諸国にも波及・進展していった。わが国においても一九七三年の日本社会学会に「保健・医療社会学」をテーマとする部会が設けられて以降、一九八九年に日本保健医療社会学会が設立されるなど、当該領域に関する研究活動が活発に進められている。

幅広いケア領域のなかでも「医療」という領域に焦点をおいて観察を遂行する社会学的観察システムの作動として医療社会学を見るならば、そこでなされるセカンド・オーダーの観察とは、「医療がいかに観察するか」ということについて観察・記述する作動であると言えよう。医療社会学の伝統におけるそうした観察のひとつの典型は、「医療化」という概念とともに多様な水準で展開されてきた研究プログラムに見出すことができる。進藤雄三によれば「「医療化（medicalization）」という概念は、従来他の社会領域——宗教・司法・教育・家族など——に属すとされてきた諸社会現象が、次第に医療現象として再定義される過程を指示するものとして、歴史的変動の傾向・趨勢を縮約する記述概念である」（進藤 1990: 173）。すなわち、そこではケアシステムの一部分領域としての医療が、様々な社会現象をいかに当該システムのコードとプログラムを用いて観察し、ケアしているのかが、観察システムとしての社会学によって観察される。*11

こうした医療化論の代表的問題構成のひとつに「逸脱の医療化」がある。ピーター・コンラッドとジョゼフ・シュナイダーによれば、それは、「道徳的・犯罪的な逸脱定義から医療的定義への変化」（Conrad and Schneider 1992=2003: 62）を意味する。何らかの状態について、それを医療の対象とすることが、道徳的・犯罪的逸脱からの区別を意味することについては、つぎのようなタルコット・パーソンズの有名な病人役割の議論においてもすでに指摘されていた。「病気であることは、たしかに重要ないくつかの点において「逸脱している」とみなされるのならば、すでに述べたとおり、それはまさに病人は、かれの身体状態に「責任がある」とみなされず、「かれはいかんともしがたい」という事実によって、その他の逸脱から区別されなければならない」(Parsons 1951=1974: 435)。この指摘に、観察システムとしての医療的ケアが、何らかの道徳的価値（=その他の逸脱）を不可視化することを通して、いかなるケア的観察を遂行しているか（そうした変化自体は、必ずしも一方向的または全面的趨勢ではなく、その記述においては、焦点化されるテーマや時系列的段階、場面ごとに詳細な分析を必要とすることは、上記のコンラッドとシュナイダーの研究からも明らかであるが）ということに関する社会学的観察、すなわち、医療的ケアシステムが固有のコードを有した機能システムとして分出している様子を観察・記述する社会学的観察の作動を読み取ることが可能である。

一方で、そうした医療社会学における医療化の観察という作動に対して述べられるある種の批判には、それが何らかの社会学的ケアを要請しているように見えるものもある。たとえば、ジョセフ・ガスフィールドは、上記のコンラッドらの著作によせた緒言のなかで、次のように述べる。「こうした医療化の分析において、社会学者はどこに位置するだろうか。社会学者は公的問題の理解と、その解決に対して社会学者は何をもたらすのだろうか。私の考えでは、社会学者は公的現象に対してイロニストをもたらす」(Conrad and Schneider 1992=2003: 13-14)。「イロニストの姿勢」とは、イデオロギーの暴露者としての社会学者の伝統に即した姿勢であり、ここでは、逸脱の医療化という事態を説明されるべきクレイムとして観察・記述することを通して、医療モデルの社会的受容度を低下させること（すなわち、コンラッドらの著作が技術的治療と治療専門職の権威を掘り崩していること）を指す。更に、ガスフィールドは、イロニストのとしての社会学者がその一方で、「ある種の道徳主義者」としての側面、すなわち、「社会学者は、公的問題への参与者がそれらを政治的問題として、事物の自然的秩序とは独立した選択の問題として、対峙せざるをえないようにする」(Conrad and Schneider 1992=2003: 14) 側面を有していることも指摘する。

こうした指摘には、社会問題の構築主義をめぐって論じられた所謂「オントロジカル・ゲリマンダリング問題」*[12]の反復を読み取ることもできる。本章における理論的視座に則して述べるならば、ここに見られるのは、医療的ケアシステムによる観察という作動を観察するケアの社会学的観察が、それ自体、学システムとして脱規範化されたセカンド・オーダーの観察の水準において遂行されているにもかかわらず、そこに「ある種の道徳主義者」としての影を見出されてしまうという事態である。これは、先に述べた、セカンド・オーダーの観察もまた、観察である限りにおいて、自らが一定の区別と指示を通して「なにを」観察するかを確定することは避けられない、ということのひとつの例証に他ならない。

ガスフィールドによる、「[…] 苦しんでいる人々がその苦難にどう対処すればよいのか、その一片の方策も提示していない」(Conrad and Schneider 1992=2003: 15) とのコンラッドらに対する批判は、しかし、観察システムとしてのケアの社会学に向けられた批判と言うよりも、そこで不可視化されている「ある種の道徳主義者」の影、別言すれば、コミュニケーションとしてのケアの社会学がコンスタティヴな次元と同時にはらまざるをえないパフォーマティヴな次元に向けられた、それ自体がある種の道徳的価値を前提とした批判であると言える。*[13]

翻って、ケアシステムの内部に社会学的ケアのプログラムが展開されうるとするならば、(第2節において触れた似田貝の問題提起にも見られる）こうした身振り、すなわち、観察システムとしてのケアの社会学において多くの場合に不可視化されざるをえないコミュニケーションのパフォーマティヴな次元をコンスタティヴな次元において指し示す身振りにはらまれるようなパフォーマティヴィティ（そうした描像はあくまで学的観察システムからのものであることに注意する必要があるが）こそ、そこに観察システムとしての社会学的ケアが立ち上がってくる空間であると言えるかもしれない。そこでなされるのは、他のコミュニケーション・システムが遂行する観察・記述において不可視化されている側面を「ケアする」という観察の作動である。

そうした作動が、何らかの場当たり的な道徳的価値を用いた批判以上の意義、あるいは首肯性をケアシステム内部において保持するために当面可能であるのは、社会学的ケアにおいて、社会学領域でこれまで形成されてきた一定の理論と方法とを、その観察遂行の資源として活用するという方針であろうと筆者には思われる。医療的ケアにおける「医療における社会学（sociology in medicine）」と呼ばれる領域、あるいは、より広範な「臨床社会学」と呼ばれる領域の一部にそうした試みのいくつかを見出すことができるかもしれない。無論、そこでの観察・記述がケアシステムの他領域（医療的ケアや心のケア、そして、社会的ケア）と、いかなる接続を実現しているのか（あるいは、していないのか）ということについては、ケアの社会学によって更に観察することが可能である。しかし、それが可能であるとして、そうした観察の連なりは、いつ、どこで生じるのであろうか。以下、次節では、本章の最後として、「いつ、どこで」という次元についてあらためて検討することを通して、そうした観察システム相互のうつし込みという事態について述べる。

## 4　いつ、どこで――コンテクストの相互更新に向けて

社会的実践のための研究として現在も広く知られる「アクション・リサーチ」の概念を一九四〇年代に提唱したクルト・レヴィンは、その著書のなかで、「集団相互関係の研究内容と少くとも同程度の重要性を持つのは、それを社会生活の内部の適切な場所に配置するということである。いつ、どこで、だれによって、社会研究が遂行されるべきであるか」(Lewin 1948=1954: 274) と述べている。また、「モード」という概念を提唱し、広範な科学研究活動における変化を論じたマイケル・ギボンズは、知識生産の伝統的モードとされる「モード1」と、新たに発生している社会に開かれた知識生産とされる「モード2」とを対比するなかで、「[…] モード1では特定のコミュニティで、主として学術的な関心が支配するコンテクストのなかで問題が設定され、解決される。対照的に、モード2の知識はアプリケーションのコンテクストのなかで問題が設定され解決される」(Gibbons 1994=1997: 23) と述べる。

本章における議論に則して、半世紀近くを隔てた両者の議論から共通して読み取られるべきことは、学的観察が当該システム外のコミュニケーションにおいて効果するための、「いつ」(=時間的文脈)、「どこで」(=空間的文脈)、「だれによって」(=社会的文脈)、「なんのために」(=目的的文脈) 等といった複数の次元のコンテクストの重要性に関する認識であろう。すなわち、社会学的ケアが何らかの社会学的観察により獲得された知見を活用しつつ、何らかのコミュニケーション (それはときに何らかの社会学的観察を含むであろうが) のケア的観察を遂行する上で、その観察という作動がいかなるコンテクストに位置づけられるべきか、という問いがそこには浮かび上がる。

しかしまた、本章におけるここまでの議論を踏まえるならば、こうした問いが一層の慎重さを要するものであることも理解される。たとえば、前節に見た医療社会学における「医療化」論について再考するなかで、進藤（2006）は、「医療化」論の焦点が（1）医療的関与が「ポリティカル」な営為であることの暴露、（2）「社会問題の個人化」の指摘、という二点にあったことを確認し、（1）についてては、医療がポリティカルなものであるかどうかという問題以上に、それが個人と社会にとってどのようなプラスとマイナスをもたらすのかのバランスシートではないか、と述べ、（2）については、「医療」＝「個人対象」という前提自体が再検証を要し、仮にその前提が有効な事例においても、それが「社会問題」であることの論証が求められる、と指摘する。[*14] 更に、（2）に関しては、「社会問題の個人化」の訴えに医療が真剣に対応する場合にもたらされるであろう「社会医学」的視点と対処の一層の拡大という帰結、（1）に関しては、「医療化」論それ自体も医療と同様に「ポリティカル」なものであるという批判を免れない、といった「医療化」論のはらむ自己矛盾が吟味される。そして、そうした検討を踏まえて進藤が示すのが、「〔…〕「医療化」論自体の相対性と文脈依存性を明確化することによって、現代的文脈における意義と可能性を見定める」（進藤 2006: 42）という研究方針である。

進藤の議論は、ケアの社会学と社会学的ケアにとって多くの示唆に富むが、そこに示された「文脈依存性を明確化する」との方針については、本章における前節までの議論を踏まえ、直ちに、「しかし、その文脈とはいかなる観察システムによって観察されたものか」と問うことが可能である。こうした〈テクスト／コンテクスト〉がはらむ困難について、ルーマンは、「なるほど、言い訳として《文脈》について語られはする。〔規定されているものだけでなく〕その文脈をこそ考慮しなければならない、というわけである。しかしこの要求はパラドキシカルなものに留まる。それを満たそうとすれば、《文脈 Kontext》をひとつの《テクスト Text》へと変換することになってしまうからである」(Luhmann 1997=2009: 25) と述べている。いったんコンテクストがテクスト化されてしまうならば、そこでテクスト化されたもののコンテクストについて、さらなる考慮を求められうることは、すでに本章において言及してきた諸議論の連なり自体が体現していよう。

しかし、そうした事態は、はたしていかなる意味で困難と見なされるのであろうか。ケアの社会学と社会学的ケアという二つの観察システムに定位しつつなされた本章での探索において示されたのは、「観察における観察者と観察対象の構成」、「コミュニケーションがはらむコンスタティヴな次元とパフォーマティヴな次元」、「テクストとコンテクスト」といった、それ自体パラドキシカルな形式を含み込みながら、「ケアの社会学のケア的観察」、「社会学的ケアの学的観察」といった相互のうつし込みがなされることによって、また、そこで二つの観察システム双方の作動のコンテクストが相互更新されることによって、各々のシステムにおける観察の作動が進展させられうるという描像であった。

無論、二つの異なる観察システムであるケアの社会学と社会学的ケアとが、その作動において直接的に接続されることはないし、一方が他方をコントロール下に置くことも不可能だろう。ただし、相互のシステムが互いを眼差すことによって、各々のシステムにおけるコンテクストの相互更新の機会を濃密化することは可能かもしれない。本章の記述によって予期されたのは、そうしたことである。

## 註

＊1　本章における観察をめぐる議論の枠組は、ルーマンの社会システム論に負う。ルーマンに拠れば、システム理論とは、「システムと環境の区別の理論」（Luhmann 1997=2009: 51）であり、本章における議論もまたそうであるように、そこで扱われるのは何らかの客体ではなく、何らかの形式である。

＊2　一九〇五年から一九三〇年までのシカゴ大学における社会学教育について詳細に検討している高山龍太郎（1998）は、当初ハルハウスとの結びつきが明示されていた学生便覧から、一九一二年には当該部分が削除され、また、それと並行して社会問題に対して積極的な発言をおこなっていた教員や、社会改革色の強い授業科目を担当していた教員らが様々な形でシカゴ大学を去っていった様子を描いている。

＊3　ファイン（2007）は、近年、ケアを公領域へともたらし、幅広い注目を集めるにいたった社会変化について、（1）看護、医療、ソーシャルワーク、社会政策など、職業的専門化の拡大、（2）戦後福祉国家の出現、（3）フェミニズムのインパクトによる女性の政治的・社会的権利の獲得、（4）家族のケア提供能力へのグローバリゼーションの影響、のおもに四点を指摘している。

＊4　当該論争の経緯については、戦後日本社会学の認識転換を問う立場から、近年、井腰圭介（2003）が詳論している。

＊5　似田貝におけるこうした区別は、後に似田貝（1977a, b）等において、問題をめぐる「運動者の主体性と研究主体の非主体性」という形に反転しつつ展開していく。

＊6　Chesler（1991）、Shaw（2000）等を参照。

＊7　笠原千絵（2006）、茨木尚子（2006）等を参照。

＊8　社会科学は「法則定立科学」ではなく「プログラム解明科学」であると主張する吉田民人は、一九九五年の日本社会学会大会の会長講演において、「もし、社会科学が対象とする領域に固有の「法則」が存在しないのだとすれば、近代科学一元論が拠って立つ「法則定立科学」なる社会科学の伝統的な性格規定は、まったく虚妄のものであったということになる」（吉田 1995: 509）と述べている。

＊9　こうしたセカンド・オーダーの観察（＝観察の観察）は、ケアの社会学と社会学的ケアの双方の内部においても、また、相互のあいだでも生じる。それはたとえば、「調査主体の自己反省」というすでに馴染み深い形式の延長上や、「当事者内部の多声性」の指摘といった形式の延長上に見出すことができるであろう。
＊10　ケアシステムにおけるセカンド・オーダーの観察の具体例については、本書第6章を参照。
＊11　医療化と同様、ケアシステムの一部分領域としての心理的ケアが、様々な社会現象をいかに当該システムのコードとプログラムを用いて観察し、ケアしているのかについては、「社会の心理学化」という概念のもとで、観察システムとしての社会学によって様々に観察・記述されている。
＊12　オントロジカル・ゲリマンダリング（存在論における恣意的な境界設定）は、スティーヴ・ウールガーとドロシー・ポーラッチが社会問題の構築主義的研究の説明に共通して見出される方法論的矛盾を指摘したものである（Woolger and Pawluch 1985=2000）。すなわち、そこでは、ある定義に関係する状態（たとえば、子どもを殴ること）の不変性に対し、その定義（たとえば、「児童虐待」）の可変性が強調されるのだが、このとき、特定の状態を恣意的に不変のものと位置づけることにより、構築主義が手放したはずの対象の客観的状態に関する判断を自らの議論の内に密輸していることが指摘される。この論争に関するシステム理論の視座からの筆者のスタンスについては、矢原（2006）を参照。
＊13　馬場靖雄（2001）は、ルーマンのコミュニケーション概念における〈情報／伝達〉の差異について、言語行為論における〈コンスタティヴ／パフォーマティヴ〉という二つの次元の区別を踏まえつつ考察するなかで、その差異が取り消し不可能であることを確認している。
＊14　おそらく同様の指摘が「心理学化」、「心理主義化」をめぐる議論に対しても可能であろう。無論、そこでも直ちに「それはいかなる観察者の視点からのバランスシートか」と問うことが可能である。

# V ナラティヴとリフレクティング

**会話者**　本邦では、前世紀から今世紀への変わり目頃、ナラティヴ・セラピーという新潮流のひとつとしてリフレクティングが紹介され始めました。そのため、いまも前者が後者を包含するイメージがあるかもしれませんが、両者の関係は多様でありえます。本パートの各章は、その多様な結び方のいくつかを示すものと言えるでしょう。

**研究者**　第8章では、ルーマンの社会システム論を足場に、リフレクティングが臨床実践としていかに画期的なものであるか、あらためて述べられています。それは、いわゆるナラティヴ・セラピストたちによって伝統的家族療法に対して示された問題提起に沿うばかりでなく、「会話についての会話」「観察の観察」を通して、既存のセラピーの枠を超えたラディカルな臨床社会学的実践の可能性をひらくものです。つづく第9章では、ナラティヴ・アプローチに見出される〈ドミナント／オルタナティヴ〉という区別がはらむ固有の隘路から理論的・実践的解放をもたらす身振りとしてリフレクティング・プロセスが提示されます。ここでもシステム論が観察の足場として用いられています。

**実践者**　たしかに、ルーマンの社会システム論は、理論的整理のための有効な足場を提供してくれます。一方、そこでは、臨床の場において「機会」を濃密にする可能性はあくまで示唆されるにとどまっていて、その具体像は明らかではありませんでした。社会哲学者ルーマンの立ち位置からすれば無理からぬことですが。そうしたなか、その可能性を体現する具体的身振りをアンデルセンのリフレクティングに見出したことで、筆者なりの臨床社会学が予見されるに至ったわけです。このような出会いの経緯は、リフレクティングをたんなる会話の技法としてではなく、広く臨床社会学的実践のパースペクティヴにおいて捉える現在の構えにつながっているでしょう。

**研究者**　一方、会話者としての筆者の声が主旋律をなすように見える第10章は、前の二つの章とは異なり、ナラティヴ・セラピーをリフレクティングにうつし込む試みがなされています。執筆時期の違いもありますが、筆者のなかでナラティヴとリフレクティングとの結び合わせ方は、一通りではないということですね。

**会話者**　システム論的な概念の整理は、一見クリアな見通しを与えてくれますが、実際の会話の場においては、あまりすっきりとした見通しよりも、会話と会話のあいだに適度な奥行きをもたらすことが大切な場合も多いでしょう。折り重なる会話の襞によって豊かな厚みが生まれ、更に、それらを編んでいくことで、次なる一歩を踏み出すための足場が得られることもあります。

**実践者**　実践としてのナラティヴ・アプローチとリフレクティング・プロセスは、その差異を鮮明にすることも、相互にうつし込み合うこともできるということでしょうか。

**会話者**　次の一歩を踏み出すために、互いを互いの足場とし、自身とより深く親しむために、他者に自身をうつし込むことができるという点では、たしかにそうかもしれません。そして、適度な差異や一定の距離なしにうつし込みが生じないことは、会話が生じるために相応しい「間」が必要であることと同様でしょう。

# 8章　会話についての会話というシステム

一九八五年三月、家族療法の現場で生まれたリフレクティングは、一見すると、「二つの部屋の灯りと音声を切り替える」というあまりにシンプルな試みである。しかし、この試みは、それ以前とそれ以降のセラピーに画期的な差異をもたらすものであった。更に、その試みは、他のナラティヴ・セラピーの諸潮流とも一線を画するような新たな臨床的コミュニケーションの可能性、そこに新たな臨床社会学的実践の可能性を見出しうるような差異をもはらんでいた。本章では、そうしたリフレクティング・プロセスの理論的含意について、おもにニクラス・ルーマンによるコミュニケーション・システムとしての社会システム論の視座から観察を試みよう。

## 1　社会システム論によるリフレクティング・プロセスの観察

### 1-1　ルーマンのセラピー観

ドイツの社会学者であるルーマンが、ノルウェーで誕生したセラピーの方法であるリフレクティング・プロセスを認識していたか否か定かではない。少なくともリフレクティング・プロセスについてルーマンが直接に言及した論文等の存在を、筆者は寡聞にして知らない。しかし、セラピー一般に対するルーマンの見方は、以下の文献において知ることができる。ひとつは、フリッツ・ジーモン編『生きているシステム』（Lebenede Systeme）に収められた、ルーマンがハインツ・フォン・フェルスターやフランシスコ・ヴァレラらとともに、システミック・セラピーをめぐるシンポジウムに参加した折の議論、[*1]もうひとつは、『社会学的啓蒙　第5巻』（Soziologische Aufklärung 5）における家族をめぐるいくつかの議論である。

『生きているシステム』において論じられているシステミック・セラピーとは、サイバネティクスや一般システム論等の影響を受けて発展した家族療法の一種である。もともと個人の内部に焦点をあてる傾向が強かった従来の心理療法に対して、家族を対象とした臨床活動の試みがアメリカで散発的に始まったのは一九五〇年代のことだ。一九六〇年代になると、家族療法のマスターセラピストと呼ばれる臨床家たちがそれぞれの拠点で臨床・研究活動を始める。その後、家族療法では、一般的なシステム論の知見の影響を受け、家族全体をひとつのシステムとみなし、そこで生じる複雑な相互作用（原因が結果を規定する直線的因果律に対して、原因と結果が相互に影響し合う円環的因果律）に着目することで問題の症状を捉え、治療的介入を行うシステミックなアプローチを発展させていく。編者のジーモンによれば、本書では、一九七〇年代にミラノで発展したミラノ派による家族療法がシステミック・セラピーのモデルとみなされている（Simon ed. 1997: 11）。[*2] 多岐にわたる家族療法の歴史の詳細については、本章での議論の範囲をこえるが、家族療法の登場を振り返って、ドゥ・シェイザーが、「三〇年たった現在では、個人から家族への移行、「病気」を個人から家族へ再配置すること、すなわち「プシケからシステムへ」の移行が、どのくらいラディカルで革命的であったかを理解するのは難しいだろう」（De Shazer 1991=1994: 30）と述べているように、そこでは、個人の「心」から家族システムの相互作用へと、たしかに革命的な対象の転換がなされたと言えよう。

　しかし、シンポジウムの場で示されたルーマンによる見解は、そうした「システム論的」な家族療法の枠組を大きく超え出るものであった。ここでは、以降の議論のための道具立てとして、おもに二つの点について紹介しておく。第一に、ルーマンは、「コミュニケーションだけがコミュニケートしうる」こと、すなわち、コミュニケーションにもとづく社会システムと、意識にもとづく心的システムとが、それぞれに固有の作動を有する「閉じた」システムであることを明言し、更に、互いのシステムが相手にとって不透明であり、コントロールできないことを考慮せねばならないと述べる（Simon ed. 1997: 28-29）。無論、心的システムと社会システムとは高度に相互依存しているのであるが、ある言葉を口に出した瞬間にその言葉と自分の思いとの落差を感じたり、誤解の重なりがコミュニケーションを継続的に産出したりするように、両者はあくまで次元の異なる作動である。

　第二に、「区別とその一方の側の指し示しによる観察」についての議論。そこでルーマンは、観察者の位置がなんら「真実への特権」に結びつくようなものではないことを強調する。すなわち、一定の図式を用いてなされる観察（たとえば、〈顕在／潜在〉という区別を用いたセラピストによる人々の観察の観察）によって、他の観察者がなにを観察でき、なにを観察できていないのかについて観察可能となるが、それと同時に、そうした観察もまたその図式固有の「盲点」を持つことになるのである（Simon ed. 1997: 75-76）。

以上の二点は、ルーマンのシステム論に触れたことのある者ならば、比較的馴染み深い議論だろう。しかし、個人ではなく家族システムを対象とするとはいえ、「専門家」として対象の「症状」を「診断」し、そこになんらかの「介入」をおこなうことにより「治療」を施すことを仕事とするセラピストたちにとって、ルーマンの議論は、（もしその主張が額面通りに受けとめられたとするならば）ずいぶん衝撃的なものであったろうと想像される。

別のところで、ルーマンは、セラピストら専門化された病理の観察がはらむ二重性について、更に詳しく次のように指摘している。

一方では、そこで観察される観察者（筆者註：クライアント側）は、判断能力がないとみなされねばならず、そのようにしてこそ病理的なものの認識の質がセカンド・オーダーの観察（筆者註：セラピストによる診断）に集中させられる。ところが、他方では、その診断にはオートロジカルな自己言及の不可避性が含まれることになる。つまり、〈健康／病気〉を区別する専門家は、彼が利用する基準が自身にも向けられるかどうか自問せねばならない。そして、その基準において病理のうちに問題を確認し、彼がその解決に協力しようとするなら、彼は問題の一部あるいは問題解決の一部となり、いずれにせよ彼の観察が導く形式へと入り込むことになる。（Luhmann [1990a] 2005: 216）

すなわち、セラピーの場では、観察される観察者としてのクライアント（家族）と、観察する観察者としてのセラピストという非対称な関係が保持されており、つねに前者の観察のありように対して後者の観察枠組から一方向的に診断がなされ、なんらかの介入がおこなわれるのだが、実際には、セラピストが用いている観察枠組自体もまた、更なる観察によって観察されることを免れうるものではない。そこでは、そうした診断を用いる専門家が、あるいは、そうした診断基準や診断方法自体が病んでいないか、と問うことが可能になる。「なにが「病理的」であるかを知ろうとするならば、この説明を用いて、あの説明を用いないところの観察者を観察せねばならない」（Luhmann [1990a]2005: 216）と、ルーマンは言う。

### 1-2　ナラティヴ・セラピーによる問題提起と観察者の観察

こうしたルーマンによるセラピーに関する指摘は、いくつかの点において、その後、ナラティヴ・セラピーに関わるセラピストたちから伝統的な家族療法に対してなされた問題提起とも重なる。たとえば、リン・ホフマンは、社会構成主義の立場から伝統的な家族療法を批判的に振りかえるなかで、次のように述べる。

そもそもの発端から、家族療法はワンウェイ・ミラーをその中心に据えてきた。専門家は観察する人であり、家族は観察される人だった。最も初期の家族療法家たちは、公然と行うか暗黙に行うかは別としても、治療者による支配という考え方を支持しているように見えた。クライエントにしてほしいことを直接させることや、陰に隠れなにくわぬ顔でしてほしいことをさせることが、私自身まったく好きでないということに気づかなかった。(McNamee and Gergen 1992=1997: 39)

ホフマンがそうしたセラピスト－クライアント間の階層性に疑問や居心地の悪さを感じつつも、従来のやり方を脱せずにいるなかで出会ったのが、トム・アンデルセンのリフレクティング・プロセスであった。

治療チームが家族について話しているのを家族に聞いてもらい、その後で、家族にコメントをしてもらうという方法は、突然、すべてのことを変えてしまった。専門家はもはや「病理的」家族を隠れて観察したり、オフィスのなかで秘密の話をする権利を守られた立場ではなくなった。専門家は正確な評価のできる優越した地位にあるという通常の社会科学のもつ前提は崩壊した。少なくとも私にとって、治療の世界は一晩のうちにすっかり変わってしまったのである。(McNamee and Gergen 1992=1997: 42)

すなわち、リフレクティング・プロセスは、従来の「観察する観察者＝セラピスト（専門家チーム）」／「観察される観察者＝クライアント（家族）」という一方向的な階層構造に対して、「観察する観察者」としてのクライアント（家族）や「観察される観察者」としてのセラピスト（専門家チーム）という新たな方向での観察の可能性をセラピーの場に切り拓いたのである。アンデルセン自身、「一九八五年三月に感じた安堵感は、おもにセラピーにおけるヒエラルキー的な関係を離れ、ヘテラルキー的な関係へと移行したことによるものであったろう」(Andersen 1995: 18) と、自分たちの最初の試みを振りかえっている。後で述べるように、この変化の意味は、上記のホフマンはもちろん、おそらくアンデルセン自身をも含むセラピストたちが認識していた以上にラディカルなものであった。

### 1-3 システムの閉鎖性と機会の涵養

無論、一部のセラピストが感じていた階層構造の「居心地の悪さ」が解消されることばかりがその効果であるならば、そこでもまたある意味でクライアントは無視されてしまっていることになるだろう。リフレクティング・プロセスにおける「会話についての会話」の有効性は、けっして専門家の自己反省に対する慰めの類にとどまるものではない。以下では、その有効性について、先にルーマンの議論として紹介した一点目、「システムの閉鎖性」との関わりにおいて論じよう。

先に触れたように、ルーマンは、コミュニケーションにもとづく社会システムと意識にもとづく心的システムとが高度に相互依存しつつも、互いに完全に自律的なシステムであると論じる。そこでは、それぞれのシステムの作動上の閉鎖性こそが、あらゆるものについての意識可能性やコミュニケーション可能性を実現することになる。実際、一定の相互行為の水準に限定したとしても、そこでコミュニケートされていることの逐一を意識することは意識の許容量をはるかに超えるし、逆に、意識に浮かぶ内容の逐一をコミュニケートすることは、可能なコミュニケーションの許容量を超えるであろうことが容易に推察される。更に、たとえば「誠実さ」をコミュニケートしようとすることが、「誠実さ」への懐疑を呼び起こすがゆえに、それについてコミュニケートすることが困難になるといった状況 (Simon ed. 1997: 76-77) も考えられよう。それゆえ、なんらかの言葉[*3]が、意識とコミュニケーションを瞬間的に結びつけたとしても、次の瞬間にはその結びつきはほどけてしまうし、そうであればこそ、社会システムはコミュニケーションを続けられ、心的システムは意識を続けることが可能となると言える。

こうしたシステム論の視座から眺めるならば、従来想定されてきたセラピストによる実践がきわめて困難なものであることが理解されよう。症状の診断にもとづく介入といった従来の専門家によるアプローチは、その固定した構えによってクライアントとすれ違ってしまう可能性をつねにはらまざるをえない。ただし、ルーマンは、そうした困難さを指摘しつつも、ありうる介入の技術について次のように述べている。

意識プロセスや、まして意識の構造発展をコミュニケーションによりプランニングすることは、こうした状況から難しいと思われる。しかしながら、純粋な偶然が支配するというわけではない。介入の技術は、絶好の機会（Gelegenheit）を利用することにあるだろう。そしてまた、ことによると機会を計画的に濃密にするようなチャンスがあるかもしれない。（Simon ed. 1997: 77）

すなわち、その一瞬一瞬において、意識とコミュニケーションがときに交錯し、ときに離れていくような状況のなかで、セラピストに求められるのは、なんらかのプランを保持してそれを実行するような技術ではなく、一瞬にして消えてしまうような絶好の機会を待つ技術（はたして、それを従来の意味で「技術」と呼ぶことが適切か否かは、ここではひとまず措くとして）であるというわけである。セラピストたちに対し、ルーマンは、「いかにしてセラピーの実践を自ずと機会に満ちたものとして展開できるのだろうか」（Simon ed. 1997: 180）と問いかける。

以上に見てきたルーマンによる議論をふまえて考えるならば、リフレクティング・プロセスが提示した新たなセラピーのプロセスには、その仕組みにおいて、社会システムと心的システムの相互の自律性を前提としたセラピーの場面における「機会の涵養」という画期的な工夫が内蔵されていると言える。すなわち、そこでは、二つのコミュニケーション・システムが明確に分断されることにより、クライアント側は、リフレクティング・チームにおいてセラピストたちから示される多様なアイデアのどの断片についてでも自由に考えたり、あるいは、考えなかったりすることが可能となる。そして、次のターン（自分たちが会話を行うターン）においては、そこで新たにどのような会話を展開していくのかはまったく自由であり、それについてセラピスト側が目論むプランに拘束されてしまう必要はない。

アンデルセンは、人々が声に出して言葉を交わす「外的会話」（我々が通常、会話と呼ぶのは、こちらのみだろう）と、人が自分の内面であれこれと思いを巡らせることを指す「内的会話」という表現を用いて、リフレクティングがこれら二種の会話に関わる実践であることを次のように語っている。

しばらく後、別の表現が思い浮かんできた。すなわち、リフレクティング・チームのプロセスは、語ることと聞くことの転換を含意する。他者（たち）に語ることは、「外的会話」と表現でき、また、他者による会話を聞いているあいだ、私たちは「内的会話」において自分自身と語るのである。もし、私たちが特定の話題を外的会話から内的会話へ、そしてまた外的会話へ等と移行させるなら、その話題は様々な内的および外的会話のパースペクティヴを通過したと言えるだろう。（Andersen

1995: 18)

ここでアンデルセンが言う内的会話と外的会話を、ルーマンにおける意識にもとづく心的システムとコミュニケーションにもとづく社会システムに重ねて理解することは、十分に可能だろう。[*4] リフレクティング・チームによる会話を聞いている時間は、クライアント側にとって「聞き手」の役割を果たすというよりも、意識の次元において自由になんらかの機会を見出すことができるような時間なのである。ここにおいて、ワンウェイ・ミラーは、そうした意識の作動をより自由なものにするのに寄与する道具となる。

こうしたプランから機会への変化は、セラピーにおけるセラピストの責任の意味をも変化させることになる。あるインタビューでセラピストとしての自身の責任について問われたアンデルセンは、次のように答えている。

変化の発生に寄与することについての責任があることは自覚しています。しかし、それがどのような種類の変化か、それがいかに、そして、いつ生じるのかは、私の責任ではありません。私は、セラピストが結果を導くべき倫理的責任を有するとは思いません。しかし、他の倫理的責任、たとえば、人々を傷つけないといった責任はあると思います。どうやって私がセッションの進行を判断するのでしょう。私は、私のコメントや質問がクライアントにとって刺激となるのに十分なほど変わったものでないか、逆に変わりすぎたものでないかを教えてくれるクライアントのサインを見聞きするため、瞬間ごとに会話に寄り添うよう試みます。クライアントは多くのサインを与えてくれるので、私の仕事は、それらのサインを見聞きできるように感覚を研ぎ澄ませることです。(Andersen 1993: 320)

一見、控えめなアンデルセンのこの発言は、臨床実践における専門家の責任をめぐるひとつのパラダイム転換を示唆するものである。すなわち、専門知にもとづき正しい診断や介入を行う者としてのセラピストの責任(それは、そうした能力を有する個としての専門家に課されるものである)から、人々を傷つけないように配慮しつつ、その瞬間の会話に寄り添っていく者としてのセラピストの責任(それは、'responsible' であること。すなわち、他者との関わりのうちにあって、繰り返し見出され続ける応答可能性である)へと。

以上、ルーマンのシステム論を用いたリフレクティング・プロセスの観察から明らかとなったその特質は、大きく二つ。ひとつは、リフレクティング・プロセスが有するヘテラルキカルな構造が、従来、観察される観察者としての位置づけしか有しえなかったクライアントの側に、観察する観察者としての可能性を切り拓いたこと。もうひとつは、特定のプランを持たないリフレクティングの積み重ねにより、参加者における自由な内的会話と外的会話の往還を通して、なんらかの変化の機会を涵養する可能性が大きく開かれたことである。これら二点は、従来のセラピーのあり方を大きく転換する可能性と同時に、セラピーの枠を越えたリフレクティング・プロセスの応用可能性を示唆してもいる。

## 2　システム論的臨床社会学におけるリフレクティング・プロセスの応用可能性

### 2-1　リフレクティング・プロセスの汎用性

前節において確認されたリフレクティング・プロセスの二つの特質は、従来の専門家の特権性に対して批判的感受性を示す社会構成主義的なセラピーの諸潮流（いわゆるナラティヴ・セラピー）と親和的であるように見える。アンデルセン自身、各論文においてグーリシャン、アンダーソン、ガーゲンといった論者について肯定的な言及をおこなっているし、逆に、ホワイトは、自身の実践にリフレクティング・トークの導入を試みており（White 1995=2000）、また、アンダーソンもリフレクティングに示唆を受けたワークなどをおこなっている（Anderson 2007）。

そうした意味で、たしかにリフレクティング・プロセスの仕組みは、セラピーにおいても有効と言えるだろう。しかし、リフレクティング・プロセスは、前節において確認されたその特質上、セラピストによる状況定義を超えた展開可能性を構造的にはらんでおり、その点において、やはり他のナラティヴ・セラピーの諸潮流とは、明確に一線を画すものと言える。それは、たとえばリフレクティング・プロセスにおけるヘテラルキー的関係と一見したところ似たもののように見えるグーリシャンとアンダーソンの「無知の姿勢」が、「「無知」の姿勢で質問するという専門性」（McNamee and Gergen 1992=1997: 64）、すなわち、あくまでセラピストの側によって状況付けられたセラピーの範囲にとどまることと対照的である。[*5]

アンデルセン自身、後年、リフレクティング・プロセスがセラピーの文脈を超えて応用可能であることを指摘しており、スーパーヴィジョン、スタッフ・ミーティング、経営者会議、質的研究におけるデータ分析といった具体的な場面での応用可能性についても提示している（Andersen 1995: 19）。このことは、リフレクティングがセラピーの場面に限定されない、更に言えば、セラピストの存在を必要としない、いわば汎用的なコミュニケーション・システムのデバイスであることを意味しているだろう（無論、そこでは状況に合わせた工夫とともに、瞬間瞬間に現れるなんらかの「機会」を示す「サイン」への感受性が不可欠であろうが）。

## 2-2 システム論的臨床社会学におけるその意義と可能性

筆者はこれまで、社会問題の構築主義や社会構成主義・物語論等を批判的に吟味すると同時に、安直な社会学的介入を標榜する臨床社会学*6とは一線を画するシステム論的臨床社会学の可能性について模索してきた（矢原 1999、2003）。本章の最後に、そうしたリフレクティング・プロセスの臨床社会学的応用の意義と可能性について、いくつかの展望を述べておこう。

国内におけるナラティヴ・セラピーの紹介者として知られる野口は、ナラティヴ・セラピーの諸潮流から得られた知見をもとに、これまで臨床社会学におけるナラティヴ・アプローチを独自に構想してきた。その野口が、セルフヘルプ・グループやフェミニスト・セラピーといった既存の実践を検討することを通して導出しているナラティヴ・アプローチのキー概念のひとつが、「語りの共同体」であると同時に「物語の共同体」でもあると言われる「ナラティヴ・コミュニティ」（野口 2002: 180）である。「語りの共同体」とは、それが新たな語りを生み出す共同体であると同時に、語りによって維持される共同体であることを意味し、「物語の共同体」とは、参加者それぞれの語りに共同性を与える共通の「物語」と、グループの来歴と存在意義を明らかにしてくれる「物語」がそこに存在することを意味している。

野口自身も指摘しているように、そうしたコミュニティには、「そこに安住したり、あるいは、ひとつの物語だけがコミュニティのなかで特権的な位置を占めるようになれば、それはまさしく新たなドミナント・ストーリーにすぎなくなる」（野口 2005: 184）という隘路が存在している。*7 ドミナント・ストーリーとは、多様でありうるはずの人々の現実構成において、特権的な位置を占める支配的物語を指す。そうした主流の物語からの解放こそが、ナラティヴ・セラピーの主たる働きとみなされてきたことを踏まえるなら、それが「新たなドミナント・ストーリー」に逢着してしまうことは、その根幹に関わる隘路と言えるだろう。そして、こうした危険性を回避する仕掛けとして野口が挙げるのが、「「ドミナント・ストーリーへの抵抗」を「自分の経験に即して語る」ということ」（野口 2005: 184）である。

しかし、次章でも詳しく触れるように、そもそもそうした「ドミナント・ストーリーへの抵抗」の物語自体が、多くの場合、容易に定型化されがちであり、*8 そのようなコミュニティにおいては、「自分の経験」というものもまた、せいぜい「ドミナント・ストーリーへの抵抗の物語」という別種のドミナント・ストーリーをなぞるような語りとして語られてしまう恐れがある。したがって、野口が期待するように、ナラティヴ・コミュニティが、「単にひとつの物語を共有し再生産するのではなくそれを新たに展開させていく場であり、「新しい語り」、「いまだ語られなかった物語」を生み出すための場としてとらえられる」（野口 2005: 184-185）ためには、なおそうした展開を可能にする場の仕組みが必要である。

本章におけるここまでの議論から推察されるように、様々なナラティヴ・コミュニティにおいて、各々の仕組みや状況に応じ、適切なかたちでリフレクティング・プロセスを組み込むことは、そのための有効な方法のひとつと言えるだろう。リフレクティング・プロセスは、その活用によってヘテラルキカルな場の構成と、多様な変化の機会を涵養することを可能にするものであるゆえに。

更に付け加えるならば、そこにはシステム論的臨床社会学の研究実践に期待される「普遍主義的性能」も見出すことができる。端的に言えば、それはリフレクティング・プロセスの応用範囲のうちに、そこでなされているリフレクティング・プロセス実践をまなざしうるような更なるリフレクティングが含まれているということだ。そこでなされる「会話についての会話」は、より広範な「コミュニケーションについてのコミュニケーション」へと展開していくことになるだろう。それぞれの場で生じるリフレクティング・プロセスが、はたしてどのような水準でどのように有効か、また、その観察として有効な臨床社会学的記述とはいかなるものか、いずれその吟味もまた、次なるコミュニケーションに委ねられている。

**註**

＊1　一九八六年春にハイデルベルクで開催された国際的なシステミック・セラピーの会合で、システム論とシステミック・セラピーとの関係を明らかにするために催されたシンポジウムにおけるもの。

＊2　同じくシステム論的セラピーの流れの一つを代表するＭＲＩ（Mental Research Institute）グループの理論的概要については、ワツラウィックらによる『変化の原理』（1974=1992）を参照。また、更に広範な家族療法の理論と実

践については、ホフマンの『家族療法の基礎理論』(1981=2006) を参照。

＊3　ルーマンは、心的システムと社会システムとの構造的カップリングのメカニズムを言語であると明言した上で、次のように述べる。「言語とは、明確に立てられた一つの理論問題への回答です。言語は明らかにある二面性をもっています。言語は心的にも、またコミュニケーション的にも利用可能です。そして、言語は両方の作動方法——すなわち注意の使用とコミュニケーションの使用——を分離したり、分離を留めたりすることを妨げません」(Luhmann 2002=2007: 342)。

＊4　別のところで、アンデルセンは、「これら二種類の会話は、同じ話題を異なった仕方で扱うように見える。外的会話で生じたことは、内的会話にとってのパースペクティヴとなり、逆もまたそうだろう」(Andersen 1996: 120) とも述べている。

＊5　この点で、アンデルセンによるリフレクティング・プロセスを、グーリシャンとアンダーソンの「無知の姿勢」と同様の「逆立ちした専門性」であるとする野口の整理 (野口 2002: 146-147) と筆者の見解は異なる。

＊6　二〇〇〇年前後に日本の社会学分野でにわかに盛り上がりを見せた「臨床社会学」を冠する諸議論について、筆者はかつて二つの危うさを指摘した (矢原 2003)。第一には、医療や福祉、教育等といった臨床の現場で役に立つ「なにかのための社会学」という一見、一般的にも受け入れられやすいあり方が、「なんのための社会学」という、より根元的な社会学的問題を自他に対して隠蔽してしまう怖れがあること。第二には、「なにかのための社会学」を唱える臨床社会学の動きが、ときとして資格化をはじめとする一部の「社会学のためのなにか」を構築するための動きへと容易に転倒する怖れがあること。以上の二点は、筆者が取り組むリフレクティングの臨床社会学においても、つねに留意すべき隘路だろう。

＊7　物語論が必然的にはらむこうした隘路について、筆者はかつて「脱構築以前の隘路」(矢原 1999) として論じた。本書第9章も参照。

＊8　一例として、ホルスタインとグブリアムが例示するあるサポート・グループにおける物語のリソースとしての「理想的な介護者」をめぐる議論を参照 (Holstein and Gubrium 1995=2004: 180-183)。

# 9章　ナラティヴのオルタナティヴとしてのリフレクティング

故（夫）れ分かつとは分かたざる有り、弁ずるとは弁ぜざる有り。曰わく、何ぞや。聖人はこれを懐にし、衆人はこれを弁じて以て相い示す。故に曰く、弁ずるとは見ざる有りと。

（荘子）

ナラティヴ・アプローチは、今日、幅広い学問領域に見られる「ナラティヴ」という形式を手がかりとした現実への接近方法全般を指す。すなわち、それは「ナラティヴ・セラピー」と呼ばれる社会構成主義の示唆を受けた各種の臨床実践ばかりでなく、「語り」（そこには「語られたもの」と「語ること」の双方が含意される）と呼ばれる広義のことばを用いた意味創出の観察、研究を行う「ナラティヴ分析」なども含む広汎な概念である。本章では、そうしたナラティヴ・アプローチのオルタナティヴとしてリフレクティング・プロセスの可能性を吟味するために、システム理論の視座からナラティヴ・アプローチの「観察の観察」を遂行する。企図するのは、このアプローチがはらむ固有の隘路から、それ自身を解放するためのひとつの身振りを示すことである。

## 1　ナラティヴ・アプローチの観察

近年、幅広い学問分野で質的研究への関心が高まっている。質的研究とは、対象を測定して数量的なデータを収集し、それを統計的に分析することで結果を得る量的研究に対し、量的には測定困難な、あるいは、量的なものに還元しがたい「質」を捉えることを目指す研究である、とひとまず述べることができるだろう。無論、そうした質的なものを扱う学的営為自体は、決して近年に始まったものではなく、それぞれの学問領域において固有の長い歴史を有するものである。

一方、とりわけ一九九〇年代以降の質的研究の潮流に含まれる「ナラティヴ」と称する新たな動きは、そこでの関心がたんに量的なものに対する質的なものに留まらないことを含意している。端的に言えば、そこでは「語られたもの」すなわち、テクスト自体をなんらかの外的現実の指標として扱うばかりでなく、「語ること」すなわち、その振る舞いや相互行為における応答にも、さらには、「語られたもの」と「語ること」との相互生成にも焦点が置かれることになる。幅広い学問分野に見出されるこうした新たな動向は、それらを総括して「ナラティヴ・ターン」と呼ばれている。

心理学者のやまだようこは、多様なルーツを有し、広範な学問領域にわたるナラティヴ・ターンについて、その歴史的展開を概観するなかで、そこに見られる物語の定義として、（1）時間的シークエンスを重視する定義、（2）構造（始まり―中間―終わりなど）を重視する定義、（3）生成的機能を重視する定義、の三つを析出しつつ、（1）および（2）については、「それは西欧語の言語体系の特徴と連動しており、物語の編み方のひとつにすぎないと思われる」として、やまだ自身による（3）の定義、すなわち、「2つ以上の事象をむすびつけて筋立てる行為」という定義を本質的に重要なものと位置づけている（やまだ 2006）。二つ以上の事象を「むすぶ」ことによる生成的な働きに焦点を置いたこの定義は、「おはなし＝ストーリーとは、関連 *relevance* という名で呼ばれるつながりの糸が集まってできたものだと言える」というグレゴリー・ベイトソンの定義にも重なる、おそらく最も基本的な物語概念の定義のひとつと言えるだろう（Bateson 1979=2001）。

複数の事象をむすび、つなぐものとしての物語という定義は、しかし、それがあまりに基本的であるがゆえに、あらゆる因果的説明や科学理論もまた、その一ヴァージョンとしてそこに含み込まれることとなる。[*1] では、あらゆる論述が物語であるとして、そこであえてナラティヴ・ターンと言い、ナラティヴ・アプローチと称することから得られる認識利得とはどのようなものだろうか。続く説明で、やまだは、「物語アプローチでは、多様な語り、多様なイメージ、多様な物語の同時共存を許容している」（やまだ 2006: 441）と述べ、そこから導かれる、「世界についての新たな別の見方を生み出す生成性と、それによって未来のものの見方や人生を変革していく実践性」をナラティヴ・アプローチの大きな強みであるとしている。

おそらく、ナラティヴ・アプローチと呼ばれる多様な議論のほとんどは、以上のような説明になんらかの形で重なり合うものだろう。ここで、以下の議論の手がかりとするために、上記のやまだによる説明のエッセンスについていくらか分析を試みよう。まず、ナラティヴ・アプローチの強みとして述べられた「生成性」と「実践性」であるが、この二つは相互に密接に関連しつつも、前者は、世界についての多様な見方が生み出されるような「語り」に焦点をおく「研究方法としてのナラティヴ・アプローチ」において、後者は、新たな世界の見方、「語り方」を通した現実の変革に焦点をおく「臨床実践としてのナラティヴ・アプローチ」において、その中心的な意義として見出される特性と言えるだろう。

また、やまだによる説明において、「世界についての新たな別の見方」、「未来のものの見方」と繰り返し用いられている「見方」という表現からは、ナラティヴ・アプローチがナラティヴを手がかりにして何者かによる世界の「観察」のあり方に注目する方法であることが見てとれる。この点について、野口裕二は、更に明確に「現実は言語的共同作業によって構成されると同時に、ナラティヴという形式によって影響される」（野口 2005: 9）という社会構成主義とナラティヴ・アプローチを統合する立場に立つことを宣言している。本書においてすでに見てきたように、社会構成主義とは、現実を人々の言語的かつ社会的な営みによって構成されたものとみなす立場であり、それに依拠した研究や実践においては、人々によるなんらかの事象についての「観察」のあり方に焦点が置かれることになる。

さて、ここまでの議論においてすでに用いられている「観察」の概念が、前章までに幾度か言及してきたルーマンの社会システム論に拠るものであることは言うまでもない。それは「区別と指し示しの操作」（Luhmann 1990b: 73）と形式的に定義されるものであった。以下の議論では、ここまでに見たナラティヴ・アプローチの基本概念と社会システム論における「区別と指し示しの操作」としての観察概念を踏まえ、具体的なナラティヴ・アプローチの現れについていくつかの類型を見出すことを試みよう。ここでは、その整理のために、先に紹介したやまだの記述から導かれる二種の区別を用いる。

ひとつは、ナラティヴ・アプローチの強みとして述べられた「生成性」と「実践性」から導かれる〈学的観察／臨床的実践〉という区別。もうひとつは、ナラティヴを通して様々な「見方」に注目するナラティヴ・アプローチの方法から導かれる〈観察される観察者の観察／観察者する観察者の観察〉という区別である。

ひとつめの区別については、特に説明を要しないだろう。それはナラティヴ・アプローチにもとづく個々の試みがおもになにを目的としているかに着目した区別で、一方には、アカデミックな領域における社会構成主義的パースペクティヴにもとづく質的な調査研究や物語論に関する理論研究の試みがあり、他方には、ナラティヴ・アプローチをなんらかの実践的なプロジェクト（セラピーやソーシャルワーク、医療など）に応用する試みがある。

もうひとつの区別は一見複雑だが、おもにいかなる方法がそこで用いられているかに着目したものである。ナラティヴ・アプローチがなんらかの物語や語りに注目するというとき、そこで観察されているのは、何者かによるなんらかのものの見方（＝観察）であった。当然のことながら、このときそこには何者かによってなされている観察と、その観察をまなざす別の観察（＝観察の観察）とが存在している。すなわち、一方には、第一義的に観察される者であるような観察者（ナラティヴ・セラピーにおけるクライアントや、社会問題の構築主義的研究におけるクレイム申し立て人など）がなす観察があり、他方には、第一義的に観察する者であるような観察者（ナラティヴ・セラピーをおこなうセラピストや、ナラティヴ分析を用いて経験的研究を行う研究者など）がなす観察がある。そして、そのいずれもが一定の見方、語り方としてナラティヴ・アプローチの対象となりうる。

以上の二種の区別を交差させることにより、ナラティヴ・アプローチの多様な現れを整理するための四象限図式が得られる。これまでの各区別の説明から推察されるであろうように、たとえば、第一象限には、ナラティヴ・セラピーにおけるクライアントの語りに着目した臨床実践などを、第二象限には、経験科学的研究手法として調査対象者のなす語りに着目した質的研究などを、第三象限には、研究者自身による当該研究へのラディカルなリフレクシヴィティをめぐる記述などを、第四象限には、セラピーやソーシャルワークの実践を行う側の前提を自ら問い直すような試みなどを読み込むことが可能だろう。

| | 学的観察 | 臨床的実践 |
|---|---|---|
| 観察される観察者の観察 | Ⅱ | Ⅰ |
| 観察する観察者の観察 | Ⅲ | Ⅳ |

**図 13**　ナラティヴ・アプローチの四象限

無論、いずれの実践や研究も、それぞれの広がりを持ち、それをまなざす視点次第で多面性を有するものである以上、いずれかの象限に収まりきるようなものではない。ゆえに、この図式はあくまで理念型として捉えられるべきである。しかし、そうであるからこそ、こうした整理を手がかりとしてナラティヴ・アプローチの現在をめぐるいくつかの物語を導き、それをつなげつつ、新たな物語をのぞむこともできる。次節では、ナラティヴ・アプローチの隘路を指摘する諸議論が、ナラティヴ・アプローチのどのような側面を指し示すものであるのか、また、そうした身振りがどのような場所に降り立つものか見ていこう。

## 2　ナラティヴ・アプローチの隘路

ナラティヴ・アプローチと呼ばれる研究や実践が国内でも徐々にその存在感を増すなかで、ナラティヴ・アプローチに対する批判もまた、ときに断片的に、ときに網羅的になされ始めている。学的観察の領域でいくらか視野を広げてみるならば、歴史学の領域における「歴史修正主義論争」や、第7章で言及した社会問題の構築主義における「オントロジカル・ゲリマンダリング問題」などについても、そのナラティヴ・アプローチとの関わりが論じられて良いだろうが、以下では、とりわけ臨床的実践の領域におけるナラティヴ・アプローチに対して指摘されている隘路について見ていく。無論、臨床的実践の領域に限っても、それについてなされている隘路の指摘は多様であるが、そこにある種の共通性を見出すこともできる。先取りして言えば、それは〈ドミナント／オルタナティヴ〉という差異の共通性である。

まず、隘路のひとつめの類型を「オルタナティヴのドミナント化をめぐる隘路」と名付けよう。それは、ケネス・ガーゲンが、「「再著述」や「語り直し」は（それは第一次的治療アプローチだが）、機能不全を生じている支配的な語りを、より機能的な語りへと取り替えるようにみえる。しかし、同時にこの結果は視野の硬直化の種をもたらす」（Gergen 1994: 250）と指摘し、野口が、「自分がやっとの思いで手に入れた「オルタナティヴ・ストーリー」が新たな抑圧の道具に転化する可能性」（野口 2005: 184）と述べているものである。周知のように、マイケル・ホワイトやデイヴィッド・エプストンらの狭義のナラティヴ・セラピーにおいては、支配的なドミナント・ストーリーを「新たな物語」であるオルタナティヴ・ストーリーへと再構成し、語り直すことが臨床的実践の具体的方法として行われるのだが、オルタナティヴ・ストーリーもやはりストーリーに過ぎない以上、それに拘束されてしまうならば、それがドミナントなものとなるのではないか、という指摘である。

前章でも触れたこうした指摘は、臨床的実践の領域において「観察される観察者」の側に生じる「視野の硬直化」や「抑圧」に照準したものであることから、先に示した四象限図式を用いるならば、Iの象限内部における〈ドミナント・ストーリー／オルタナティヴ・ストーリー〉という区別に依拠した観察と言える。そこでは、当該区別自体は維持されつつ、オルタナティヴとされたストーリーがドミナントの側に転化する危険性が、ナラティヴ・アプローチの隘路として指摘されている。すなわち、オルタナティヴもまたドミナント化するのではないか、ということだ。

つぎに、臨床的実践の領域におけるナラティヴ・アプローチの隘路のふたつめの類型を「〈ドミナント／オルタナティヴ〉という区別のドミナント化をめぐる隘路」と名付けよう。たとえば、加茂陽＋大下由美（2003）は、ソーシャルワーク実践の視座からホワイトらによる臨床実践を吟味するなかで、「ナラティヴ・モデルの自己矛盾」について次のように指摘している。「対人援助を治療と定義づけることの正当性は時代のドミナントな言説によって支えられている。治療者はその言説によって支えられ治療場面のストーリーを作り出す。ところがナラティヴ・モデルは言説の現実定義力に対抗することを戦略目標とするため、時代の支配的言説である治療思想に基づいた実践を行うことは自己矛盾となる」（加茂＋大下 2003: 65）。また、山田陽子（2007）は、「心」をめぐる知のグローバル化について詳細に検討を進めるなかでナラティヴ・セラピーに言及し、次のように結論付ける。「ナラティヴ・セラピーは、自己を物語るという行為を支持することによって、自己が物語りうる存在であるという物語を強化している」（山田 2007: 57）。

以上の二つの指摘は、それぞれの置かれている文脈も議論における焦点もずいぶん異なるものの、先に見たひとつめの隘路の指摘以上に根本的なナラティヴ・アプローチに対する批判と言える。一見異なる両者に共通しているのは、以下のようなパターンである。そこでは、先にも紹介したホワイトらの「ドミナント・ストーリーによる拘束から、新たな語りを通したオルタナティヴ・ストーリーの生成へ」という臨床的実践について、そこに〈ドミナント・ストーリー／オルタナティヴ・ストーリー〉という二分法図式を見出した上で、そうした区別にもとづく臨床的実践自体が、「時代の支配的言説である治療思想」に支えられていたり（加茂・大下）、「自己が物語りうる存在であるという物語」を再生産していたり（山田）するという指摘がなされているのである。端的に言えば、そこで指摘されているナラティヴ・アプローチの隘路は、〈ドミナント・ストーリー／オルタナティヴ・ストーリー〉という枠組自体がはらむドミナント性であると言ってもよいだろう。言うまでもなく、そこに見出されている「ドミナントな言説」は、たんに狭義の言語的な物語を超え、身体や組織、文化、物理的環境等々に深く刻み込まれたものである。

ただし、すぐに気付かれるであろう通り、こうした指摘はある種オートロジカルな事態でもある。[*2] そこでは、たしかにある種のナラティヴ・アプローチがはらむドミナント性の指摘がなされているのだが、まさしくそのような指摘自体が〈ドミナント／オルタナティヴ〉という区別を反復する形で行われている。念のため、先に示した四象限図式を用いて更に詳しく見ておこう。両者は、ホワイトらの「観察される観察者の観察」にもとづく「臨床的実践」（＝I）について、そこでは不可視化されている「観察する観察者」としてのホワイトらの視座が、その実践を通して「時代の支配的言説である治療思想」や「自己が物語りうる存在であるという物語」をパフォーマティヴに物語っていると指摘し（＝Ⅳの示唆）、そのことにより、ホワイトらの実践自体を「観察される観察者」として「学的観察」（＝Ⅱ）の対象としている。そして、この瞬間、まさにこれらの論者自身の語りを通して〈ナラティヴ・セラピーの実践がはらむドミナント・ストーリー／それに対抗するオルタナティヴ・ストーリー〉という区別が生み出されるのである。*3

以上の整理を踏まえるとき、ナラティヴ・アプローチの意味空間は、それに対する批判をも含めて、〈ドミナント／オルタナティヴ〉という区別のもと、ある種のシステムとして完結しているように見える。このことは、当該空間における〈ドミナント／オルタナティヴ〉という区別（および、それにもとづく観察）の一定の頑健さを示すものであろう。だが、逆に言えば、そのことは、ナラティヴ・アプローチの意味空間が〈ドミナント／オルタナティヴ〉という区別のもと、その可能性の一側面についてのみ論じられており、他なる区別、他なる観察の可能性について、その性能が未だ十分に吟味されていないということを意味してもいる。すなわち、弁ずることで見えなくされている風景がそこには潜在する。

以上のような認識を踏まえ、以下において筆者が企図するのは、ナラティヴ・アプローチの意味空間への新たな差異の導入である。それは、〈ドミナント／オルタナティヴ〉という区別に対するオルタナティヴを位置づけることではなく、そうした既存の区別を再定式化し、組み入れることが可能であるような新しいゲームを始めることである。それは、いわばナラティヴ・アプローチの四象限に新たな橋を架ける試みと言ってよい。以下では、そうしたナラティヴ・アプローチの／におけるオルタナティヴとしてリフレクティング・プロセスが切りひらく可能性について見ていく。

## 3　オルタナティヴとしてのリフレクティング・プロセス

リフレクティング・プロセスについて、筆者が考えるそのエッセンスをあらためて挙げるならば、そのひとつは、〈観察する／観察される〉という立場の旋回、もうひとつは、〈はなすこと／ながめていること〉というふるまいの反復である。これら二つの特徴を通して、リフレクティング・プロセスは、ナラティヴ・アプローチがはらむいくつかの隘路をすり抜けると同時に、その意味世界の画期的な拡張を可能にしている。ただし、そのポテンシャルを適切に把握するためには、システム理論という補助線が必要である。

まず、〈観察する／観察される〉という立場の旋回が含意するところを見ていこう。前節において整理したように、ナラティヴ・アプローチには、〈ドミナント／オルタナティヴ〉という区別がもたらす二種の隘路（「オルタナティヴのドミナント化をめぐる隘路」と「〈ドミナント／オルタナティヴ〉という区別のドミナント化をめぐる隘路」）が見出されていた。「観察」という概念を用いてあらためて言い換えるならば、ひとつめの隘路は、「観察される観察者の観察が拘束されること」と言えるだろうし、ふたつめの隘路は、「観察する観察者の観察が拘束されること」と言えるだろう。

新たなドミナント化とは異なる形で、いかにしてこれらの隘路を脱することができようか。前章でも触れたように、ルーマンは専門化された病理の観察について論じるなかで、次のように述べている。「なにが「病理的」であるかを知ろうとするならば、この説明を用いて、あの説明を用いないところの観察者を観察せねばならない」(Luhmann [1990a]2005: 216)。まさしく必要なことは、「観察者を観察する」ことに他ならない。しかも、それは一方向的ではなく（それが一方向的であれば、そこで観察する側に立つ観察者はけして観察されないゆえ)。

本書においてこれまでに見てきたように、リフレクティング・プロセスにおいては、「観察する観察者」と「観察される観察者」とがその場で旋回していく。こうした仕組みは、「専門家とクライアント」というヒエラルキカルな関係における観察の一方向性を臨床実践の場において変革するものであるが、それと同時に(面接システムとリフレクティング・チームという)二つのコミュニケーションの流れが直接的には接続されることなく相互に観察を投げかけ合うことを通して、語りが特定の物語に収束し、拘束されてしまう「オルタナティヴのドミナント化をめぐる隘路」として危惧された事態を回避するためのきわめて具体的な処方箋ともなっている。

無論、そこでもなお、「しかし、そうした場の設定自体が一定の支配的言説によって支えられ、また、そうした構造を再生産しているのではないか」といった批判はありうるだろう(言うまでもなく、そうした批判は「〈ドミナント/オルタナティヴ〉という区別のドミナント化をめぐる隘路」、すなわち、「観察する観察者の観察が拘束されること」に照準している)。しかし、本書の前半部において見てきたように、アンデルセンらによる実践が従来の家族療法の枠を大きく超え出るものであったということはもちろん、筆者自身が実践研究のなかで、特定の現場におけるリフレクティング・トークの実践を振り返る取り組みとして「広義のリフレクティング・プロセス」が生じうる様子を観察していること(矢原 2008)などを踏まえるなら、そうした隘路自体が繰り返しリフレクティング・プロセスの観察対象へと組み込まれていくダイナミックなプロセスがそこに生じうることが確認できる。

以上の議論から確認できるのは、リフレクティング・プロセスにおける〈観察する/観察される〉という立場の旋回によって、〈ドミナント/オルタナティヴ〉という区別がはらむものとして見出されていたいくつかの隘路（＝観察者における観察の拘束）が、きわめて実践的に解消されうるということである。これは、立場の旋回が「観察者」と「特定の観察」との関係の固着を繰り返し剥離することによりもたらされる更新の効果と言える。

つぎに、〈はなすこと／ながめていること〉というふるまいの反復の含意について。よく知られているように、ルーマンのシステム理論においては、「コミュニケーションだけがコミュニケートしうる」ことが繰り返し強調される。前章でも紹介した一九八六年の国際的なシステミック・セラピーの会合に参加した折の議論（Simon ed. 1997）において、ルーマンは、コミュニケーションにもとづく社会システムと、意識にもとづく心的システムとが、それぞれに固有の作動を有する「閉じた」システムであり、互いのシステムが相手にとってコントロール不可能であることを考慮せねばならないと述べていた。そうした観点から見るなら、セラピーと呼ばれる臨床実践がいかに困難なものか再確認されよう。だが、ルーマンは、そうした困難さを指摘しつつも、ありうる臨床的介入の技術について、それが「絶好の機会（Gelegenheit）」を利用するものであること、更に、そうした機会を「濃密にする」ようなチャンス」がありうるかもしれないことを示唆したのだった。すなわち、その一瞬一瞬において、意識とコミュニケーションがときに交錯し、ときに離れていく流れのうちにあって、臨床実践に求められるのは、なんらかのプランを事前に構築する技術ではなく、一瞬にして消えてしまう絶好の機会を待つ構えと、そうした構えのための工夫に他ならない。

以上の議論を踏まえるとき、リフレクティング・プロセスが提示した〈はなすこと／ながめていること〉というふるまいの反復は、社会システムと心的システムの相互の自律性を前提とした「機会の涵養」という画期的な工夫であり、自ずと機会が訪れるのを待つような会話（その特徴を踏まえるなら、「待話」と名付けることができるかもしれない）の構えであることを理解することができるだろう。敷衍するなら、アンデルセンによる内的会話と外的会話の記述を、ルーマンにおける意識にもとづく心的システムとコミュニケーションにもとづく社会システムの記述に重ね合わせることで、リフレクティング・トークにおいて、話し手がリフレクティング・チームによる会話をながめている時間が、その場での外的会話における語りに囚われることなく、意識の次元において自由になんらかの機会を見出すことができるような時間であることが理解されるのである。[*4]

以上、システム理論という補助線を用いながらリフレクティング・プロセスのポテンシャルについて概観を試みた。そこでは、〈観察する／観察される〉という区別が、その言説のドミナント化をすり抜けるような新たに動きを伴う会話として立ち現れており、更に、〈はなすこと／ながめていること〉を通して社会システムと心的システムという次元の交錯までもがその視野に含まれることとなった。

## 4　おわりに

冒頭でも述べたように、本章の企図は、システム理論の視座からナラティヴ・アプローチのオルタナティヴとしてリフレクティング・プロセスのいくつかの可能性を提示することであった。そこで行われた、リフレクティング・プロセスを通したナラティヴ・アプローチの〈ドミナント／オルタナティヴ〉という区別からの解放は、言い換えれば、より構造的な言語行為である「語り」の次元から、より出来事的なコミュニケーションとしての「話し」の次元に向けてナラティヴ・アプローチの射程を切りひらく試みであったとも言える。[*5]

本章における「オルタナティヴとしてのリフレクティング」の提案は、ベイトソンの言う「あまりにも微妙な差異」(Bateson 1979=2001: 39)であろうか。あるいは、ウンベルト・マトゥラーナとフランシスコ・ヴァレラが言う「破壊的変化」(Maturana and Varela 1984=1987: 66)に行きつくような攪乱であろうか。それが「破壊的変化」と理解されるならば、ナラティヴ・アプローチの否定と捉えられようし、「あまりにも微妙な差異」と理解されるならば、ナラティヴ・アプローチにとって、あえて取るに足りないものと捉えられよう。もちろん、筆者としては、それがアンデルセンの言うところの「変化を生み出す適度な差異」(Andersen 1991: 19)として働くことを願うばかりである。

## 註

＊1　こうした捉え方と一見、対立する説明として、ナラティヴ・ターンの代表的論者の一人であるブルーナー(1986=1998)は、「論理科学モード」と「ナラティヴ・モード」という二つのモードを相互に還元不可能なものとして提示している。ただし、斉藤清二(2006)が指摘するように、そうした言説自体、科学物語の専一に対抗するための一つのナラティヴと捉えることも可能である。

＊2　オートロジー(aurology)とは、端的に言えば「自己への適用可能性」を意味する。たとえば、「日本語」はオートロジカルであるが、「英語」はオートロジカルではない(ヘテロロジカルである)。"English"はオートロジカルである。

＊3　無論、そうした議論の編成自体は、なんら否定されるべきものではない。可能であれば、ナラティヴ・セラ

ピーという多様な水準の語りが交錯する場において、セラピストがいかに「時代の支配的言説」に支えられ、いかに「物語る自己」としてのクライアント像を作り出し、更にそうした行いを互いにとっていかに見えなくしているか、それ自体をいわば「ナラティヴ・セラピーの社会的構築」として、経験的な資料にもとづいて可視化し、詳細に吟味されてしかるべきだろう。こうして第一象限におけるジレンマは、第二象限におけるトピックとなりうる。更に言えば、そうした論述は、「ナラティヴ・アプローチにおけるオルタナティヴ・ストーリーのドミナント化」を第二象限で反復するものでもあろう。すなわち、そうした論述もまた、次なる観察者によって、そこで不可視化されていた「観察する観察者」としての視座を指摘され（＝Ⅲの示唆）、なんらかの形で「観察される観察者」として観察される可能性に開かれている。これは、社会問題の構築主義で活発に論じられたOG問題にも接続可能な議論だろう。

＊4　実際、心理臨床家のケース検討の新たな方法としてリフレクティング・プロセスを活用している三澤文紀（2008）は、リフレクティングの反復のなかで面接者やチームが全く話題にしていないようなアイデアが多く生じることを確認している。

＊5　「語る」と「話す」の差異については、野家啓一（2005）を参照。

# 10章　表層を豊饒化すること

〔…〕私たちは一群の有機体が関係において絡まっていると考えるかわりに、あらゆる生きとし生けるものをそれ自身、絡まりとして見なすべきなのである。

（ティム・インゴルド）

ナラティヴ・セラピーをリフレクティングにうつし込むことで、いかなるパースペクティヴがひらかれようか。少なくとも、そうすることは、当初リフレクティング・チーム形式の会話が広義のナラティヴ・セラピーの主要三潮流の一つと位置づけられた際に感じた引っかかりに、現時点からの応答を行う機会となるだろう。同時に、望むらくは、ナラティヴ・セラピーにおいて中軸となる「外在化」という振る舞いを、たんに問題に名前を付けて擬人化することと捉えてしまうような平板化を避け、また、リフレクティング・トークを本人の目の前で噂話をすることとしてしまったり、徒にその人を称賛し、プラスの強化を与える出来事合いの応答「称賛実践（practices of applause）」（マイケル・ホワイトは、こうした実践と彼の「認証実践（practices of acknowledgement）」を峻別すべきと強調しているとしてしまったりするような勘違いを慎重に避けるための今後の手がかりになればとも思う。すなわち、本章において企図するのは、ナラティヴ・セラピーとリフレクティング・トークをいくつかの部分で結びなおすことを通して、両者をめぐる我々の思索と体験にいま少し適度な奥行きを生じさせることである。

## 1　「間」の創出としてのリフレクティング・トーク

表面的形式の新奇性に目を奪われることなく、また、形骸を原理・原則と誤解して、その豊かな可能性を見失うことなくリフレクティングの本来を探求するために、まずは、あらためてリフレクティング・トークの働きの枢要を確認しておこう。リフレクティング・チーム形式の会話をその一種として含みつつ、その状況に応じて無数のバリエーションがありうるリフレクティング・トークの働きの枢要は、端的に言えば、適度な「間」を創出し、そうした「間」を守ることにある。会話においてリフレクト、すなわち「うつし（映し、移し、写し）」が生じるには、「うつすもの」と「うつされるもの」とが一つのものでなく別のものとしてあらねばならないし、両者のあいだに適度な「間」が保たれていなければならない。

トム・アンデルセンは、会話において三種の間（原文では、pause）を意識すべきと指摘している（Andersen 2007a）。（1）相手が息を吐いた後、次に息を吸い始める前に生じる間（このとき、セラピストが相手に答えを見つけるのを急がせていないなら、相手の次の呼吸は無理なく自然に始まる)、(2)なにかを話した後、たったいま自分が話したことについて考えるために生じる間、(3)いま話したことについてリフレクティング・トークであらためて話され、それによりあらためて新鮮に考えるために生じる間。これら三種の間への着目は、一見なにげないことのように思われるかもしれないが、(1)身体的水準、(2)心的水準、(3)社会的水準を貫くアンデルセンの会話への配慮の奥深さをよく表している。

自然な気息がなされ、自らの発した声をききとり、他者にうつし込まれた自身のことばをながめる。そうした間が会話の参加者たちのあいだで保たれているとき、会話は生き生きとしたものになるだろう。だから、アンデルセンはずいぶんゆっくりと話し、「彼らが話した後に訪れる間を守るのが、僕の仕事なんだ」(Malinen et al. 2012=2015: 84)と宣言した。それらは神聖な間であり、それらを守ることは人々の尊厳を守ることを意味している。

無論、そうしたリフレクティング・トークがなされるのは、無重力の空間においてではない。我々は、それがつねに各種の力関係や既存の文脈が刻み込まれた具体的な「場」においてあることを忘れてはならない。「場」という相の流れをながめるため、筆者は、対面的相互作用に焦点をおくリフレクティング・トークをその一部に含みつつ、対面状況に限定されぬ広汎な相互作用の次元において生じる外なる会話と内なる会話との折り返し、折り重ねのプロセスを「リフレクティング・プロセス」として言挙げしている(矢原 2022)。それは、ひとつひとつの会話が創出していく場であると同時に、次なる会話がそこにおいて実現される場という生きたプロセスの渦である。

以下、本章では、ホワイトらのナラティヴ・セラピーをこうしたリフレクティングの視座から読み解き、両者を結びなおしていこう。

## 2　リフレクティング・サーフェスの形成実践としての「外在化」

ホワイトらのナラティヴ・セラピーに馴染みのある読者にとって、そのリフレクティングとの結びつきと聞いてまず想起されるのは、「定義的祝祭（definitional ceremony）」におけるアウトサイダー・ウィットネス（この用語は、人類学者であるバーバラ・マイヤーホフに由来する）と呼ばれるリフレクティング・チームの一種だろう。本章においても、次節でそれに触れるが、それ以前にまず吟味されるべきは、ホワイトらの実践の第一の基盤であり中軸として知られる「外在化（externalizing）」である（彼は外在化する会話を「誠実な友人」とさえ呼ぶ）。この振る舞いがたんに問題に名前を付けて擬人化することに留まらないことは、実際に彼らの著作に目を通す者には明らかであろうが、それがいかにリフレクティングと結ばれうるのかについては、これまで十分に吟味されてこなかったように思う。

とはいえ、たとえばリン・ホフマンの慧眼は、両者に通底する姿勢を次のように見透していた。「（筆者註：ホワイトらは）「外在化技法」を用いることによって、個々人が自分たちの生活を動かしていく強力な物語に気づくようになりました。同様の発想は、リフレクティング・チームの「語り、そして語りなおす」手続きにも含まれています。そのような技法によって、人々は囚われていた状況の外に出て、違った視点から自らをみつめることができるようになります」（Hoffman 2002=2005: 302）。なるほど、「囚われていた状況」の外に出て、それをみつめるという点では、ホワイトの外在化する会話と、アンデルセンの会話について会話することのあいだに、深く通底する身振りがあることはたしかだろう。端的に言えば、それらは、囚われている何事かとのあいだに「間」を創出し、距離をおいてそれをみつめなおすことを可能にするような身振り、と言える。

しかし、そもそも我々がなんらかの言語的コミュニケーションに関与する際、それが口頭言語によるもの（話す／聞く）であれ、エクリチュールによるもの（書く／読む）であれ、そこにはつねに（それぞれの方法に応じた）「言うこと」と「言われたもの」とのあいだの一定の距離化が作動しているとみなすこともできる。これは、ポール・リクールが解釈学の文脈においてその積極的かつ生産的機能を論じた「疎隔（distanciation）」という事態に他ならない（Ricœur 1975=1985）。

リクールによれば、言うことは言われたものにおいて疎隔される。すなわち、いかなる言述も出来事として与えられ、この出来事によって世界が言語へと到来するが、その一方、いかなる言述も、意味として了解されることを通して、言述という出来事は意味へと超出していく。これが原初的疎隔である。よく知られているように、リクールの解釈学的議論は、そこからエクリチュール、テクストの疎隔（そこで可能となるテクストの自律）という本領に歩を進めるのだが、ここでは、あえて会話を折り重ねることを通してひらかれる可能性の豊饒さに、いま少し踏みとどまりたい。なんとなれば、リフレクティング・トークこそ、口頭言語とエクリチュールとのあわいに固有のコミュニケーションの次元（すなわち、固有の疎隔の次元）を創出する身振りである、と筆者は考えるゆえである（矢原2016）。そして、いささか先取りして述べるなら、ホワイトらの外在化する会話もまた、たしかにそうした身振りの系とみなすことができる。

いったんリクールの記述に立ち戻ろう。先の原初的疎隔に関し、出来事の意味への超出を論ずるなかで、彼は「われわれが了解しようとするのは、一過的に過ぎ去ってしまう出来事ではなく、そこにとどまっている意味である」（Ricœur 1975=1985: 180）と述べる。そう。出来事は過ぎ去るが、意味はとどまる。そして、我々が了解し、世に処するための手がかりや足場とするのは、持続性を持ち、相対的に不変な意味である。多種多様な社会的出来事が渦巻くこの世の流れのうちにあって、それなしに過ごすことなど、どうしてできようか。

しかし、そうした相対的に不変な意味が特定の個人や人間関係に固着し、ときに人々を「囚われた状況」から身動きがとれぬように凍りつかせてしまうこともある。ホワイトが外在化する会話を通して長年その「解毒」に取り組んだ、人生における問題を自身のアイデンティティや他者のアイデンティティ、自らの人間関係のアイデンティティの反映と信じてしまうような「囚われ」も、その一例と言える。では、ホワイトは、そこでいかにして、また、いかなる「間」を創出したのか。

二〇〇八年四月に急逝したホワイトの生前最後の著作において、たとえばそれは次のように述べられる。「これらの言葉（筆者註：「無価値」で「役立たず」で「すべては当然の運命」といった言葉）は、サラの内的な対話や、他者との内在化する会話においてこれまで何度も登場していたが、今では、サラのアイデンティティと、サラのアイデンティティについてのネガティヴな結論とのあいだに空間を開く（筆者註：opening a space）外在化する会話において表現されるようになった」（White 2007=2009: 40）。ここに見られるように、外在化する会話は、アイデンティティ（次節において触れる通り、この概念自体、十分に注意して扱わねばならないのだが）と、アイデンティティについてのネガティヴな結論とのあいだに一定の「間」を創出する。その間がアンデルセンの時間（pause）的なあり様に比して空間（space）的であるのは、多種多様な会話の地図づくりに余念がなかったホワイトならではだろう。

注目すべきことに、ホワイトの外在化する会話を通した間の創出は、独自のリフレクティング・トークの方法をも生み出すことにつながっている。ここでは、新たなステップの質問（外在化された問題の活動の影響を評価する質問や、その評価の正当性を尋ねる質問など）がクライアントたちになされる際に彼が前置きする「編集記（editorial）」、すなわち、それまでの会話から引き出された事柄を要約したメモ（ここにも、口頭言語とエクリチュールとのあわいのコミュニケーションの一形態を見出すことができる）について述べられた文章に注目しよう。「この編集記は、家族メンバー全員が、それぞれにとってのＡＨＤ（筆者註：ジェフリーにトラブルを引き起こす問題）の活動経験と、それらの活動結果についての自分たちの立場について話すことを助ける反射面（筆者註：原文では、reflecting surface）を提供した」（White 2007=2009: 42）。

リフレクティング・サーフェスという実に魅力的な言葉は、管見の限りアンデルセンの文章には見当たらず、ホワイト独自のリフレクティング概念と思われる。同様の表現は、「私はこの要約を「編集記」と呼んでいるが、それによって、人々は、評価質問に答えるときに振り返るべき出だし（筆者註：原文では、surface upon which to reflect）を提供される」（White 2007=2009: 201）というふうに用いられている。また、必ずしも「編集記」のみがリフレクティング・サーフェスを形成するものではない。彼の逝去後にまとめられた遺稿集には、次のような表現が見て取れる。「それ以前の会話から、彼はもう反射面（筆者註：原文では、*reflecting surface*）を得ている。つまり彼には、じっくり考える基準面（筆者註：原文では、something on which to reflect）があるのだ」（White 2011=2012: 112）。

そこにおいて人々がリフレクトすることが可能となるような「表層（surface）」とは、いかなる表層だろうか。それが決して無機質で厚みのない平面でないことはたしかだろう（もし、そのようなものであれば、そこにゆっくりと呼吸できる間は生じない)。つまり、それは間を育むような表層である。実際、我々がいまここで生きる地表(surface)をながめれば、あらゆる生命がその表面ではなく、表層のなかで(土のなかで、水のなかで、風のなかで)育ち、生活していることに気がつく。そこは、有機物や微生物を豊富に含む表土から、菌糸の助けを得て栄養を吸収した植物たちが絡み合うように地表を覆い、それらの植物が生み出す栄養を食み、空気を呼吸する多様な生命たちが互いに循環を重ね、いずれ新たな地表を構成する層として折り重なっていくような場所だ。

会話における表層もまた、「反射面」という訳語からイメージされるかもしれないツルツルとした境界面というよりも、そのうちに生命が息づく大気と大地の混淆層(それが我々の生きる場所だ)のようなものと捉えることが適切である。実際、ホワイトの編集記の内容は、アンデルセンによってリフレクトする会話に期待される通り、診断でも、助言でも、説得でも、介入でもなく、ただそこで話された会話がホワイトによって丁寧に鑑賞され、受け取られたことを表現している。それは聞き手が一人で行うリフレクト(アンデルセンは、話し手との一対一の会話でもリフレクティング・トークが可能であると明言していた)をエクリチュールの助けにより、一定の耐久性のある足場として編んだものと言えるだろう。すなわち、外在化する会話とは、会話の表層に豊かなリフレクティング・サーフェスという間を形成する実践に他ならない。

## 3　表層の豊饒化としての「定義的祝祭」

前節では、ホワイトの外在化する会話に見出されたリフレクティング・サーフェスという設えについて、それが治療的会話において「表層」という「間」を創出するリフレクティング・トークの一種とみなしうることをたしかめた。つづいて本節では、ホワイト自身がアンデルセンのリフレクティング・チームからインスピレーションを得たと明言する定義的祝祭におけるアウトサイダー・ウィットネスについて、それが更なる会話を折り重ねる仕組みとして、いかなるリフレクティングであるのかを吟味しよう。

定義的祝祭におけるリフレクティング・チームの議論に取り組む際、ホワイトがその前段で検討しているのが、構造主義とポスト構造主義におけるアイデンティティ概念をめぐる理解の差異である。ホワイトによれば、前者における主導的差異は〈表層／深層〉(surface / depth)であり、後者における主導的差異は〈薄い／厚い〉(thin / thick)とされる(White 2000=2021)。前者における差異を前提とする限り、人々の人生に関する表現は、その本質たる深層、すなわち、アイデンティティの中心に位置づけられた自己が表層に現れたものとみなされる。そのため、人生になんらかの問題が生じたなら、専門家がその表現を解釈し、アイデンティティの中心たる自己の深層に存する欠陥を修理しようと試みることになる。こうした考え方を「構造主義」と呼ぶことの学術的妥当性はひとまず措くとして、それが現代社会を生きる我々にとってあまりに馴染み深い風景であることはたしかだろう。

一方、後者(ポスト構造主義)の理解において、アイデンティティは社会的、公的な達成と説明される。つまり、アイデンティティは、社会制度やコミュニティのうちで交渉されるものであり、歴史的、文化的な力によって形づくられる。こうした文脈においてアイデンティティを生じさせるメカニズムを探ろうとすれば、そこで人々が日常的に意味の交渉をなすところのナラティヴの枠組が精査されることになる。それゆえ、ホワイトらのナラティヴ・セラピーにおいては、人々のアイデンティティや人間関係をめぐる「薄い」記述に貢献する既存の治療文化の専門知（ホワイトが構造主義的理解と呼ぶものに依拠したそれ）を脱し、人々とともに「厚く、豊かな」語りを編むことに携わろうと試みるのである。

ここに至って、前節に見た「表層」概念の含意は更に明らかとなろう。すなわち、ホワイトにおいては、表層はその内奥に深層を秘めた表面ではない。表層は架空の深層と対比されて軽んじられるべき矮小なものではなく、人々がそこで新鮮に生きるために、厚く、豊かな記述を編み上げていくアクチュアルな生命活動の現場なのである。

ここで、ホワイトにおける表層の含意を更に玩味するため、彼がスピリチュアリティについて語った貴重なインタビューを振り返っておこう（White 2000=2021）。スピリチュアリティについて研究する機会はこれまでなかったと述べつつ、彼は西洋文化におけるそれが内在（immanent）型、上昇（ascendant）型、内在／上昇型に分類されると指摘する。そして、それらがいずれも生きられた人生の表層（the surface of life as it is lived）の上方か下方に想定された水準において現れるものであるのに対して、自身の関心は、表層のスピリチュアリティ（the spiritualities of the surface）に存するのだと明言する。

そうした会話に続く以下の発言は、ホワイトのスピリチュアリティ観を披歴するものである以上に、会話において表層にとどまらんとする彼の構えと覚悟が述べられているように感じられる。「私にとって、スピリチュアリティとはそのようなものでなければなりません。それは既存の存在様式とは別の方法で人生を生きるための選択肢を探ることであり、それは当たり前のことを問題にし、自明のことに疑問を投げかけることであり、それはある種の個別性を拒絶することである場合もあり、世界に存在するために「不可欠な」方法の限界を超えていくことを知ることであり、オルタナティヴなありかたを探求することであり、そのようなありかたと関連する独特な思考や生活習慣を探求することでもあります。多くの意味で、それは不確実性を掴むことであり、われわれが誰であるかを再発明することです」(White 2000=2021: 189-190)。

以上の記述を踏まえるなら、定義的祝祭におけるリフレクティング・チーム＝アウトサイダー・ウィットネスによる語り直し、そして、そこにおける認証実践の意義は、もはや明らかだろう。すなわち、それは深層に存する「本当の自分」といったものを探すためのものではなく、「別の何者か」になるため、以前には自分をそこに見つけることを予想もしていなかった「どこか別の場所」へと運ばれるために、思慮深く、即興的に誂えられた多声の織物からなる足場である。そして、ホワイトが述べる通り、同じプロセスは、アウトサイダー・ウィットネスとしてのリフレクティング・チームのメンバー側にも生じるゆえに、メンバーたちもまた、かつての自分とは別の何者かになってゆく。そこにおいて、アイデンティティと呼ばれるものは、もはや単声ではなく多声として見出されるだろう。多声の絡まりとしてのアイデンティティが、豊饒化された表層としての折り重なる会話において他なるアイデンティティと出会い、絡まりあい、双方の声が厚みを増してゆく。定義的祝祭は、そうしたリフレクティング・トークの場に他ならない。

## 4　ナラティヴとリフレクティングの絡まりとうつし込み

以上に見てきたように、アンデルセンのリフレクティング・チームから一定のインスピレーションを得つつ、ホワイトらのナラティヴ・セラピーは、アウトサイダー・ウィットネスによる認証実践という豊かな表層としての「間」を編むための具体的な身振りを備える。同時に、そうした身振りの萌芽は、ナラティヴ・プラクティスの中軸たる外在化という構えにおいて、すでにはらまれているものでもあった。だからこそ、地理的にずいぶん離れた場所で誕生し、ある面では対照的とも感じられるナラティヴ・プラクティスとリフレクティングの両者のあいだに、そうした絡まりが生じたのだとも言える。

言うまでもなく、触れることは、触れられることでもある。リフレクティング・チームがナラティヴ・セラピーにインスピレーションを与えたように、あるいは、ナラティヴ・プラクティスがリフレクティングをうつし込んだのと同じように、いまや表層の豊饒化としてのナラティヴ・プラクティスはリフレクティングにうつし込まれうるだろう。ナラティヴ・プラクティスに見出される実に豊かな会話の工夫の数々は、今後の我々のリフレクティング・トークの実践にも、多くの示唆を与えてくれる。

本章の最後に、その一例を挙げておこう。ホワイトが提示するアウトサイダー・ウィットネスへのインタビューを形作る四つの質問カテゴリー（White 2007=2009）は、定義的祝祭という文脈に限らず（いまや一般にも広く知られるオープンダイアローグのミーティング場面等においても）、リフレクティング・チームのメンバーがそれらの問いを自らに振り向けることができるなら、リフレクティングでたんなる噂話や称賛実践を行うという好ましからぬ轍を踏むのを避けることに、大いに貢献すると思われる。（いくらか図式的に過ぎる印象もあるけれど）そのカテゴリーは、（1）表現に焦点を当てること、（2）イメージに焦点を当てること、（3）個人的共鳴に焦点を当てること、（4）脱自（transport）に焦点を当てること、の四つからなる。実践においては、その順序が大切であることは言うまでもない。また、無理に（3）（4）まで推し進める必要はないことも、会話の場の安心のために付記しておく。

# Ⅵ　オープンダイアローグとリフレクティング

**会話者**　近年、リフレクティングはオープンダイアローグの文脈で語られ、また、実践されることが多くなりました。けれど、そこでは両者の関係が必ずしも明確にされているとは言えません。本パートは、リフレクティングの側からそうした状況を紐解くためのいくつかの文章からなります。

**研究者**　いずれの章も、国内でオープンダイアローグが急速に注目を集めるなか、時局的要請のもとで書かれたものです。リフレクティングへの関心が高まる一方で、その理解が形式的な技法へと矮小化され、誤解されてしまうことへの懸念がそれぞれ文章で変奏されているようにも見えます。

**実践者**　無論、誤解も理解です。そして、形式というものをなんらかのパターンや構造と捉えるなら、人間社会において一定の形式化は不可欠でさえあるでしょう。ベイトソンの表現を借りるなら「流動の世界に屹立する地標のごときもの」として、我々は形式を用いるわけです。避けるべきは、それが厳格さを装いながら矮小なものへと硬直化し、しなやかさを失ってしまうことでしょう。

**会話者**　どうか誤解が我々に豊かさをもたらすものであるように、と祈るばかりです。ともあれ、世間でリフレクティングへの言及の機会が増えることは、次なる会話や実践の足場を生じさせることにつながるでしょう。粘り強い足場であれ、脆く崩れやすい足場であれ、錯綜するコミュニケーションの流れのうちにあって、それらを感受しながら、その場に相応しい重心移動とリズムで歩んでゆく他ありません。留意すべきは、たんにリフレクティングが道具的に用いられるか否かよりも、いかなる道具として用いられるか、あるいは、いかなる道具として生み出されていくのか、ということではないでしょうか。僕には、第2章で論じた《道具と結果》方法論が想起されます。

**研究者**　一方で、いまや「ダイアローグ」や「対話」という言葉は、かつて鶴見俊輔が「お守り言葉」と呼んだような空疎なラベルとして多方面に濫用されていて、立場や主張の異なるそれぞれで「対話」の必要性が訴えられ、また、その欠如が非難される、といった状況が見受けられます。そうしたなか、急速に広がる多様なオープンダイアローグ受容のあり方について、その具現化手法と目されているリフレクティングの視座から吟味することは、ダイアローグ概念の射程と、それに対するリフレクティングの特質を闡明し、互いを映発することにつながるのではないでしょうか。

**会話者**　筆者がかつて「うつし」という大和言葉で表現したリフレクティングを、「間」と「場」という二つの相に応じたリフレクティング・トーク／リフレクティング・プロセスの両側からながめられるようになったのは、そうした相互映発の思索を通してのことでもあるでしょう。

**実践者**　懸念や危うさ、居心地の悪さを感受することから新たな実践が生じるのだとすれば、現状のリフレクティング受容への懸念が、新たなリフレクティング・プロセスの探求を後押しすることもまた、ありうるのかもしれません。

# 11章　オープンダイアローグを殺さないために

はるゝ夜の月と池との友かゝみミかけはきゆる波のうたかた
（松岡雄淵）

## 1　はじめに

本邦におけるオープンダイアローグへの関心が、北欧で生まれた夢のような方法への憧れから、主要文献の翻訳、主唱者らの来日、日本からの現地訪問等々を経て、徐々に各種の現場への導入の試みへと移行するなか、近年、オープンダイアローグにおいてリフレクティングがその方法の中核であることが指摘されるようになった。しかし、それはいかなる意味においてだろうか。いくらか懸念がないわけではない。本章では、オープンダイアローグを経由してリフレクティングに触れることになる人々も多いであろう我が国の現状に鑑み、オープンダイアローグにとってのリフレクティングの意義、更に言えば、オープンダイアローグを生命あるものにするためのリフレクティングのあり様についてあらためて検討してみたい。

さて、フィンランド西ラップランドにおける地道な実践研究の積み重ねから導かれたオープンダイアローグの主要七原則は、国内でもすでに広く知られている。オープンダイアローグがもたらす豊かな効果への期待が膨らむ一方で、これら諸原則を本邦の精神医療現場に速やかに導入することが難しいのは、その原則の多くが、人々の目を引きやすいトリートメント・ミーティングにおけるオープンな対話のみならず、その実践の基盤となる当該コミュニティにおける精神医療システムの全般的な組織化原理に根差したものであるために他ならない。ヤーコ・セイックラがたびたび強調している通り(Seikkula and Olson 2003、Seikkula and Arnkil 2014)、オープンダイアローグには、オープンなミーティングにおけるポエティクスとそれを支えるミクロポリティクスという二つの側面がある。「不確かさの包容」「対話主義」「ポリフォニー」といったポエティクス、いわばダイアローグへの構えを実質的に血肉化するのは、それ自体多くの精神医療専門職にとって容易ではないだろうが、「即時(二四時間以内)かつ二四時間体制の対応」「ニーズに合わせた柔軟な対応」「全スタッフにおける責任の保有」「継続性・連続性の保証」といったシステムを実現するポリティクス、すなわち、精神医療をめぐる諸制度の変革をなすことは更に困難な道程だろう。

無論、フィンランドにおける取り組みを様々なコンテクストの異なる日本にそのまま移植することは、難しいだけでなく必ずしも有効ではない。セイックラが述べる通り、良い実践というものは、そのまま別の場所に移し換えられるようなものではない(Seikkula and Arnkil 2006=2016)。新たなコンテクストにおいては、それに応じた新たな実践と学びの蓄積が必要とされる。幸い本邦でもそうした試みは各地で生まれつつあるし、今後も更に新たな取り組みが生まれ、いずれ本邦ならではのオープンダイアローグの輪郭を形成していくことが期待される。

こうしたオープンダイアローグの国内の臨床現場への導入に際して一躍注目されているのがリフレクティングである。その体現者であるトム・アンデルセンのセイックラとの深い関わりについては、第1章でも触れた通りだ。実際、フィンランドをはじめとする各国のオープンダイアローグの現場でリフレクティングが対話実践の中心的方法のひとつと位置づけられていることは確かであり、その意味で本邦におけるリフレクティングへの昨今の注目は、ごく自然なこととも言える。しかし、やはり期待と同時に懸念がないわけではない。オープンダイアローグの深遠なポエティクスや容易ならざるポリティクスを横目に、適度な新奇性があり、複数の専門職で関われば比較的容易にその形式をなぞることが可能なリフレクティングがキャッチーな技法として表面的に導入され、消費されてしまうことへの杞憂かもしれない。

晩年、アンデルセンがあるセミナーで洩らした言葉が思い浮かぶ。「いくらかの人々はリフレクティング・プロセスをあまりに安易に扱っている気がする。残念なことだ。それはとてもシンプルなので、すぐ始められると思ってしまうのかもしれない」(Janssen et al. 2012)。実に多様な領域においてその場の人々と臨機応変なリフレクティングを展開したアンデルセンゆえ、彼のこの言葉の意図が決して教条主義的なものでないことは言うまでもない。本章における議論の企図もまたリフレクティングを厳格に枠づけようとするものではない。むしろ、オープンダイアローグにおけるリフレクティングの実質的可能性を探究するためのひとつの糸口になればと思う。リフレクティングはたしかにシンプルなものだし、その形式をなぞるだけでも会話にそれなりの新鮮な印象をもたらしてくれる。しかし、本邦におけるオープンダイアローグを生命あるものとしていく上で、リフレクティングがはらむ「間」と「場」の創出の働き、いわばリフレクティングのポエティクスとポリティクスを見据えておくことは、やはり大切なことと思われる。

## 2 「間」を創出するリフレクティング・トーク

ここで、リフレクティングをめぐるいくつかの概念について、あらためて整理しておこう。アンデルセンらが一九八五年三月に初めて試みたリフレクティング・チーム形式の会話は、当時、彼らが取り組んでいたミラノ派の家族療法におけるセッティング（ワンウェイ・ミラーの背後から専門家たちが家族と面接者のやり取りを観察した後、家族とは別室で専門家のみで話し合って介入方法を決定する形式）を足場に、大胆な明かりと音声の反転をおこない、専門家たちの話し合いの様子を家族らにすべてオープンにするというものであった。この画期的な形式は世界中から注目を集め、活用され、アンデルセンを一躍有名にした。本邦においても、「トム・アンデルセン＝リフレクティング・チームの発明者」という認識が現在に至るまでなお主流だろう。しかし、実際のところ、彼にとって、この形式は多様なリフレクティング・トークの一例に過ぎず、彼がワンウェイ・ミラーを必要としなくなるのに時間はかからなかったし、その実践はより普遍的なリフレクティング・プロセスへと深化していった。こうした流れを踏まえ、筆者はリフレクティング・チーム形式の会話をその特殊例に含むものとして多様なリフレクティング・トークを、更に、必ずしも直接的な会話に限定されない最も広範な概念としてリフレクティング・プロセスを位置付けた「リフレクティング概念の同心円三層構造モデル」を提唱したのだった（矢原 2016）。「はなすこと（外的会話）」と「きくこと（内的会話）」の相互のうつし込みによって駆動するこの動的プロセスのなかで浮かび上がってくる独楽の模様のような三層の同心円の中軸がリフレクティング・ポジションである。パスカルのイメージを借りるなら、それはあらゆるところに中心があり、円周は存在しない無限の球体のような自在なものである。

オープンダイアローグに目を向けるなら、筆者自身が二〇一四年に初めてケロプダス病院で参加したトリートメント・ミーティングの場で用いられていたのは、比較的構造化の度合いの低いリフレクティング・トークであった。さりげなく用いられているとはいえ、スタッフたちはリフレクティング・トークの有効性を適切に理解し、活用していることが見てとれた。ただし、当然のことながら、たんにミーティングの場において専門家同士が本人を含む家族やソーシャル・ネットワークの人々の前で会話すればリフレクティングになるというものではない。では、リフレクティング・トークの働きの中軸は那辺にあるのか。

第10章でも触れたように、リフレクティング・トークの働きの枢要は「間」を創出することにある。アンデルセンが会話において意識すべきであると指摘した三種の間は、身体的水準、心的水準、社会的水準を貫く彼の会話への配慮の奥深さをよく表すものであった（Andersen 2006b）。そこで語られた三種の間（pause）は、おもに時間次元に焦点を置いたものであったが、それに加え、空間次元、社会次元の間についても、リフレクティング・トークにおいて創出される間として留意されるべきと筆者は考えている。空間次元の間については、リフレクティング・チーム形式の会話が当初、足場として用いたワンウェイ・ミラーに隔てられた二つの部屋を想起するとわかりやすいだろう。彼らは専門家たちによる会話をオープンなものにするために、「ワンウェイ・ミラーをなくして、私たちと一緒に輪になって話し合いましょう」などとは言わなかった。家族たちにしばし自分たちの話を聞いてみたいかどうかを尋ね、「皆さんの部屋の明かりを消し、私たちの部屋の明かりをつけると、皆さんからは私たちを見ることができ、私たちからは皆さんを見ることができなくなります」と伝えたのだった。一九八五年三月の実践が置かれたコンテクスト、すなわち、専門家と非専門家との絶対的階層構造という文脈において、家族たちにとっていずれが心地よい空間であるかは明らかだろう。ワンウェイ・ミラーを用いなくなったリフレクティング・トークやオープンダイアローグにおいても、いまなおこうした空間次元の間は、姿勢の向きや目線によって保たれていることに留意すべきである。相手を視線で縛らないこと、そして、「聞かなくてもいい自由」(Andersen 1992b=1997: 102) が確保されていてこそ内的会話は促進される。

社会次元の間は、リフレクティング・トークの最小構成である三者以上の関係において可能となる直接的には接続されない独立した二つ以上のコミュニケーション・システムの相互観察という仕組みによって生じる。アンデルセンらが「観察する専門家」/「観察される本人や家族」という固定化された権力関係の階層構造を転換し、新たなベクトルでの観察の可能性を切り拓いたことは言うまでもないが、ここで注意すべきは、それがたんなる従来の階層構造の逆転＝逆の垂直化、あるいは、階層構造の否定＝単純な水平化を意味していないということだ。それでは適切な間は保たれない。リフレクティング・トークにおいては、異なるコミュニケーション・システム、すなわち異質な階層が相互に観察し、観察される(更に観察を観察する)という立場を旋回するなかで、異質な階層間の相互作用が展開される。アンデルセンの言う「ヘテラルキー的関係」(Andersen 1995: 18) の実質はそこに存する。このとき、双方の階層にも、階層間の相互作用にも、あらかじめ決定することが不能であるような変化が生じることになる。こうしたヘテラルキー的関係においてこそ、オープンダイアローグでポリフォニーと呼ばれる状況は生まれる。そこで直面する不確かさに耐え、なおそれを包容しつつ会話を続ける構えが参加者に求められるのは、こうした社会次元の間の保持に関わってのことであり、すなわち、それはリフレクティングのポエティクスに他ならない。

以上、三つの次元の間は相互に深く連動しつつ働き、生き生きとした会話の生命を涵養するためのかけがえのない時間、空間、社会関係からなるリフレクティング・トーク固有の「間」を創出する。無論、ここで言及したことに留まらない多様な工夫もなされているが、畢竟そこに通底するのは表面的な形式や技法ではなく、丁寧に会話のプロセスに沿いながら人々の尊厳を尊重する倫理的姿勢である。

## 3 「場」を創出するリフレクティング・プロセス

具体的な会話状況で用いられるリフレクティング・トークの働きの枢要が会話における様々な「間」の創出にあるとするならば、それを含む広範なリフレクティング・プロセスの働きの枢要は「場」を創出することにある。では場とはなにか。場所の論理を探究したことで知られる西田幾多郎は、「有るものは何かに於てなければならぬ」(西田 1987: 67) と論じた。すなわち、場所とは「於てあるもの」が「於てある場所」のことである。ここで西田哲学の深淵を繙く余地はないが、両者の関係について西田は、一方（場所）が他方（もの）を限定するとともに他方（もの）が一方（場所）を限定する、と捉えていたことを確認しておこう。リフレクティング・トークとリフレクティング・プロセスの関係も、まさにそのようであると筆者は考える。間をはらんだ生き生きとした会話は、矛盾を内在する既存のコンテクストに風を通すようなリフレクティング・プロセスが働き続けている場においてこそありえようし、逆に、持続的に積み重ねられたリフレクティング・トークがその産物として、自らの新たなコンテクストとなるようななんらかのリフレクティング・プロセスの作動する場を創出していくことも大いにありえよう。

では、アンデルセンはいかなる場においてリフレクティングをおこない、また、リフレクティングによっていかなる場を創出したのか。実践の人であった彼は、残念なことに自身の多様な活動に関する記述を必ずしも残していない。手がかりとして、ここでは二〇〇七年の彼の急逝に際し、コラボレィティヴ・アプローチで知られる盟友ハーレーン・アンダーソンが綴った追悼文の一部を引用しよう。

近年、彼は自分の仕事と時間を社会正義の促進に捧げていました。専門職や介護者やそうした世界で働く人々との関わりのなかで。たとえば、ペルーでの司祭と教区民とのリフレクティング、スウェーデンの刑務所での受刑者と刑務官とのリフレクティング、ブラジルでの貧困コミュニティや排除された人々とのリフレクティング、南アフリカでの失業者やＨＩＶ／ＡＩＤＳ感染者とのリフレクティング、そして、北欧や他の国々で進展している精神医療チームとのリフレクティングなどです。母国では、ノルウェーの辺鄙な場所で開かれた彼の有名な六月セミナーとともに始まった夏期教育プログラムを発展させました。一九八二年六月以来、これらのセミナーは世界中の人々に学びの場を提供し、人々の間に橋を架けました。(Anderson 2007a: 572)

世界中を東奔西走し、様々な場で家族療法の枠を超えて自在な実践を展開していた彼の姿が浮かび上がってくる。「橋を架ける」というアンダーソンの言葉が印象的だが、アンデルセンが多様な領域におけるリフレクティング・プロセスを通して取り組み続けたのは、そこに存する既存のネットワーク間に橋を架け、そこで生じた新たな会話の場に生命を吹き込むこと。更に、それによって既存のネットワークを生き生きと再賦活化することに他ならない。

第3章でも触れたように、二〇一六年夏、筆者はこの追悼文で言及されているスウェーデンの刑務所でのリフレクティング実践に触れるため、アンデルセンの支援のもとで長年これに取り組んだユーディット・ワグナーを訪ねた。彼女はいくつかの論文(Wagner 2007, 2009)のなかでこの画期的な取り組みを紹介しているが、筆者の関心は実践の更なるコンテクストの探究とその後の状況にあった。刑務所で過ごす受刑者が自由にテーマと会話の相手を選び、刑務官、心理士を交えて丁寧に進められるリフレクティング・トーク。そのような試みが刑務所の厳格に管理された閉鎖空間、そこに存在する絶対的な権力関係というコンテクストにおいて直面するであろう内外の障壁と、その継続がもたらす場の変容については多くのことが想像されるだろう。無論、現実は予想を超える。その詳細については、第3章ですでに述べたため、ここでは場の創出という観点のみからごく簡単に振り返っておく。

一九九一年からカルマル刑務所で取り組まれたこのリフレクティング実践は、受刑者への厳格な対応を主張する刑務官集団との組織内部における葛藤と、ＫＶＳ（法務省所管の刑務所・保護観察庁）からの実践内容説明の要請という組織外部への対応を乗り越えつつ、ワグナーの尽力とアンデルセンの支援により十数年間にわたって継続された。アンデルセンは職員研修、ＫＶＳへの粘り強い説明、刑務所退所者のフィードバック・ミーティングなどにも協力し、ついにＫＶＳはこの実践の継続を許可するに至る。やがて刑務所内での理解も進み、最終的には受刑者の半数と刑務官の半数ほどがリフレクティング・トークに参加するようになる。

すでに刑務所の仕事をリタイヤして長いワグナーが「悔やまれる」と語った通り、残念ながらアンデルセン亡き後、この取り組みがスウェーデン国内に広がることはなかった。実践の舞台であったカルマル刑務所自体の閉鎖という事情もあって、現在スウェーデンの刑務所におけるリフレクティング実践は潰えた状況にある。こうした事実は、現実世界において場を創出し続けること、そのポリティクスの容易でなさを印象付ける。一方、彼らの国境を超えた教育はいまも生きている。現在、彼らに学んだデンマーク、ノルウェーの心理士、ソーシャルワーカーたちが、各々の職場の刑務所において生き生きとした会話の空間を拓くリフレクティング実践を独自に深化させつつ、刑務所外部との連携によってその研究・教育を展開している。マニュアル化された画一的な普及や、トップダウンによる一律の実施とは異なる、地中に深く広く根を張る植物がしたたかに芽吹きの機会を待ち、その場に応じてその表現型を変化させせつつ花開いてゆくような希望がここにある。リフレクティング・プロセスによる場の創出とはそのようなものだろう。

オープンダイアローグに視線を戻すと、セイックラとトム・アーンキルによる最初の主著の終盤にも、西田の概念である日本語の「場」への言及が見られる。彼らはそこに「境界を乗り越え、その境界上に新たな領域をつくりだし、個々の行為者の限界を超えて自分たちが今どうなっていてこれからどうやっていくのかを理解するための〈対話〉を、異なる立場にいる人々のあいだに生み出そうしている」(Seikkula and Arnkil 2006=2016: 196) アリーナのイメージを見出す。ここで言うアリーナとは、決してオープンダイアローグにおけるネットワーク・ミーティングのみを指すものではない。臨床実践のみならず、専門職教育、クライアントへのフィードバックを重視した研究、マネジメント構造の変革等に取り組み続けることを通して生み出される場こそが彼らのポリティクスの基盤であり、「そこに於てあるもの」の生命を保持していることを忘れてはならない。

## 4 おわりに

おわりに、本章のエピグラフに掲げた歌をながめたい。瀬戸内海に浮かぶ厳島神社にある鏡の池は、潮が引いたときにのみ現れる不思議な円形の池である。満潮時には海中に没してしまうこの池には伏流水が湧き出ており、池の水はつねに真水であるという。古来、厳島八景の一とされるのが「鏡池秋月」、この鏡の池にうつる秋の月で、この歌はそこで詠まれたものの一つである。リフレクティング・トークとリフレクティング・プロセス、間と場について想うとき、筆者にはこの月と鏡の友鏡がイメージされる。池の水鏡にうつった月影が水面のうたかたを消すと感じられるほどの我々の感受性にとって、場が間を生かし、間が場を生かすということは、あえて縷々として述べるまでもない、言わずもがなのことであったかもしれない。願わくは、オープンダイアローグを介した本邦のリフレクティング受容への瑣々たる懸念も波のうたかたのごとく消え去らんことを。

# 12章　ダイアローグのオープンさをめぐるリフレクティング

## 1　はじめに

瞬く間に人口に膾炙した観のあるオープンダイアローグという言葉は、当初、「開かれた対話」と訳されていたように思う。ダイアローグが「対話」と訳される際に生じる違和感は、ひとまずそれとして抱懐しつつ、本章ではオープンということについて考えてみたい。それは、ひとつには、北欧で生まれた夢のような方法への憧れから、主要文献の翻訳、主唱者らの来日、本邦における実践者養成へとその受容が急ぎ足で進むいま、実に多様な側面から論じられているオープンダイアローグのオープンさに関し、あらためて筆者なりの仮設的見取り図を素描するため。もうひとつには、オープンダイアローグを含む複数のダイアローグ実践の中核に位置付けられるリフレクティングの観点からそれをながめることにより、多様なダイアローグ実践に通底する「間」と「場」の創出を中軸とした新たなコミュニケーションのパースペクティヴを切りひらくためである。[*1][*2]

## 2　オープンダイアローグの二側面と二つのオープンさ

まず、単純に二つのオープンさについて考えることができる。ひとつは、ダイアローグの場自体がなんらかの意味で開かれた形で設定されていること。これを「開かれた場」としてのオープンダイアローグと呼ぶ。筆者自身、初めてケロプダス病院を訪れた際、そこがいくつもの意味で「開かれた場」であることを実感した。[*3] 二四時間三六五日、相談依頼が受け付けられ、二四時間以内に最初のミーティングが開かれること。そのミーティングに本人や家族はもちろん、彼らにとって重要な人たちも参加すること。必要に応じて毎日でも開かれるミーティングでの透明性の高い（同時に従来の専門職間のヒエラルキーを排した）話し合いにおいてのみ、あらゆる治療方針の検討がおこなわれること。いまや本邦でも知られるこれらのことは、本人や家族、更にそのネットワークや専門職の人々にとっても、そこが「開かれた場」としてあることを示している。

もうひとつのオープンさは、ダイアローグの働きによりなにかがそこで開かれてゆくこと。これを「開けゆく場」としてのオープンダイアローグと呼ぶ。いかに画期的な「開かれた場」がそこに設定されているとしても、それ自体はひとつの静的な器であり、形式である。その場が生きたコミュニケーションの場としてあり、そこに生き生きとした変化が生じるためには、いま、この瞬間の応答を通して、新鮮な風が吹き抜けるように、そこに新たな意味が生まれ、瑞々しいパースペクティヴが開かれ続けてゆくことが欠かせない。多くの場合、現実態としてのオープンダイアローグには（そしてまた、他のダイアローグ実践においても）、程度の差はあれ、この二種のオープンさが重なり合っている。本章において考えてみたいのは、この二つのオープンさについてである。

一方、オープンダイアローグに二つの側面があることについては、主唱者であるヤーコ・セイックラ自身が繰り返し言及している。[*4] ただし、セイックラが述べるオープンダイアローグの二側面と、筆者がここで指摘したダイアローグの二つのオープンさとは、別種の区別である。セイックラは次のように述べている。

それ（筆者註：オープンダイアローグ）は二つの側面を有する。第一に、ダイアローグを通して新たな理解を生み出すため、最初の段階からすべての関係するメンバーが参加するミーティング。第二に、特定地域における全精神医療システムのための手引きとなる諸原則。このことが意味するのは、オープンダイアローグが患者や家族、あるいは、ソーシャル・ネットワークをも含んだオープンなミーティングをおこなうための方法であるばかりでなく、ある意味でダイアローグを可能とする包括的精神医療システムを組織化するための基本原則でもあるということだ。（Seikkula and Arnkil 2014=2019: 104、但し、筆者により改訳）

セイックラが整理する通り、オープンダイアローグは、実際のミーティングの場でなされる対面的相互行為としての、いわば相対的にミクロな側面と、全体的精神医療システムとしての相対的にマクロな側面とを有する。西ラップランドにおけるその実践の成り立ちの歴史を眺めるなら、[*5] これら二つの側面が、ときに一方が他方を可能にし、ときに他方が一方の変化を促しながら、互いに縒り合わされるようにして今日の姿に至ったことがわかる。現在、オープンダイアローグの七原則として知られるものも、あらかじめ理論体系や制度設計ありきではなく、振りかえればそのような形になっていたというのが事実に近い。それら諸原則があくまで直面する現実への対応を模索するなかで見出されたゆえに、相対的にミクロな側面においては、多種多様なケースやそのネットワークの有り様に適応するため、その構えは「不確かさの包容」「対話主義」といった抽象度の高い概念で表現されることになるし、相対的にマクロな側面においては、西ラップランドという特定地域の制度的・社会的文脈への適合を要するなか、「二四時間以内に対応可能な二四時間体制の危機介入チーム」「ソーシャル・ネットワークのミーティングへの参加」「個別ニーズへの対応」「全スタッフによる責任保有」「治療機関・治療方法を超えた継続的関わりの保証」といった具体的方法として示されることになる。すなわち、ミクロは相対的普遍性を有し広く、マクロは地域特定的で狭い。こうした観点から見れば、セイックラとともにアメリカへのオープンダイアローグの導入に取り組んでいるメアリー・オルソンらが、オープンダイアローグの七原則のうちでも、まずはミーティングにおける治療的会話の基盤となる「不確かさの包容」「対話主義（ポリフォニー）」の二つの原則（すなわちミクロ）に注目し、そこから一二のフィデリティ要素を抽出していることは、ある意味で無理のない行き方と言える（Olson et al. 2014）。アメリカ同様、西ラップランドとは制度的・社会的文脈が大いに異なる日本へのオープンダイアローグ導入を試みつつある我々もまた、多かれ少なかれそうした道を歩むことになるだろう。

　では、セイックラが述べるオープンダイアローグの二側面と、筆者の言うダイアローグの二つのオープンさとは、いかに異なり、いかに交叉するのか。誤解を避けるために念を押すが、セイックラの述べる相対的にマクロな側面（特定地域における包括的精神医療システム）が「開かれた場」としてのオープンダイアローグで、相対的にミクロな側面（ミーティングの場における対面的相互行為）が「開けゆく場」としてのオープンダイアローグということではない。*6 筆者の言う二つのオープンさ、

「開かれた場」と「開けゆく場」の区別は、かつてグレゴリー・ベイトソンが『精神と自然』で提示したところの形（form）とプロセス（process）の区別、および、それと事実同義とされたキャリブレーションとフィードバックの区別に重なる（Bateson 1979=2001）。[*7] キャリブレーションの本質が「停止」にあるというベイトソンの指摘の通り、形とは我々が世界を感受するために不可欠な非連続である。すなわち、「開かれた場」としてのオープンダイアローグとは、相対的にマクロな水準では、たとえば西ラップランド地域において制度化されている包括的精神医療システムであり、相対的にミクロな水準では、たとえばオルソンらが整理した一二のフィデリティ要素に見られるミーティングにおけるコミュニケーション技法である。そして、その各々がいかに「開かれた場」の形をなしているにせよ、それ自体は停止であって変化ではない。無論、世界はそもそも流転するものであるゆえに、変化を伴わない停止はないとも言えよう。けれど、ダイアローグにおいて生じる変化が、既存の文脈に内在する矛盾に新鮮な風を通すような生き生きとした変化であるためには、「開けゆく場」のプロセスが不可欠である。

## 3　「開けゆく場」のリフレクティング

以上の整理を踏まえ、セイックラが述べるオープンダイアローグの二側面（マクロ／ミクロ）と、筆者の言うダイアローグの二つのオープンさ（形／プロセス）との交叉からなるオープンダイアローグのマトリクスを描出できる。このマトリクス上のジグザグ梯子を足元から見上げるなら、最下段には、対面的相互行為場面でのダイアローグ実践のプロセスが、その一段斜め上にはミーティングにおけるコミュニケーション技法の形が、その一段斜め上にはソーシャル・ネットワークの修復プロセスが、その一段斜め上には各地域の文脈に即したダイアロジカルなネットワークの組織化方法が、その一段斜め上にはアクションリサーチを含む実践研究プロセスが、その一段斜め上には国際的ネットワークによるダイアローグ実践の集積・体系化が、その一段斜め上には国境を越えたコミュニティのつながりを通した社会変革のプロセスが、その一段斜め上には……とその視界の広がりを展望することができるだろう。[*8] そう。ひとまず展望することはできるが、しかし、このジグザグ梯子のステップは、いかにしてそれ自体が静的な見取り図に留まらず、とりわけそのプロセスを涵養しうるようなあり方で形の側の各ステップを更新し、また、梯子間を行き来することが可能となるのか。

ここで、この見取り図にダイナミズムを与えるため、プロセスの内部、および、プロセスと形との間をうつりゆく働きとしてリフレクティングを位置付けよう。[*9] それは、ひとりオープンダイアローグのみに限定されない多様なダイアローグ実践の場に通底する新たなコミュニケーションのパースペクティヴを切り拓くためである。確認するまでもないが、「リフレクティングとはオープンダイアローグのミーティングにおいて専門家どうしが話し合う一種の会話技法である」という、近年一定程度流布した認識は、控え目に言えば矮小化、はっきりと言えば誤解である。筆者は、リフレクティングが幅広いダイアローグ実践の歴史において注目すべき画期をなすと考えている。オープンダイアローグばかりでなく、コラム④で紹介したセイックラの盟友トム・アーンキルが提唱する未来語りのダイアローグ（Anticipation/Future Dialogues）、第10章で論じたマイケル・ホワイトのナラティヴ・セラピー、更に他のいくつもの文脈の異なるダイアローグ実践[*10]において、各々のアレンジによるリフレクティングの導入、あるいは、リフレクティングのアレンジとしての多様なダイアローグ実践が展開していることにも、それは見てとれる。

では、リフレクティングの画期性とは那辺にあるのか。その本体に着目すれば、それは〈みる／みられる〉に対する「みることをみる」であり、その様相に着目すれば、それは〈たて／よこ〉に対する「ななめ」であり、その作用に着目すれば、それは〈かたり／はなし〉に対する「ゆるひ」である。更に、これらの体・相・用に通じる動きを、筆者は「うつし（映し、移し、写し）」と捉えている（矢原 2016）。

敷衍しよう。たとえば、オープンダイアローグにおいて、ポリフォニー的現実のありようが強調されていることは周知の通りである。ポリフォニーとは、もともと複数の独立した声部からなる多声音楽を意味する用語だが、ミハイル・バフチンは、ドストエフスキーの長編小説の特徴を論じるなかで「自立しており融合していない複数の声や意識、すなわち十全な価値をもった声たちの真のポリフォニー」の存在を指摘し、「ここでは、自分たちの世界をもった複数の対等な意識こそが、みずからの非融合状態を保ちながら組み合わさって、ある出来事という統一体をなしているのである」（Бахтин 1929=2013: 18）と喝破した。バフチンから大きな影響を受けたセイックラは、彼らのオープンダイアローグにおいても、そこでは「すべての声」に等しく価値があり、それらが一緒になって新たな意味を生み出してゆく（反対に、モノローグ的な語りでは、精神科医の声が一方的に診断を決めることに示されるように、声にヒエラルキーがある）と論じている（Seikkula and Arnkil 2006=2016: 109）。

しかし、実際のミーティングにおいて、すべての声が横並びに発せられることは現実に起こりえないし、そこに多くの声が響いていたとして、それのみで既存の文脈がはらむ力関係を無効化できるものではない（そうした意味で、現実のミーティングにおける会話は、容易にホモフォニーに近づく）。それゆえにこそ、リフレクティングでは、垂直的関係の否定としてたんに水平的関係を志向するのではなく、斜めに横切る動きが求められ、そこで既存の文脈をほぐし、ゆるめるような適度な差異、変化の兆しが探られることになる。すなわち、リフレクティングとは、ダイアローグの場にそうした動き（すなわち、うつし）のための適度な「間」を生じ、それを丁寧に守りながら外的会話（はなすこと）と内的会話（きくこと）という二種の会話を折り重ねてゆくこと、それを通して新鮮なダイアローグの場を開いてゆくことである。

では、先に描出した見取り図にリフレクティングを位置付けるならば、そこにいかなる働きを見てとることができるか。ただし、プロセス内における働きとしてのリフレクティングと、プロセスと形とのあいだをうつりゆく働きとしてのリフレクティングとは、適度な「間」を生じ、それを守るという基本的構えを共有する一方で、その水準が異なるゆえに、いったんは両者を分けて考える必要がある。

まず、相対的にミクロな水準と結ばれがちな（かと言って、その水準に働きが限定されるものでは決してない）プロセス内のリフレクティング、すなわち、リフレクティング・トークの働きについて。リフレクティング・トークの働きの枢要は、主に相互行為の水準における会話の場に適切な「間」を創出することにある。前章までの議論においても触れた通り、リフレクティングの体現者トム・アンデルセンは、会話において身体的水準、心的水準、社会的水準を貫く三種の間を意識すべきと指摘していた（Andersen 2006b: 82）。会話におけるこれらの間は神聖なものであり、それを守ることは会話に参加する人々の尊厳を守ることを意味している。アンデルセンが提示した三種の間は、おもに時間次元に焦点を置いたものと理解できるが、リフレクティング・トークにおいて創出される間として、その他に空間次元、社会次元の間を考えることもできる（第11章を参照）。これら三つの次元の編成のあり方により、相対的にマクロな水準と結ばれるプロセス内の働きが可能となるだろう。各次元における各種の間をいかに創出し、その場のプロセスにいかに適切に編み込んでゆくことができるのか。それこそリフレクティングに影響を受けた各種のダイアローグ実践が各々の場の文脈において工夫、探求している課題であり、筆者自身、自らの関わる会話の場において問い続けている臨床社会学的問いである。

つぎに、プロセスと形とのあいだをうつりゆく働きとしてのリフレクティング、すなわち、リフレクティング・プロセスについて。リフレクティング・プロセスとは、リフレクティング・トークをその一部とするような広義の外的会話と内的会話との折り返し、折り重ねのプロセスであり、かつ、それらの会話が実現し、また、実現される「場」の文脈形成プロセスである。リフレクティング・プロセスの働きについて考えるため、晩年、アンデルセンが示した現実についての仮説を参照しよう。

現実は三つの部分から成る。（1）見えて動かぬもの、たとえば、手の骨。（2）見えて動くもの、たとえば、ある瞬間には開き、放し、次の瞬間には閉じ、掴む手。（3）見えず動くもの、たとえば、握手。我々は骨がなんで「ある（is）」か説明できるが、手は○○「かもしれない（might be）」としか説明できない。握手についてはそれがなにかはわからないけれど、どう関われば良いのか知っている限り、それは重大なことではない。（Andersen 2006b: 82）

アンデルセンの会話哲学において、第一の側面は「あれかこれか（either-or）」に、第二の側面は「あれもこれも（both-and）」に、第三の側面は「あれでもなくこれでもなく（neither-nor）」に対応している。見えて動かぬものは名詞で記述される。「開けゆく場」のプロセスから乖離した、形ばかりの「開かれた場」は、凍り付いた「あれかこれか」の言葉の世界である。一方、「開けゆく場」のプロセスとのあいだのうつりゆきをはらむ「開かれた場」は、ベイトソンの比喩を借りるなら、自らは動かずして、プロセスである車輪になめらかな動きを与える車軸のようなものである（Bateson and Bateson 1987=1988: 286）。すべて形とは我々が世界を感受するために不可欠な非連続であり、そこではなんらかのプロセスの類型化がおこなわれるゆえに、ダイアローグ実践におけるプロセス（開けゆく場）から形（開かれた場）へのうつりゆきにおいても、言葉を介した（dia-logos）プロセスの切り分けとその集積が生じる。このときリフレクティング・プロセスは、まさに「あれもこれも」という多様な選択肢とその可能性をその場に開陳する働きを担うだろう。[11]

逆に、形からプロセスへのうつりゆきは、言葉を通して切り分け、集積された形をあらためてプロセスへと折り返すことゆえ、そこでは「あれでもなくこれでもなく」という一種の論理的飛躍を伴う。それはプロセスとしての「開けゆく場」の自然である。場所の論理を探求した西田幾多郎が述べた通り、真の場所においては類概念の外に出ることが可能でなければならない（西田 1965）。それは、反対のみならず矛盾にさえうつりゆく可能性である。ダイアローグ実践の場において顧みるなら、様々な水準における「開かれた場」の形をも含め、既存の文脈に内在する類概念内部での凍り付いた揺れ動きそれ自体を矛盾として前景化し、そこに新鮮な風を通すようなリフレクティング・プロセスの働きがそれにあたる。言葉を超えたその働きは、握手するように体感することがふさわしいだろう。どんな握手が居心地が悪く、どんな握手が心地良いか、我々は知っている。

## 註

＊1　「対話」の語は、διά-λόγος（diá-logos）における接頭語を本来のdiá-（〜を通して）でなくdi-（二つの）と解したために、「二者からなる対」のイメージに導かれて生じた古くからの誤訳ではないかと筆者は揣摩している。

＊2　オープンダイアローグをめぐる議論については、野村直樹・斎藤環編（2017）『N：ナラティヴとケア』第八号「オープンダイアローグの実践」、斎藤環・高木俊介編（2017）『精神療法』第四三巻三号「特集＝オープンダイアローグ」を参照。

＊3　当時、彼らにとってまだ馴染みのない異国（日本からの訪問者は初めてとのことだった）から来た一社会学者である筆者に対して、「本人や家族が許可してくれれば、いまからミーティングに参加できるけれど、どうしますか」「明日は朝からスタッフ・ミーティングがあるけれど、参加しますか」とごく自然に尋ねられた際の驚きが思い出される。

＊4　Seikkula, J. and Olson, M. E. (2003)、Seikkula, J. and Arnkil, T. E. (2014=2019) を参照。

＊5　Seikkula et al.（1995）を参照。

＊6　当然のことながら、セイックラらの記述に筆者の言う二つのオープンさの区別が見出せないわけではない。むしろその区別は、彼らの文章の行間に溢れているし、ときには、大文字のオープンダイアローグと小文字のそれとの使い分けとして明示されてもいる。Seikkula, Arnkil (2014), p. 156 の註を参照。

＊7　ただし、ここではformを「形態」でなく「形」と改訳した。また、Bateson and Bateson（1987=1988）において、ベイトソンが『精神と自然』の時点においてプロセス側を不連続のステップからなるものと捉えていた自身の誤りに以下のように言及していることにも留意。「［…］同書（筆者註：『精神と自然』）では、モデルの「プロセス」側が不連続のステップからなるととらえていた。これは、わたしが「形態」の方からプロセスにアプローチしたこと

による重大な誤りである。プロセス側が必要だったのは、明らかに不連続性をもつ形態的要素のギャップを埋めるためだったのだが、不連続はこの要求にあったのだ。形態ないし構造の側を不連続で階層的なものとみるのはたしかに正解だったが、その不連続をプロセス側に投影することはまちがっていた」(Bateson and Bateson 1987=1988: 287)。

＊8　このラフな見取り図の下段部分については特に説明を要さないであろうが、それ以降の部分もたんなる筆者の空論ではない。北欧を中心とするネットワーク志向の精神医療実践の国際的ネットワーク展開の経緯については、Andersen (2006a)、Seikkula (2007) を参照。

＊9　リフレクティングの概要については、矢原（2016）を参照。

＊10　たとえば、Anderson and Jensen (2007) に見られる多様なダイアローグ実践を参照。

＊11　一九八〇年代初め、リフレクティングが生まれる少し前に、アンデルセンが臨床の場において「あれかこれか」という介入の言葉から「あれもこれも」という可能性を提示する言葉へと移行したことが知られている。このことは、一見ささやかながら、明確な一つの画期である。

# 13章　オープンダイアローグのコンテクストとしてのリフレクティング

一九八八年三月、五人のフィンランド人がやって来た。ヤーコ・セイックラとその同僚たちだ。彼らは、早朝、北フィンランドのトルニオを発ち、冬の嵐のなか八時間も車を走らせて、ちょうど正午にトロムソに到着した。彼らは「リフレクティング・チーム」と呼ばれるなにかが北ノルウェーで生じていると聞き、それについて知りたがっていた。実に興味深いことに、彼ら自身も語るべき多くのことを有していた。

（トム・アンデルセン）

一九九六年のことだ。ヤーコ・セイックラと彼の同僚たちはフィンランドでの実践を進めていた。けれど、彼らのしていたことは他のどこにも知られていなかった。だから、もし彼らがやめてしまったり、ヤーコになにかあったら、すべてが崩れ去ってしまうだろうと思われた。それで僕は、もう少し拠り所を確保しないといけないと考えたんだ。いまでは八つの異なる国々で三五のプロジェクト、三五の拠り所がある。

（トム・アンデルセン）

## 1　はじめに

ノルウェー北部で生まれたリフレクティングとフィンランド西ラップランドで生まれたオープンダイアローグとの関わりについて述べようとするとき、まず思い浮かぶことの一つは、そのどちら側からどちら側をながめるのか、ということ。もう一つは、それぞれの言葉が指し示す事柄の範囲をどのように設定するのか、ということだ。これらを闡明せず、両者の関わりについて論じるなら、巧まずして読者を管窺に誘うことにもなるだろう。*1

オープンダイアローグの哲学を論ずる場合、オープンダイアローグの側からわかりやすくその革新性を強調するために、そこにつながる諸思想や諸実践を矮小化し、それらを過去のもの、すでに動きのないもののように描いてしまうなら、かえってオープンダイアローグの開けゆく可能性を閉ざしてしまうことになると思われる。とりわけ、巷間伝えられている以上に深い関わりを有するリフレクティングとオープンダイアローグとの結び様は、実に多層的だ。

以下、本章では、リフレクティング・チーム誕生（その場面の詳細については、第1章を参照）に至るまでの、まだあまり知られていないトム・アンデルセンの歩み（第2節）、リフレクティング・チームという言葉と形式を速やかに脱したアンデルセンのリフレクティング・トークとリフレクティング・プロセスの含意（第3節）、オープンダイアローグにおけるリフレクティング・トークの意義（第4節）、リフレクティング・プロセスの文脈においてながめることで広がるオープンダイアローグの可能性（第5節）について見ていく。企図するのは、本邦のオープンダイアローグの文脈において、ときに形式的なミーティングの技法として矮小化される嫌いのあるリフレクティングについて、その深さと広さを素描すること、それを通してオープンダイアローグの更なる可能性を開くことだ。

## 2 リフレクティング・チーム誕生までのアンデルセンの歩み

一九八五年三月、家族療法の実践場面において劇的に誕生したリフレクティング・チームは、しかし、決してたんなるその場の思いつきや偶然によって生じたものではない。以下では、そこに至るアンデルセンの歩み、そこに含まれる数ある岐路から二つを紹介しよう。一つは、一九七六年、彼がトロムソ大学に着任してすぐに開始したプライマリ・ケアとの連携プロジェクト、もう一つは、ノルウェーで開発された独自の理学療法〝Norwegian psychomotor physiotherapy〟の創始者として知られるアデル・ビューロー－ハンセンらと取り組んだ一九八三年からの共同研究だ。多数の岐路のなかから、とりわけ、この二つのエピソードを取り上げたのは、二つのエピソードがそれぞれの水準（精神医療システムの水準と身体的相互行為の水準）において、オープンダイアローグの文脈としてのリフレクティングの特質を感受するのに有効と考えたゆえである。

### 2－1 プライマリ・ケアとの連携プロジェクト

一九七六年、北極圏内に位置するトロムソ大学で社会精神医学を教授する立場となったアンデルセンは、精神医療が患者の日常的な生活の場にできる限り近いところ、すなわち、プライマリ・ケアの担い手によって提供されるべきだと考えた。当時、住み慣れた地域から遠く離れたトロムソの精神科病院に入院するということは、その人の地域や家庭とのつながりが断たれてしまうことを意味しており、いったん断たれたそのつながりを修復するのは容易ではなかったためだ。彼のそうした思いの背景には、精神科医としての道を歩む以前、僻地の一般医として家々に往診していた際の記憶、たとえば、患者を心配する家族や隣人が大勢で隣室から診察の様子を見守っている姿があった。

しかし、その頃のトロムソには、病院外でメンタルヘルス・サービスを提供するシステムは、ほとんど存在していなかった。アンデルセンは、ただちに政府当局から資金援助を得て、一人の心理士と三人の精神科看護師、三人の精神科医からなるグループをつくり、プロジェクトを開始する。この取り組みについて記録を残しているヴィエ・ハンセンによれば、このグループの目的は主に三つ。①あらゆるプライマリ・ケアのスタッフ（その職種にかかわらず）の相談に応じること、②患者とプライマリ・ケア提供者との関係を断つことなく外来治療をおこなうこと、③病院への入院をコミュニティ・ケアへと転換すること、であった（Hansen 1987）。

このとき、アンデルセンらが治療方法として用いたのが米国のＭＲＩ（Mental Research Institute）やミラノ派のシステミックな家族療法である。このセラピーの場には、ソーシャル・ネットワークにおける大切な人々が可能な限り速やかに招かれた。また、アンデルセンらは決して精神科病院への入院を勧めることはせず、薬物治療は患者本人や家族から直接に要請があった場合にのみなされたという。一九七〇年代後半のトロムソでの話だ。

プロジェクトの詳細な経過について、ここで縷述する余地はないが、彼らのグループによるプロジェクトは、当初の目的に対して全体として大きな成果を挙げた。*2 しかし、地域の責任者は、プロジェクトの継続に関して病院の精神科医たちに意見を求め、結果、プロジェクトは打ち切られる。当時、多くの精神科医たちは、適切な医療は病院内でこそなされるものと考えており、アンデルセンたちのやったことは、そうした考えへの挑戦を意味していたためだ。この経験は彼に多くの教訓を与えた。

## 2-2 アデル・ビューロー＝ハンセンからの学び

一九八三年から八五年にかけて、アンデルセンは、同い年の理学療法家グドラン・オブレベルグとともに、ビューロー＝ハンセンの施術に同席、その様子を撮影し、そこでの患者とのやりとりや、起きていることのすべてを書き起こした。*3 当時、ビューロー＝ハンセンは毎朝八時から夕方四時まで一日に七人の施術をおこなっており、彼らはその施術後に話し合いを重ねたという。一九八六年、その成果は一冊の本（Øvreberg and Andersen 1986）にまとめられ、刊行されている。

このとき彼が学んだのは、たとえば、こうしたことだ。「彼女の手が柔らかすぎたら、胸の動きに変化は起きない。だが、もしも、その手が少し強ければ、胸の更なる動きが生じる。もしもその手が強すぎたり、長くやり過ぎたら、人々は大きく息を吸い込んで、吐き出さない。それが彼女のいつも探していることだ」（Malinen et. al. 2012=2015: 63）。グレゴリー・ベイトソンに学んだ「差異を生む差異」「変化を生む変化」という概念が、そこではビューロー＝ハンセンと患者の身体間で生き生きと体現されていた。

更に、ビューロー＝ハンセンによって促されたのが、「あれかこれか（either-or）」から「あれもこれも（both-and）」へのパースペクティヴの変化である。一九八四年の秋頃まで、アンデルセンたちはセラピーにおいて家族らになんらかの指示をおこなっていた。「あなた方の状況はこうです」「だから、このようにしてください」といった具合だ。そうした振る舞いの前提には、専門家こそが「正解」を有しているという思い込みが存在する。しかし、ビューロー－ハンセンは、そのような特定の見方に立つことの危うさを指摘した。彼女は施術をおこなう相手の身体の内側から、つねに多様な声を受けとめていた。身体が発する声がロゴスを超えるのは、当然だろう。やがて、アンデルセンたちの話し方は、「あなたがたの理解の仕方に加えて、僕たちはこんなふうに理解しました」「あなた方がしてきたことに加えて、こんなことは想像できるでしょうか」というふうに変化していった。それは、一見ささやかな、しかし、決定的な変化であった。

## 3　リフレクティング・トークとリフレクティング・プロセス

一九八七年にリフレクティング・チーム論文が発表されると、その画期的な会話形式は俄かに世界中の注目を集め、各地でそれをなぞる取り組みが始められた。その一方、アンデルセンは、早くも一九八九年刊行の論文のなかで「リフレクティング・チーム」という言葉の使用を最小限に控えるよう示唆している。「なぜなら、そうした設定は、ある話題について会話することと、そうした「話題についての会話」について思いをめぐらせることとの転換を示す「リフレクティング・ポジション」を組織するほとんど無限にあるやり方の一つに過ぎないのだから」（Andersen 1989: 76）。彼が早くからその形式化を危惧し、各所で強調していたように、チームやワンウェイ・ミラーの利用は、あくまで一つのやり方に過ぎず、彼自身、それに囚われることはなかった。

アンデルセンがここで言うところの「リフレクティング・ポジション」とは、リフレクティング・チーム形式の会話においてリフレクティング・チームが果たす役割をその一例とするような、リフレクティングの促進を担うポジションである。筆者なりに敷衍するなら、それは個人としての相手に関わろうとするのでなく、その場で生じつつある会話に関わるためのポジション。更に言えば、関係と関係することを可能にするための「間」を創出するためのポジションである。必ずしもリフレクティング・チームを配置せずとも、リフレクティング・ポジションを組織することは多様に可能だが、逆に、リフレクティング・チームを配置することが直ちにリフレクティング・ポジションを組織することにはつながらないことに留意する必要がある。

まず、ミラノ派家族療法を土台として一九八五年に誕生したリフレクティング・チーム形式の会話を、対面的相互行為場面においてリフレクティング・ポジションを組織するためのセッティングの一例とすると、実際には、更に多様な対面的相互行為の形態を含むリフレクティング・トークが可能である。アンデルセン自身、チームなしで、一人の同僚が同席して聞き手とリフレクティングをおこなう最小構成的なリフレクティング・トーク*4から、多数の聴衆を伴うワークショップや会議形式のコンサルテーションの場で、聴衆をリフレクティング・チームとする大規模なリフレクティング・トークまで、幅広いバリエーションを提示し、実践している（Andersen 1995）。

更に、対面的相互行為における会話を基本とするリフレクティング・トークをその一層として含む広義のリフレクティング・プロセスは、リフレクティング・トークが実現される「場」の文脈形成プロセスをも含み込んだ動的な生成変化のプロセスである。それは各現場でリフレクティング・トークをおこなうことを可能とするための制度や組織の変革、および、各現場でリフレクティング・トークをおこなうことを通して可能となる制度や組織の変革を含意している。ここで、前文における前者と後者とのあいだに、より広汎なリフレクティング・ポジションが組織されていることに気付くことができるだろう。

アンデルセンは、リフレクティング・プロセス概念を次のように定義している。「リフレクティング・プロセスとは、様々な参与者が「はなすこと」と「きくこと」のあいだでなす「うつし」に一定のかたちを与えたものと記述できるだろう」(Andersen 1992a: 88)。[*5] 敷衍しよう。アンデルセンにおいて、「はなすこと」は「外的会話」、「きくこと」は「内的会話」とも呼ばれる。「はなすこと」が「外的会話」であることは、イメージしやすいだろう。一方、ここで言われる「きくこと」、「内的会話」とはいかなることだろうか。「自己との会話」と表現すると、内省のニュアンスが強くなり過ぎる嫌いがあるが、ここで「自己」が意味するのは、ただ人間個人のことばかりではない。また、それが会話である以上、そこに単一の声のみが存在する、あるいは、ひとつの声が他の声を支配しているのではなく、種々の声がそこに招かれ、間を保ちつつ共在し、相互のやりとりが生じている状態を意味していると捉えることが適切だろう。それゆえ、「外的会話」におけるのと同様、自己の内に他なる声を含まないようなモノローグ、孤立した自問自答は、アンデルセンが「きくこと」「内的会話」と呼ぶものではない。

リフレクティング・プロセスの実質は、そのようにそれぞれに複数の声が響き合う「外的会話」と「内的会話」という二つの異なるパースペクティヴを丁寧に折り重ね、うつし込み合わせていくことに存する。それが適切に進められるなら、二様の会話のあいだにある種の渦が生成されるのを感受することができるだろう。そうした実質を損なわない限り、リフレクティング・プロセスを体現するあり方は融通無碍に可能であるが、折り重ね、うつし込み合わせられるための適度な「間」の創出と涵養、そして、そうした「間」の創出と涵養を実現する（と同時に、それを通して実現される）「場」の創出と涵養という二相の相互形成プロセスがそこに生きていることがなにより枢要であることを忘れてはならない。

## 4　オープンダイアローグにおけるリフレクティング・トークと間

ここまでの議論を踏まえ、オープンダイアローグにおけるリフレクティング・トーク活用の意義について、あらためて見ていこう。念のために確認しておくと、「アンデルセンのリフレクティングにおいては、チームやワンウェイ・ミラーが用いられていたが、オープンダイアローグでは、より柔軟に自然な形でリフレクティングが活用されている」といった単純な説明が十分なものでないことは、すでに明らかだろう。アンデルセン自身が誰よりも早くリフレクティング・チームの形式化、クリシェ化を嫌い、その場の文脈に応じた多様なリフレクティング・トークの可能性を柔軟に探求していた。また、セイックラをはじめとするオープンダイアローグ草創期のリーダーたちとアンデルセンとの親交の深さを考えれば、オープンダイアローグのトリートメント・ミーティング[*6]において用いられているリフレクティング・トークを、アンデルセンのそれと別種のものとすることには無理がある。

大切なことが、目新しさを強調することではなく、そこに通底する生命の実質を見極めることであるとすれば、オープンダイアローグにおいて丁寧に引き継がれているリフレクティング・トークのエッセンスとは、どのようなものだろうか。筆者は、クライアントの前で専門家同士が会話するという目につきやすい表面的形式から、もう一歩踏み込んで、会話の場において丁寧に「間」を創出し、涵養することこそ意に留められるべきと考える。アンデルセンが会話において三種の間を意識するよう指摘したことは、第9章において見た通りだ。では、実際のオープンダイアローグのミーティングにおいて、それはどのような意義を有するのか。

セイックラらによるオープンダイアローグの二つの主著には、ほぼ同じ文面で、種々の声のあいだでダイアローグを促進するための四項目からなるガイドラインが提示されている。*7 そのガイドラインのなかで触れられている間の意義とは、次のようなものだ。「「〝お父さんがいなくなったら怖い〟とおっしゃるんですね」と話し始め、少し間をおくことで、クライエントが本当にそう言いたかったのかを考えなおすための「間」をつくるとよいだろう」(Seikkula and Arnkil 2006=2016: 69, 2014: 61-62)。

「少し間をおく」というさりげない表現は、つい読み流されてしまうかもしれないし、たんにしばらく黙ることと解されてしまうかもしれない。しかし、セイックラらが間の重要性を深く感じていることは、第二の主著で新たに提示された「ダイアロジカルである」ための八項目からなるガイドライン*8の最後の項目にも見てとれる。そこで彼らは、乳児と母親との相互作用における前言語的なコミュニケーションに音楽性(communicative musicality)を見出したことで知られる児童心理学者コルウィン・トレヴァーセンに言及しつつ、次のように述べている。「対話する人々のあいだの対話のリズムは、「間」と「静寂の瞬間」とを必要とする。それは考えを声に出して話すばかりでなく、人が自己と他者とに話したことを聞くことのできる「内なる対話」の空間を保持しうるためのものだ」(Seikkula and Arnkil 2014: 125-126)。アンデルセンが晩年によく描いた「会話する二人(Two Talking Persons)」(Andersen

2007b: 91）のイメージが目に浮かぶような文章だ。このように引き継がれた実質を見過ごし、クライアントの前で専門家同士が会話するという表面的形式ばかりをまねることは、字義通り「顰みに倣う」こととなるだろう。更に付言するなら、オープンダイアローグにも引き継がれているリフレクティング・トークにおける会話が、言語記号として示された意味ばかりでなく、身体性を伴う息づかいの速さやリズム、ピッチの変化（すなわち音楽性）、姿勢、声の大きさ、そして、間という豊かな次元をも含み込む上で、第2節に見たビューロー－ハンセンらとアンデルセンとの協働が大きな意味を有していることは、言うまでもない。

## 5　リフレクティング・プロセスとしてのオープンダイアローグ

第2章でも触れたように、家族療法の歴史の証人であるリン・ホフマンは、セイックラらの第一の主著に寄せた序文でこう述べている。「私見では、この二つのやり方（筆者註：オープンダイアローグと未来語りのダイアローグ）は、トム・アンデルセンのリフレクティング・プロセスと、より巨視的には、「ノーザン・ネットワーク」という彼のヴィジョンの一部にその多くを負っている」（Seikkula and Arnkil 2006=2016: vi）。

さすがの卓見だが、筆者は同時にこう思う。アンデルセンにおけるリフレクティング・プロセスと、彼が仲間たちとともに生み出した「ノーザン・ネットワーク」は、きっと別々のことではない。彼にとって、リフレクティング・プロセスとは、必ずしも対面的相互行為としての会話場面に限定されず、国際的ネットワークのつながりと広がりをもそこで育んでいくようなパースペクティヴにおいて理解されるべきプロセスであったのだ。

本章のエピグラフに引いたアンデルセンの語りには、セイックラたちによるフィンランドでの取り組みを潰えさせまいとする彼の意志が見てとれる。第2節に見た一九七〇年代のトロムソにおけるプライマリ・ケアとの連携プロジェクトと、その挫折という深く刻み込まれた経験は、そうしたプロジェクトを涵養するための「場」を創出し、涵養することの大切さをアンデルセンに教えただろう。一九九六年、アンデルセンは、セイックラらとともにオープンダイアローグとリフレクティング・プロセスに関心を持つ世界各地の仲間たちが集う場'International Meeting for the Treatment of Psychosis'を設立している。*9

このように、リフレクティング・プロセスを文脈としてオープンダイアローグをながめるとき、我々はそこにいかなる可能性の広がりを見出すことができるだろうか。筆者は、前章において、オープンダイアローグをめぐる二つのオープンさについて指摘した。一つは、ダイアローグの場自体がなんらかの意味で開かれた形で設定されていること。これを「開かれた場」としてのオープンダイアローグと呼んだ。もう一つは、ダイアローグの働きによりなにかがそこで開かれてゆくこと。これを「開けゆく場」としてのオープンダイアローグと呼んだ。あえて繰り返すなら、いかに画期的な「開かれた場」がそこに設定されているとしても、それ自体はひとつの静的な器であり、形式である。その場が生きたコミュニケーションの場としてあり、そこに生き生きとした変化が生じるためには、いま、この瞬間の応答を通して、新鮮な風が吹き抜けるように、そこに新たな意味が生まれ、瑞々しいパースペクティヴが開かれ続けてゆくことが欠かせない。

我々にとって、オープンダイアローグが「開けゆく場」であり続けるためには、それをなんらかの確立したシステムや技法として受容することを避け、自らの身をもって、いまここにおける会話の「間」と「場」、二相の相互形成プロセスそのものに参与していく他ないだろう。そして、そこに生ずる渦を涵養すること、様々な水準における「開かれた場」の形をも含め、既存の文脈に内在する凍りついた揺れ動きそれ自体を矛盾として前景化し、そこに新鮮な風を通し続けること。それこそがリフレクティング・プロセスに他ならない。

## 註

＊1　セイックラらは、彼らの第二の主著（Seikkula and Arnkil 2014）のなかで「オープンダイアローグ」という言葉を二つの観点、すなわち、フィンランド西ラップランドにおいて独自に発展した精神医療における危機対応アプローチとしてのそれと、あらゆる人間関係、関わりの実践に関する人々の間の制約のない（open-ended）対話的あり方としてのそれとに区別し、前者を大文字の'Open Dialogue'と表現している。同様に、本章で述べる通り、「リフレクティング」という言葉が表す範囲についても、やはりいくつかの水準を区別することができる。

＊2　プロジェクトは三年間実施され、グループは総計九一四人の患者に対応した。そのうち精神科病院への入院に至ったのは六五人（七・九％）であった。また、三三ヵ月間の統制期間と比較し、二二ヵ月間の介入期間において、トロムソ唯一の精神科病院の入院率は、第一病棟で四〇％減少、第二病棟で六％減少している。

＊3　アンデルセンと理学療法家たちとの協働は、この期間に限られたものではなく、アンデルセンの生涯にわたって継続した。

＊4　アンデルセンとスウェーデンの刑務所でリフレクティング実践に取り組んだユーディット・ワグナーは、これをトライアローグと名付けている（Wagner 2007）。

＊5　あえて「うつし」と、筆者が翻訳した原語は、'the shifts'である。リフレクティングという言葉に込められた意味が、英語の'reflection'のニュアンスと異なることは、繰り返しアンデルセンが強調しており、それは単純な反射を意味するものではない。大和言葉でこそ可能となる「うつし」という表現でアンデルセンの含意を受けとるなら、リフレクティングとは、映しであり、移しであり、写しであるような「うつし」である。詳しくは、矢原（2016）を参照。

＊6　それが患者に関係する家族や友人らプライベート・ネットワークと専門家たちプロフェッショナル・ネットワークの人々とが集うネットワーク・ミーティングであることに、オープンダイアローグの特徴を見出す向きもあろうが、ネットワーク・ミーティングというスタイル自体は、ケロプダス病院や西ラップランド固有のものではなく、北欧諸国に広く見られる形態である。

＊7　第一の主著では、「どうやって多様な〈声〉たちを引き出すのか、不確実性に耐えるのか」という項で、第二の主著では、「日々の実践におけるダイアローグの活用」という項で、同内容のガイドラインが紹介されている（Seikkula and Arnkil 2006=2016、2014）。それは、「ミーティングの参加者全員が、できるだけ早いうちに発言する機会をもてるようにする」「相手が話したことに、自分の最初の発言を合わせる」「精神病的な話題を解釈したり、「現実に目を向けさせる」ようなことはしない」「専門家どうしで自分の観察や考え方を振り返ってみる」という四項目からなる。なお、彼らがこれらのガイドラインを示す際、ダイアローグの促進が特定のインタビュー技法や介入法のトレーニングによって達成されるものではないこと（むしろ、そうしたものに従うことでダイアローグが妨げられる恐れがあること）を念押ししているのは、実に正当である。

＊8　それは、いまここにあることを意味すると彼らは述べている。

＊9　学会のような組織を持たず、明文化された規定等も特に見当たらないにもかかわらず、毎年、開催されるこのユニークな集まりは、二〇〇七年春、アンデルセンが不慮の事故に見舞われ急逝した後にも、今日まで世界各地で精神医療の変革に取り組む人々が集う場となっている。

# Ⅶ　ダイアローグを超えて

**会話者**　本書の最後となるこのパートは、いずれも収束というより、発散や解放あるいはメタモルフォーゼを予感させる文章からなります。プロセスとしての治療構造を論じた第15章のタイトルにあるように「更新」を旨とするリフレクティングならではのことでしょうか。

**研究者**　第14章は、トムの盟友ジョン・ショッターの晩年の思索を紹介するために書かれた文章です。本邦では、まだあまり知られていませんが、彼の議論は社会構成主義の幅広い流れに連なる世界各地の臨床家たちに豊かな理論的示唆を提供し続けています。二〇〇〇年代、彼はトムを招いてワークショップを重ね、その他者とあるあり方（way of being）に魅了され、トムが旅立った後も、そのことについて考え続けました。

**会話者**　ジョンがオープンダイアローグのなにを懸念し、トムのいかなるあり方を「忘れるな」と訴えたのか。それは前パートの議論ともつながっています。

**研究者**　つまり、第14章は、前のパートにおける議論をうつし込みつつ、ビヨンド・ダイアローグという本パートのテーマに流れをつなぐ文章と言えるでしょうか。

**実践者**　それればかりでなく、「流れのうちに定位する」ことをめぐるジョンの思索は、筆者の臨床社会学的実践の構えにも浸透し、影響を与えています。

**研究者**　最後に置かれた第16章では、リフレクティングに潜在するラディカルさが既存のダイアローグのいかなる「向こう（yond）」を垣間見せるものであるのか、いくつかの仮説が提示されています。

**実践者**　ロゴスを介したダイアローグから、肯定をも否定をも否定する絶対的（あるいは絶待的）

否定を中軸とするレンマを介したその「向こう」へと踏み出すことは、わたしたちの研究、会話、実践をいかなる活動に変容させるでしょうか。

**会話者**　一九八七年のトムの論文に見られる通り、リフレクティングは、その当初から「あれでもなく、これでもなく」という会話の可能性をひらく活動でした。会話をロゴスから解放することは、リフレクティングの基本的身振りであるとすら言えるでしょう。すなわち、リフレクティングにおける会話とは、そもそもから対話（dia-logos）を超えた待話（dia-lemma）であるわけです。ここで、セラピーの語源である θεραπεύω（therapeúō）が〝wait on〟すなわち、「誰かに仕えること」そして「何事かを待つこと」を含意していたことを想起することもできるでしょう。

**実践者**　「待話」とは、不確かさの内にありつつ、いずれ訪れる変容の機会をともに「待つ」会話です。現場と協働する研究にも、そうした構えはありうるのでしょうか。

**研究者**　臨床社会学も研究である以上、私たちは一定のロゴスなしに済ますことはできません。同時に、これまで重ねてきた実践研究を顧みれば、それらが現場のコンテクストに沿いつつ、そこでの会話や実践に応答し、互いに縒り合されるなかで、おのずと生じていることも確かです。個々の研究におけるロゴス間に無理に一貫性を求めるなら、そこで観察される現実はむしろ貧しくさえなるでしょう。

**会話者**　我々の会話も、もとより一貫性を目指すものではありません。既存の会話を離れ、研究を離れ、実践を離れつつ、それらを更新していくために、我々は互いにいかなる足場となりうるでしょうか。

# 14章　つぎつぎになりゆく出来事と対話的であること

ジョン・ショッターによるトム・アンデルセン

## 1　トムとジョン

ノルウェーの海岸沿いの岩場を愛犬と散歩中、不慮の事故に見舞われたトム・アンデルセンが旅立ったのは二〇〇七年春のことだ。彼の最晩年の論文（Andersen 2007a）は、既存の学術的心理学研究に対する批判的探究に取り組み、社会構成主義への関心を有する多くの臨床家たちに広く影響を与え続けたジョン・ショッターの紹介で終わっている。そして、二〇一六年末、ショッターも英国にて帰幽した。生命あるものは、みなうつろいゆく。

ショッターに関して、本邦では、雑誌や論集の一章としてわずかに翻訳が散見されるものの、これまでに主だって紹介され、議論される機会はそうなかったように思う。彼の多数の著述の基調に流れるのは、「科学的」心理学を含む近代科学に見られる要素還元主義的機械論に依拠した世界観に対する根本的批判である。対象の外部からの、静的な過去についての、豊かな文脈を切り捨てたものの見方とは対蹠的なあり方の可能性がそこでは探求されている。

同時に、彼の浩瀚な著述は、旧来の科学観に対する粘り強い批判のみならず、社会構成主義のパースペクティヴを共有する実践家たちへの豊かな示唆を含むものでもあった。生前、二〇一六年半ばには、彼の永年の研究を言祝ぐ論集（Corcoran and Cromby 2016）が刊行され、帰幽してのち、二〇一七年の初めには、ハーレーン・アンダーソンが編集する*International Journal of Collaborative-Dialogic Practices*誌で追悼特集が組まれ、そこに世界各地の実践家たちが文章を寄せていることからも、その影響の大きさを推し量ることができるだろう。

ショッターの著述は、彼が〝textual friends〟と呼んだ多くの先人たちの声に溢れている。バフチン、ヴィゴツキー、メルロ゠ポンティ、そして、ヴィトゲンシュタイン。それらの声がショッター自身の声と錯綜し、キアズミック（交叉反転的）に響き合う長文は、読み易いとは言い難いが、その独特のスタイル自体が内容にフィットしたものであることも、いずれ徐々に沁みてくる。そして、めくるめく哲学的思索の絡み合うそうした流れが、決して抽象論に留まることなく、実際の臨床現場において体現されるひとつのあり方として、繰り返し著述のなかで参照されたのが、リフレクティングで知られるアンデルセンの面接場面における種々の会話である。

二人の交流が、双方にとって温かく、刺激的なものであったことは、二人が共同して開催したワークショップの様子等からも感じとることができる。両者をよく知るガーゲン夫妻は、ショッターの追悼特集のなかでこう述べている。「トムとともにあることで、ジョンの学問的著述は、実践の世界にもっとも強力に結びつけられた。トムは彼が知っていたセラピーの世界にジョンを導き、ジョンは豊かで明瞭な表現をそこに付け加えた」(Gergen and Gergen 2017: 21)。

アンデルセンが急逝した年、ショッターは「トム・アンデルセンのトム・アンデルセンであるあり方を忘れぬように」と訴えた (Shotter 2007)。そのショッターが最晩年、*Australian and New Zealand Journal of Family Therapy* 誌の「対話的実践」特集において、あえて「対話的セラピスト」を自称することのなかったアンデルセンの声を招き、対話的であることについて論じたのが本章で紹介するShotter(2015) "Tom Andersen, Fleeting Events, the Bodily Feelings They Arouse in Us, and the Dialogical: Transitory Understandings and Action Guiding Anticipations." である。論文のタイトルを直訳するなら、「トム・アンデルセン、なりゆく出来事、私たちの内に生じる身体感覚、そして、ダイアロジカルであること——うつろいゆく理解と行為を導く予期」といったところだろうか。

## 2 うつろいゆく理解と行為を導く予期

### 2-1 対話に至る

対話に至ることとは、たんに自己充足的個人の立場を離れることを意味するのではない。それは根本的な世界観の転換を意味する。日本語で「対話」と訳された'dialogue'がギリシア語の'διάλογος(dialogos)'に由来することは、よく知られている。'διά(dia)'には、英語の'through'にあたる意味があり、すなわち、'λογος(logos)'を通してなされるのが対話ということになる。ただし、このときショッターが念頭においているロゴスとは、その概念の最初期のもの、すなわち、森羅万象の流転を説いたヘラクレイトスが「火」と呼んだそれである。それゆえ、対話に至ることは、現われの背後に隠された真実としてのロゴスの探求に向かうものではなく、おのずから応答的な生命、すなわち、みずからの環境に親密に関わりつつ、絶え間ない大海のごとき世界に浸漬し、その混ざり合いのうちで影響を受け、かつ、影響を与えて生きることを意味する。本論文で、ショッターは、まずバフチンの声を響かせながら、「おのずからなる応答」と「予期的理解」という二つの焦点を重ね合わせて、対話に至るありようを論じている。

「おのずからなる応答」の舞台は、「社会気象」と呼ばれる。ショッターの言葉に触れ、そしてショッターにこの言葉を贈ったのは、彼を「私たちの自家哲人（in-house philosopher）」と呼んだリン・ホフマン（Hoffman 2007）。彼女もまた二〇一七年末に旅立った。絶え間ないコミュニケーションの雨風は、ときに我らの帆を張り、ときに凪ぎ、ときに難破させる。生まれながらそのうちにあって、我々にはそうした気象の流動を外部から観察することはかなわず、直面する状況がいったいなにであるか、いかにすることが最善かは、つねに不確かである。そこでなしうることは、ただ応答することでしかない。「あらゆる話し手は多かれ少なかれ応答者であって、つまるところ、宇宙の永遠の沈黙を乱す最初の話し手ではない」（Bakhtin 1986: 69）と言われる通り、話すことは、他者の声におのずと応答すること、絡み合う社会気象の流れのうちで、そのようにしていくことに他ならない。

「予期的理解」は、我々がそれと意識することなく、ただ生じるがままに生じる。それはたとえば、言葉を身につけるとき、教科書のみから第二言語を学ぶ際のあり方に対して、母語が身につく際の、様々な出来事との関わりのなかで、思考や発話がおのずと生じていくような学びである。ショッターの議論がバフチンの声を伴ったものであることを考えれば、ここで「出来事」の語が内含する意味について、ロシア語の'sobytie'を想起しておいてよいだろう。第2章でも紹介したように、この語は、語源的にso「ともに」+ bytie「存在」と分解可能であり、この語自体が、「ともに在ること」という語源的意味を秘めている（桑野 2011）。ゆえに、様々な出来事と関わる（人々とともに在る）そうした学びは、ただ生じるがままに考え、話し、ふるまうことをすでに身につけた人々のうちで、彼らがいかにして彼らのようであるかを目の当たりにしながら学ぶことである。そこにおいて、ともに在る人々の言葉は、たんなる記号としてではなく、ペースや抑揚や口調を伴う表現として、ともにそこに置かれた状況下で我々が共有しうる評価的感情をも生じさせるだろう。それゆえ、発話はそれに先行するものに関わるばかりでなく、その後に続くものにも関わる。すなわち、他者は受動的な聞き手でなく、能動的な参与者であり、「話し手は、その当初より彼らの反応、能動的で応答的な理解を期待し、発話全体は、いわばその応答に出会うことを予期して構成される」（Bakhtin 1986: 94）。

しかし、そのように対話に至るとして、我々がそこで出会うのは、いかなる応答だろうか。近年、ダイアローグという言葉自体がなんらかの価値をはらむかのように語られることもあるが、対話の場は理想郷ではない。「彼らは私たちに好奇心や愛でもって応答するだろうか、それとも、無理解や失見当によってだろうか」とショッターは疑問を投げかける。おのずからなる応答の絶え間ない流れのうちで、予期的理解とともに不確かな未来に足を踏み出そうとするとき、周囲の人々がそれにいかに応答するのか（という期待）は決定的であるし、その予期に伴う怖れこそ、ときに我々を凍り付かせ、身動きできなくさせる。では、「私たちが互いに「触れ合っている（in touch with）」」と感じられるような調和は、対話において、いかにしてありうるのか。

## 2-2　流れのうちに定位する

ショッターは、人生において直面しうる二種の困難について述べる。一つは知（intellect）をめぐる困難、もう一つは定位（orientation）をめぐる困難。知をめぐる困難が、理論の助けを借り、推論の操作的形式を用いて解決されるのに対して、定位をめぐる困難は、我々がみずからの周囲で生じる出来事に向けて全身で関わるそのあり方に関するものである。たとえば、我々が何事かについて理解し難いとき、それがなんらかの知識の不足によるものでなく、我々がそこになにを見ようと欲しているのかによって、理解が妨げられていることは多いだろう。ただ生じるがままに生じる思考が、我々を気づかずしてあらぬところに導くこともあるということだ。

比類なきうつろいゆく理解は、開けゆく流れのうちを我々がうつろうにつれ、「どこにいるのか」「どこに向かうのか」という感覚を生じさせる。そのようにして、我々を取り巻く状況に対する我々の定位はあらわとなる。ただし、我々にその端緒を知ることはかなわない。それは、特定の個人にその起源を求めることが不可能な、縺れ合った経験の総体に参与することの結果として、我々のうちに生じるものであるがゆえに。

このような我々を取り巻く人々との「対話的に構造化された関係（dialogically-structured relations）」において感受されるきわめて強力な感情的調和について、それは諸刃の剣であるとショッターは指摘する。なぜなら、我々はみずからのために意図して行うことなく、おのずから我々の環境に関わり、定位するあり方を身につけるのであって、それは謂わば、我々の意図をこえて、他者によって我々に課されるのであるから。一方、そうした周囲からの影響を、我々自身がみずからの変化のために利用することは容易ではない。内なる因果思考は、本質的に独話的なものであるのだから。

以上のような議論を踏まえ、満を持して紹介されるアンデルセンと一人の女性との会話（この会話の詳細は、Malinen et al.（2012=2015）でも読むことができる）は、ここまで論じられてきた対話的に構造化された関係において感受される調和が、実際の面接場面においていかに実現されうるのかをよく示している。

この女性は、自身が病に伏しているときでさえ、誰かに助けを求めるということができず、そのことに関して長く悩んでいた。「なぜなら、自立というのが我が家の大事な言葉なんです。私たち家族は、自立的ということになっていました」。彼女の表情の変化や声の調子は、「自立的」という言葉が大きな意味を持つことを示していた。アンデルセンはこう尋ねる。「もし、あなたが自立的という言葉を覗き込んだら、なにが見えますか？」。女性はその言葉が好きではないと言い、やがて涙を流す。「孤独について話すのは、とてもつらいの……ええ、それは独りでいることです」。自立的であるようにとの期待に応えるため、独りでいなければならないことがどれほど辛かったか話すうち、彼女は声をあげて泣き、その身体は忍従に沈む。しばらくのあいだ妨げられることなく話すうち、それらの期待に応えることができたかどうか彼女は考え始める。自身の議論に没頭していくなか、自立的でいるという考え方を強いられることに、彼女の声は怒りに満ちていく。アンデルセンは、彼女の母親、父親、姉妹や祖母がそれぞれその言葉のうちになにを見るだろうかと尋ねる。

ここで生じているのは、どのようなことだろうか。アンデルセンは、その女性に「自立的」という言葉を覗き込むことを促す。そうすることを通して、彼女に気づかれぬままに作用していたその言葉の「独話的影響」を、彼女が経験している対話的関係へと持ち来たす。そこで彼女は、様々な状況における様々な意味を自分自身が明確化していくのを聞くだろう。そうすることで、自分自身や彼女を取り巻く他の人々、他者性との関わりにおいて、彼女がいかに定位してきたのか、より明瞭な理解へと至ることになる。

こうした女性とアンデルセンの会話を踏まえ、ショッターが見出すのは、我々がつぎつぎとなりゆく出来事の流れのうちにあって、その開けゆくダイナミクスに十分に感情的に調和するならば、それがどこに向かうのかのみならず、話し手にとって、まさにそのときになにが重要な「うつろいゆく理解」であるのかを聞き手が感受することが可能であるということだ。「聞くことと同様に見ることをする聞き手は、話された言葉がそれぞれに異なって話し手に「触れる」ことに気づくだろう」(Andersen 1996: 121) とアンデルセンは言い、「その瞬間」を感受することが、人々の自分自身や環境への基底的定位を見極めるセラピストの決定的定位であろうとショッターは述べる。

一方、臨床場面における他者の言葉が別の方向で強力な影響を与えることも、当然ありうる。アンデルセンは、精神病院に一年間入院した後、担当する医師らとともに家族療法にやってきた女性の例を挙げる。「なにか診断を与えられていたか尋ねると、彼女は「躁うつ病」と答えた。その診断がどんな差異をもたらしたか尋ねると、彼女は人生を変えられた、と答えた。彼女は、もはや笑うことも幸福であることもできず、悲しみ泣くこともできなかった。彼女を取り巻く人々が、彼女が躁状態やうつ状態になりつつあると見る、その表情を彼女は見ることができたためだ。それで彼女は、四六時中「幸せになるな！　悲しむな！　笑うな！　泣くな！」と自分に向かって呼びかける新たな内なる声を得たのだった」(Andersen 1996: 123-124)。

「自立的」という一人の女性の発話をアンデルセンが感受し、それに応答した会話と、「躁うつ病」という病院での診断名が閉ざしたもう一人の女性の内なる声。対話に至り、その流れのうちに定位する我々は、両者の差異をいかに受けとめ、いかに前者のあり方に接近することができるだろうか。ショッターは、「原理・原則への依拠から行為を導く予期へ」と訴える。すなわち、彼らが誰で、なにを必要としているのかに向き合わず、たんに、ある類型の諸事例として扱うようなあり方をやめること。そして、我々自身が彼らの比類なく、かつ、おのずから表れる表現におのずと応答することをなしうる場合にのみ、「うつろいゆく理解」と「行為を導く予期」を彼らが我々のうちに生起させるようなあり方で、我々自身を彼らとあらためて関わらせることが可能となる。

では、それが適切なあり方で他者に応じ続けることを我々に可能とさせるプロセスであるとして、そうすることでなにが導かれようか。ことによると、それは我々が「愛」と呼ぶものに似たなにかではないかと、ショッターは言う。

### 3　ショッターの懸念

論文の締めくくりで、ショッターがオープンダイアローグをめぐる懸念を提示していることは、ダイアローグをめぐる本邦の状況をながめるに、確認しておいて然るべきだろう。セイックラらがその主要七原則によってオープンダイアローグを位置付けていることは、よく知られている（国内でも、それらを参照して作成されたガイドラインが提示されている)。「しかし、筆者の懸念は、そうした「原則」の定式化に関するものだ」とショッターは言う。彼が指摘する原則のはらむ問題とは、それが「事後(after the fact)」であり「的外れ」であることだ。事後であるとは、実践の発展に関わる試行錯誤の段階の後でのみ、それらの原則が定式化されうること。的外れとは、それらの原則を見聞きすることでは、実際のクライアントとのやりとりにおいて必要な「傾向の予感」(この言葉はウィリアム・ジェイムズに由来する)や、鋭い判別感覚を喚起しえないことを指す。ショッターに言わせれば、そうした身体化された感受性の習得なしには、そのような原則は無意味なものだ。

一方、ショッターがアンデルセンの会話に見出したのは、なんら原理も計画もモデルも持たない「事前(before the fact)」のあり方であった。それは、あらゆる関わりのつぎつぎとなりゆく流れに浸漬しつつ、調和に至ることの結果として、ただ生じるがままに生じる感覚に導かれた実践である。すべてはうつろいゆくけれど、かつてアンデルセンと行動をともにした仲間らとともに、それはいまも受け継がれているはずだ。

# 15章　反復（タクト）でなく更新（リズム）のために

分業によってもたらされた特殊な作業の増大は、容易に習得でき、伝授しうる、規格化された解決法を必要とする。一方また、これらの解決法は一定の状況に関する専門化された知識と、それによって状況が社会的に規定される、手段‐目的関係に関する知識とを必要とする。言いかえれば、専門家が増大し、それとともにそれぞれの専門家は自己の特定の作業の遂行にとって必要と思われるものであれば、なんでも知っていなければならなくなるであろう、ということだ。

（ピーター・バーガー＋トーマス・ルックマン）

法則は時間性を本質的に欠いているので、生命に突き刺さって瞬間を拘束し、そのとらえたものを回復不可能に老化させ白髪にし血の気を奪う。リズムは現実時間の永遠の現象形態であり、絶え間なく老化に向かうものを絶え間なく若返らせることによって瞬間を解放する。

（ルートヴィッヒ・クラーゲス）

## 1　はじめに

「人間は常にこの時と所の制約を超えたものを求めようとするわけですが、どうしてもそれを逃れることはできません」(小此木 2003: 393)。治療構造概念の創作者として知られる小此木啓吾は、その最後の著書のむすびにおいてこのように述べる。治療あるいは面接と呼ばれる出会いが「この時と所」で生じるアクチュアルな現実状況であることを踏まえるなら、そこに感受される構造とは、多層的文脈の輻輳するその合流点に見出される、ある種の慣性力の面影の謂いであろう。

一方、巷間論じられがちな治療構造・面接構造とは、その印象の一側面をひとまず描き留めるために、そして、「この時と所」の制約を超えて、それをどこか別の現実状況へと持ちきたすために、専門家と称する者の手によって何某か移動や伝達が可能な一定形式(たとえば、奏でられる音楽に対する楽譜や、温かな料理に対するレシピのごとく)に落とし込まれたものと見立てることができる。こうした見立てから自ずと導かれるのは、本来、治療構造論が静的な構造の遵守のみに焦点を置くべきものではなく(そうすることは、面影がはらむ生命を殺すことにつながるであろうから)、むしろ、その動的な構造化のプロセスにこそ、議論の本来的意義を見出すべきであるということだ。

## 2　一つの出来事と二つの相

一九八五年三月のある木曜の午後、ノルウェー北部の家族面接の場(という「この時と所」)で生じたリフレクティングの誕生という画期的な一つの出来事もまた、そうした視座から振りかえることができる。その出来事に合流する文脈とは、たとえば、長きにわたる悲惨な状況に苦しんできた家族の歩みであり、米国から欧州へと渡り発展してきた家族療法の展開過程であり、主流の精神医療や家族療法のあり方に葛藤を抱えつつ彷徨を続けていたトム・アンデルセンらの実践の歴史である。

治療構造（あるいは面接構造）の視座から、この一つの出来事を二つの相において眺めてみる。まず一つには、リフレクティング・トークという新たな面接構造の発生として。それは当初、リフレクティング・チームと名付けられ、『ファミリー・プロセス』誌に発表されるや（Andersen 1987）、燎原の火のごとく世界各地へと広まり、新たな面接技法として多様な分野に導入、活用されて今日に至る。近年、本邦で関心の高まるフィンランド発祥のオープンダイアローグにおける治療ミーティングの基本構造としても、このリフレクティング・トークが用いられていることは周知のとおりである。多くの場合、この相において注目されるのは、話し手と聞き手の他に、その会話には直接加わらず観察している参加者（リフレクティング・チーム）がいることや、話し手の話が一段落したところで、話し手の見ている前でリフレクティング・チームが先の会話について話し合うこと、更に、聞くことと話すことを丁寧に分けながら会話を重ねていくことなどである。場合によっては、聞き手が問いかける言葉のリスト、そうした会話を進める際の座席の空間配置や視線の向き、話し手と聞き手による会話のターンとリフレクティングのターンの時間配分等々まで、いわば面接構造のレシピに落とし込まれているかもしれない。そのそれぞれは、「この時と所」で生じた何事かに由来するゆえに、そこになにかしらの意味付けを見出すことはできようし、また、その構造が別の場で生き生きと再現されることもあろうが、それらはあくまで静的構造、形骸である。

二つの相のもう一つは、多層的文脈が合流する「この時と所」でこそ生じるリフレクティング・プロセスという構造化の身振りとして。一九八五年三月の家族面接の場で生起したこととは、当時、欧州の家族療法において広く注目されたミラノ・システミック・セラピーの構造を足場としながら、まさにその構造の中核部分を裏返し、折り返してしまうことであった。すなわち、家族と面接者の最初のセッション（面接）の後、面接者と観察者が家族らを面接室に残して別室で協議する、ミラノ派ではインターセッションと名付けられた密室状況において、アンデルセンらは、自分たちが話し合う様子を家族たちにオープンにし、自由に観察してもらうという実に大胆な提案を行ったのである。敷衍するならば、ここで生じた構造化の身振りは、ひとり家族療法における既存の構造のみならず、広く〈クライアント／セラピスト〉間の〈みられる／みる〉という治療関係の歴史に根付いた一方向的階層構造を転回・旋回させる決定的な一歩であったと言うことができる。

かくして、構造としてのリフレクティング・トークと、構造化としてのリフレクティング・プロセスという二つの相を一つの出来事に見出すとき、前者の反復性と移転可能性、後者の更新性と文脈限定性という特質を確認することができる。では、一九八五年三月の「この時と所」で生じたリフレクティング以降のリフレクティングとは、ただ原型の静的構造をなぞり、反復する形骸の域を超えぬものだろうか。晩年、アンデルセンが「僕は、リフレクティング・チームという言葉はなくなればいいと思っているんだ」（Malinen et. al. 2012=2015: 157）と語った際、たしかに面接技法としてマニュアル化され、勇気も恐れも驚きすら要することなく専門家が対象に適用するプログラムとしてそれが消費されていくことへの嘆息がそこには含まれていただろう。

しかし、彼が早くも一九八九年の時点でリフレクティング・チームという言葉の使用を最小限にしたいと述べ、やがてリフレクティング・プロセスの語を明確に用いるようになるのを見るとき、そして、彼が不慮の事故で旅立つまで、各地の実に多様な現場と協働を続けていた豊かな諸実践に触れるとき、そこにたんなる同一性の反復ではない「この時と所」で生じるリフレクティング・プロセスという構造化の身振り、すなわち、その場に輻輳する文脈（構造）を前景化し、リフレクトする（折り返す）生き生きとしたリズムの更新がつねに可能であることを思わぬわけにはいかない。以下では、通常想定される面接構造の周縁、あるいは、境界の外縁にこそ見出されるそうした更新の痕跡をなぞってみたい。

## 3　面接以前の会話と会話

まず、スウェーデン南東部のカルマル刑務所において、ユーディット・ワグナーらとの協働により、一九九一年から取り組まれた初の刑務所内におけるリフレクティング・プロジェクト（Wagner 2009）について（詳細については、本書3章を参照）。長期および終身刑の者を収容していたこの刑務所において、当時、刑務官たちへの専門的教育は必ずしも十分なものでなく、「重い罪を犯した受刑者に対して、どのような関わりを持てばよいのか」と悩む声が聞かれていた。入職当初、職員たちからスーパーヴィジョンを期待されたワグナーは、アンデルセンによる研修に参加する機会を得たこともあり、刑務官らとのリフレクティング・トークを試み、この試みはすぐに入所者と刑務官を交えた三者間のリフレクティング・トーク（トライアローグ）へと発展していく。

容易に想像されるように、矯正施設という極めて制約的な場において、入所者を話し手とするリフレクティング・トークを導入するということは、もし、それが参加者にとって表面的、形式的なプログラムへと堕してしまわぬ覚悟を伴ってなされるのであれば、当該施設がはらむ既存の構造（それは明文化された規則の体系や暗黙の裡に共有されている不文律、施設の物理的環境、個々の職員や入所者において習慣化・身体化された身振りなど、様々な次元に及ぶものだ）を問い直し、揺るがすことを意味している。そして、彼らは、実際にそれに取り組んだのだった。

具体的には、リフレクティング・トークの会話の場の設定として、「入所者、刑務官とも参加は自由とする」「会話のテーマは入所者が自由に決める」「会話に招く職員は入所者が自由に選ぶ」「会話の場で話された内容は秘密を守る」「会話の場のあり方について参加者全員で継続的に話し合い、繰り返し合意の機会を持つ」といった約束を掲げ、それらを保持した。当然、職員からは賛否の声が上がり、入所者への厳格な対応を主張する刑務官たちから「囚人と職員のどちらの味方か？」と詰め寄られたワグナーは、怯むことなく「私はそこに橋を架ける者だ」と答えたという（二〇一六年、筆者との会話より）。

こうして矯正施設という既存の構造のなかに新たに切り拓かれ、位置づけられていった面接構造としてのリフレクティング・トークは、いかなる構造化を「この時と所」にもたらしただろうか。テーマも、会話の相手も、参加するか否か自体も自分で決められるという、刑務所内では稀な選択の機会を提供された入所者は、「自分は誰と話したいのか」「なぜその人と話したいのか」「その人となにを話したいのか」といった内なる会話を面接以前に重ねることになる。また、会話の場に招かれた職員も、職員主導で提供される従来のプログラム（そもそも、そうしたプログラムは、職員のなかでも心理士等の専門職が担うものとされており、刑務官に役割が期待されることはなかった）とは異なる新鮮な構えでその場に臨むことになる。

このように、生きた面接を可能にする面接以前の会話（入所者・職員それぞれの内なる会話、および、会話の場の設定に向けた外なる会話）によって育まれた「当たり前の会話」の機会がリフレクティング・トークの場における内なる会話と外なる会話の双方に浸透し、新たな足場となっていく。では、そうした変化の効果とはいかなるものか。ワグナーはこう振りかえる。「効果のひとつは、刑務所内で生じることへの不安な気持ちが消えたことです」。いったいそれ以上のなにが期待できようか。

## 4 面接以後の会話と会話

構造化としてのリフレクティング・プロセスが生じるのは、面接構造としてのリフレクティング・トークの実施以前ばかりではない。アンデルセンはクライアントを共同研究者として過去に実施されたリフレクティング・トークをともに研究する試みを各地で展開している。すなわち、リフレクティング・トークという面接の場のあり方自体をクライアントと協働して前景化する取り組みである。彼は、この実践を既存の研究枠組に結び付けるなら、「参加型アクションリサーチ（Participatory Action Research）」と呼ぶのが適切だろうと述べているが、その一部がAndersen（1997）に紹介されている（当該論文で触れられているのは、一九九一年から一九九三年にノルウェーとスウェーデンで実施されたものだが、アンデルセンと同様の実践を行ったという話は、筆者が北欧を訪ねた際、上記以外の時期・地域においても確認しており、より広範な取り組みであったと思われる)。

具体的な進め方は、次のようなものだ。まず、それぞれのセラピストは、治療関係が終結して一定期間が経過したクライアントに、彼らのセラピーの場での経験について話してくれるよう呼びかける。このとき、この集まりは、あくまでセラピストが元クライアントから学ぶ機会を得るためのものである旨、明言される。このポスト・セラピー・インタビューは、元クライアント、セラピスト、そして、外部から参加するアンデルセンの三者を含む、それ自体一種のリフレクティング・トークとして構成された。①まず、セラピストはアンデルセンの質問に応答しながら、セラピストが考えるクライアントの当該セラピーにおける経験、セラピスト自身の経験などについて、元クライアントの目の前で振りかえっていく。②セラピストとの会話が一段落した後、アンデルセンは元クライアントに「セラピストと僕の会話を聞いていて、コメントしたくなったことはありますか?」と尋ね、元クライアントによるリフレクトがなされる。③元クライアントとアンデルセンの会話に続いて、セラピストには再度、そこでの会話に応答し、コメントする時間が与えられる。

こうした共同研究は、既存の面接構造になにを生じさせるだろうか。共同研究に参加したある三人組のセラピスト・チームと元クライアント家族(母・父・息子)の場合、最初のセラピストとの会話では、息子がセラピーに全く参加していなかったこと、息子だけと会うことは不可能だったことが語られた。ところが、続いてアンデルセンと話したその少年は、自分が一人でセラピーに来ることこそ望んでいたことなのだ、と話したのだった。セラピストたちは自分たちが発した「それは不可能だった」という言葉の頑なさにショックを受ける。結果、この共同研究は、セラピスト・チームに大きな柔軟性をもたらすことになった。彼らはセラピーをいかに進めるかについて、家族と話し合うことを始めただけでなく、チームの形にこだわらず、一人でも二人でも家族と会うようになったのだった。すなわち、面接後に「この時と所」でクライアントとともに自分たちの面接を振りかえることを通して、協働的な学びほぐし（unlerning）とも言うべき治療関係の更新、新たな構造化のプロセスが生じたのである。

## 5　治療構造の賦活としてのリフレクティング

以上、リフレクティングの二つの相を通して眺めることで、面接構造・治療構造の動的構造化というパースペクティヴを垣間見ることができた。あるいは、それは治療構造論というよりも、治療構造分析と呼ぶのが相応しいような身振りであるかもしれない（当然、ここで「分析」の語を用いる際に筆者の念頭にあるのは、第2章において言及したフェリックス・ガタリらの制度精神療法で言われる制度分析である）。なんとなれば、それはひとりセラピストが認識し、治療的対話場面において用いうるものではなく、「この時と所」に合流する多様な文脈の担い手のポリフォニックな協働を通して、繰り返し（同一性の反復としてではなく）更新され、当該構造を賦活化してゆくリフレクティング・プロセスであるゆえに。

# 16章　ビヨンド・ダイアローグ

## 1　理論ではなく仮説として

その晩年の文章において、トム・アンデルセンは、「理論」と「方法」の二つの言葉の使用を避ける。前者を避けるのは、それが「見る」ことに深く関わるためだ（理論すなわち‘theory’は、見ることを意味するギリシア語‘θεωρεῖν’に由来する）。見るとは見えるものを見ることだが、現実は見えない（けれど動いている）側面を有しているというのが彼の仮説だ。そう。彼は理論より仮説を好み、仮説が理論よりも大きな言葉であると述べる。なぜなら、仮説はその理性的部分に理論を含みつつ、同時に感覚的な部分も有しているゆえに（Andersen 2007a）。本章もそれに倣い、明晰なる理論というよりも、リフレクティングをめぐるささやかな仮説のいくつかを提示したい。仮説に至る道筋では、いくらか理論的考察の風情をまとうことになるかもしれないけれど、期待されるのは、それらの仮説が次なる実践になんらかのインスピレーションをもたらしてくれることだ。決してどこか別の文脈、別の時点でかたちづくられた方法を杓子定規に各々の実践にあてはめることを促すためではない。

## 2　ナラティヴ・ターン再考

### 2-1　システム・サイバネティクスの認識論

二〇世紀中葉における領域をこえた知の革新、エピステーメーと言うべきシステム・サイバネティクスの視点が、家族療法にとってもまた、もっとも重要なものであることは論を俟たない。ごく大雑把に述べるなら、サイバネティクスは情報の伝達と復帰の連鎖、すなわち、フィードバック・チェーン（Wiener [1948] 1961=2011）に見出される円環的認識にその特質を持つと言える。サイバネティクスは、家族療法の分野においても直線的因果律に対する円環的因果律として（たとえば、Hoffman（1981=2006）が整理するように、旧来の医学あるいは精神力動モデルを前者と位置づけ、後者への移行可能性を家族療法に見出すかたちで）、広くその認識論的基盤を提供してきた。

直線的因果律と円環的因果律との対照は、前者の部分性と後者の全体性をイメージさせるかもしれないが、前者の開放性と後者の閉鎖性にこそ注目されてよい。そして、その「閉じ」を観察者とは独立に設定された観察対象において見出すのか、観察者自身をも閉じた円環（の一部）と覚悟するのかに応じて、サイバネティクスはファースト・オーダーとセカンド・オーダーに区別される。観察対象としての円環を様々に広げても（視野は広がるかもしれないが）、そのことで観察者自体の位置付けは変わらない。一方、自らその円環に参与していることを覚悟するなら、認識論的転換に直面することになる。すなわち、「［…］サイバネティシャンが自身の領域へと足を踏み入れるなら、みずからの活動について説明することを免れない。そして、サイバネティクスはサイバネティクスのサイバネティクス、セカンド・オーダーのサイバネティクスとなる」(von Foerster 2003: 289)。家族療法の実践においても、円環をあくまでセラピストの観察対象たる家族システムに（あるいは、より広範囲であれ、あくまで対象側に）見出すのか、それともセラピスト自身をも円環に含み込むのか、という差異は、決定的なパラダイムの違いをもたらす。すなわち、その含み込み方は様々でありうるにせよ、自身が観察対象となったセラピストは、円環全体を俯瞰し、一方的にコントロールできるような特権的位置を占めることの不可能性に直面する。

　ここでセカンド・オーダー・サイバネティクスの認識論に関し、その観察概念について敷衍しておこう（詳細は、矢原（2016）第3章を参照）。観察とは、なんらかの区別を用いてその一方を指し示すことと形式的に定義できるが、その区別自体は、そのさい観察されないまま働く。もし、その区別自体を観察しようとすれば、その区別をなにものかとして指し示すために、（その瞬間には観察されない）新たな区別を用いねばならないことになる。ハインツ・フォン・フェルスターは、これを観察における盲点と呼んだ。一方、セカンド・オーダーのサイバネティクス、すなわち、観察の観察の水準においては、観察者がいかに観察するかということが観察されることになる。こうしたセカンド・オーダーの観察の帰結は、（あらゆる観察は盲点を持つゆえに）より高度な観察とも、より正しい観察とも言い難いが、ニクラス・ルーマンの言葉を借りるなら、「［…］セカンド・オーダーの観察として、ファースト・オーダーの観察（自分自身を含めて）のありそうになさをテーマ化することはできる。

少なくともより広い選択領域を把握でき、ファースト・オーダーの観察者が必然性に従っていると、あるいはまったく自然に行為していると信じているところに偶発性を確認しうるのである」(Luhmann 1995=2004: 99)。偶発性とは、つねに他でもありうるということだ。

## 2-2 ビヨンド・サイバネティクス?

システム・サイバネティクスにおける認識論的展開を家族療法の歴史に重ねることは、しかるべき成書に委ねるとして、以下では、家族療法におけるナラティヴ・ターンと呼ばれる転回について再考してみたい。家族療法のポスト・モダニズムと呼ばれる潮流のなかで、ときに認識論としてのシステム・サイバネティクスは、言語/解釈モデルへと置き換えられるものと整理されている(楢林+小森 2013: 43)。しかし、同じくポスト・モダニズムにおける認識論の変化として示される観察者と対象との関係における転回(「観察者は対象の変化から独立」→「対象の変化は観察者と相互に影響し合う」)は、先に見た通りセカンド・オーダー・サイバネティクスにおいてこそ見出されたものであった。家族療法におけるこうした認識論上のねじれは、いかに生じたのか。

家族療法のナラティヴ・ターンに主導的役割を果たしたハロルド・グーリシャンとハーレーン・アンダーソンは、まさしく「サイバネティクスをこえて(Beyond Cybernetics)」と題した一九九〇年の論文において、こう断言する。「我々のセラピーがサイバネティクス認識論のメタファーで満たされているかぎり、セラピストの権力、指導、コントロールといった問題を乗りこえることは困難、あるいは、不可能でさえある」(Anderson and Goolishian 1990: 160)。ここで彼らが応答しているのは、二種のサイバネティクスをめぐり、ある種の折衷案的なセラピストの構えを提案したブレント・アトキンソンとアンソニー・ヒース（Atkinson and Heath 1990）の議論である。その議論に対して、彼らは、たとえセカンド・オーダー・サイバネティクスに依拠するセラピストであっても、それがサイバネティクスである限りクライアントとのあいだにヒエラルキカルでない関係を想定したり、セラピストによる権力の使用を放棄できると考えるのは、自らを欺くことだ、と両断する。

たしかに、多くの折衷案がそうであるように、アトキンソンらの提案は、一見穏当でありつつ、セカンド・オーダーの認識論の本質を形骸化させるものだ。また、セラピストの立場性の放棄自体が不可能であることには、筆者も異論はない。しかし、そこで彼らが「ポスト・サイバネティクス」として提示するのが「ナラティヴ」であることについては、それがいかにサイバネティクスの認識論をこえるものであるのか説明を要すると考える。彼らの「ファーストであれセカンドであれ、サイバネティクスとはその基本において秩序立ったコントロール理論だ」との決めつけは、あまりに表面的な印象論に過ぎず、それのみではとうてい説得力を持ちえないゆえに。

着目すべきは、彼らが次のように述べている点だろう。「〔…〕観察者について語るとき、ファースト・オーダーであれセカンド・オーダーであれ、意味は一個人の頭のなかに制限されてしまう。しかし我々にとって、意味や人間の精神（mind）を間主観的（intersubjective）現象と考える方が有用である。こうした概念は、サイバネティクスのパラダイムが記述しえないものである〔…〕我々の立場は、人間の行為が社会的構成（social construction）を通して生みだされる現実のなかで起こるという前提に大きく依拠している。それは人間の言語とディスコースの世界であって、サイバネティックなコントロールと観察されたパターンの世界ではない」（Anderson and Goolishian 1990: 160-161）。

ここでの記述から、彼らがサイバネティクスにおける観察者をエルンスト・フォン・グレーザーズフェルドの議論に代表されるような心理的構成主義（constructivism）の認識論に位置づけるとともに、自分たちをそれとは区別される社会構成主義（social constructionism）に位置づけ、その差異に新たな画期を見出していることが見てとれる。しかし、はたして彼らはこのときシステム・サイバネティクスの認識論を乗りこえることができたのか。あるいは、コントロール理論としてのサイバネティクスの操作的イメージ、心理的構成主義の独我論的イメージという産湯とともに、なにかしら大切な赤子を流してしまったのではないか。もし、そうであるなら、我々は彼らが踏み出そうとしていた一歩への敬意とともに、どのような一歩をあらためて、新たに踏み出しうるだろうか。

### 2-3　オートポイエーシスとラディカル・ルーマン

アンデルセンが「北極圏のギリシア風キッチン」というユニークな会議を開いたのは一九八八年。ここにはグーリシャン、アンダーソンらセラピストに加え、フォン・フェルスター、フォン・グレーザーズフェルド、オートポイエーシスで知られるウンベルト・マトゥラーナら錚々たるサイバネティシャンたちが招かれていた。その一場面をホフマンはこう振りかえっている。「グーリシャンは、会合の最終日に、考え込むような顔をして会議室の隅を歩き回っていました。〔…〕彼の話によると、マトゥラーナは、サイバネティックスは「意味と理解についての科学」であると宣言したそうです。グーリシャンは、私たちに「マトゥラーナは、工学的背景からサイバネティックスを救い出そうとしている。しかし、彼は成功しないだろうな。ウィーナーが、初めにそれをコミュニケーションとコントロールの科学と定義しているからね」と言いました」（Hoffman 2001=2005: 202）。

生物学者であるマトゥラーナとフランシスコ・ヴァレラによって提唱されたオートポイエーシスは、

システム・サイバネティクスの諸議論を受け継ぎつつ、生きているシステムの特質を明らかにするものとして登場した（Maturana and Varela1980=1991）。その名（αὐτο（自己）ποίησις（創出））が示す通り、それは自身の構成素を産出するシステム、更に言えば、自身の構成素を産出するプロセスのネットワークによって規定される有機構成を備えた単位体である。オートポイエーシス・システムの有機構成から導かれる帰結は、以下の四点。（1）それは自律的である。（2）それは観察者との相互作用に依拠することなく個体性を持つ。（3）それは自己産出のプロセスにおいてみずからの境界を定める。（4）それはインプットもアウトプットもない。

　諸々の特徴のなかでも、オートポイエーシスがもたらした最大の衝撃は、（4）のインプットもアウトプットもないということだろう。常識的に考えるなら、インプットもアウトプットもない閉鎖システムは、エントロピー増大により熱平衡に至る。生きているシステムが（たとえば我々が呼吸し、飲食するごとく）開放システムであることによってその生命を持続させていることは疑いえない。しかし、ここで言われる閉鎖性とは、あくまで構成素の産出プロセスのネットワークにおける閉鎖性のことだ。かつて渦巻を無生物と生物の中間現象と喝破した藤原咲平（1922）のインスピレーションに倣うなら、それはダイナミックな生命の渦と言えよう。オートポイエーシスにおいては、そうした生命の渦、自己の産出プロセスのネットワークこそが生きているシステムの本体であり（3）、それは外部観察者の視点から環境との関係で規定されるようなものではなく（2）、すなわち自律的である（1）、と宣言されたのだった。

　グーリシャンが悲観したマトゥラーナ個人によるサイバネティクス救出の成否は置くとしても、このオートポイエーシスという新たな認識論は、グーリシャンらがいったん捨て去ったサイバネティクスのパラダイムに、まさしく生気を吹き込む次なる展開への推進力となった。すなわち、オートポイエーシスを用いて、まったく新しいかたちで「意味システムとしての社会システム」を論ずる地平が切り拓かれたのだ（その記念碑的論文 Anderson and Goolishian（1988=2013）において、家族療法の歴史に見られる相矛盾する二つの方向性として対比的に示されたのが「社会システム」を強調する立場と「意味システム」を強調する立場であったことに鑑みれば、あらためてその意義が認識されよう）。そう。システム論的構成主義の認識論のもと、オートポイエーシスとしての社会システムの理論を体系化したラディカルなシステム論者ルーマンの登場である。

ルーマン理論のラディカルさを論じたハンス＝ジョージ・メラー（Moeller 2012=2018）によれば、注目すべきは、長く西洋思想界を悩ませてきた心身問題に対する解決策がそこで示されたことである。これまで近代西洋哲学は、プラトン以来の心身二元論について、せいぜい心身（あるいは意識／物質）間のヒエラルキーやダイナミズムを緩めることはできたにせよ、それに代わるモデルを提示するには至らなかった。ところが、ルーマンはそこに第三の概念、コミュニケーション（コミュニケーション・システムとしての社会）を付け加え、二元論を多元論とも理解可能な三元論へと変換する。すなわち、生物学的生体システム、心理システム、社会システムという三つの次元へと。

後者の二つのシステムは、ともに意味を用いる意味システムであるが、オートポイエーシスとしては、心理システムが意識を通して意識を産出する意識システムであるのに対して、社会システムはコミュニケーションを通してコミュニケーションを産出するコミュニケーション・システムであり、両者は別次元のオートポイエーシス・システムである。当然、心理システムが直接にコミュニケーションを行うことはないし、社会システムが直接に意識を産出することもない。各々の産出プロセスは閉じており、それゆえにこそ、システム外部のあらゆることについて考えたり、コミュニケートしたりすることができる。

このラディカルなシステム論から導かれる帰結は多岐にわたるが、ここでは、アンダーソンとグーリシャンによって論じられた「サイバネティクスの乗りこえ」としてのナラティヴ・ターンに照らして吟味しよう。まず、サイバネティクスにおいては「意味は一個人の頭のなかに制限されてしまう」との彼らの指摘は、意味システムとしての社会システムという新たな次元の提示により、端的に乗りこえられることになる。意味は一個人の頭のなか（inside）に制限されるものではないが、かといって人々のあいだ（between）にあるのでもない。社会システムとしてのコミュニケーション・システム自体が意味システムなのであり、その作動は他のシステムの次元に還元できるものではないのだ。

また、心理的構成主義のサイバネティクスに看取された独我論的桎梏を免れるために、彼らが苦心して描き出した「ダイアローグにもとづくセラピー」（Anderson and Goolishian 1990: 162）という描像、そこにおいて、セラピストが目指すとされている間主観的会話プロセスの生成、促進というあり方についても、新たな記述と実践のかたちが求められることになる。コミュニケーション・システムそのものが自律的主体として位置付けられたいま、ルーマンが指摘する通り、「『間主観性』とは、およそ概念といえるものではなく、もはや主体の任に堪えずもはや決定を下すことができないという困惑を示す定式なのである」（Luhmann [1995] 2005=2007: 168）ゆえに。

無論、彼らが「間主観」概念を多用しつつも、一九八八年の論文に見られるように、言語システム（linguistic system）というコミュニケーションの次元へのシフトを模索していたことは疑いえない。ただし、「セラピーは言語的な出来事」だと彼らが言い切るとき、新たな一歩を目指すあまり、彼らが心理システムや生体システムの次元をその議論のスコープからこぼしてしまっているようにも見える。後知恵を覚悟で述べるなら、勇敢な一歩を踏み出しつつも、彼らはその認識論において、少々不徹底であり、少々狭隘であった。すなわち、「間主観」概念に依拠したことで、その主体概念の内実が明確化されず、コミュニケーション・システムの作動的閉鎖性にまで議論を進めることができなかったという点では不徹底であり、社会構成主義の立場を強調するあまり、言語システム以外のシステムの様態について、その議論の射程に含みえなかった点では狭隘であった。

今日、ナラティヴやダイアローグを掲げる各種のセラピーをめぐる議論は、はたしてアンダーソンとグーリシャンがこのとき踏み出しつつも留まった認識論、「社会構成主義に依拠した間主観的現象としてのダイアローグ」の引力圏を脱しえているだろうか（ナラティヴやダイアローグを僭称しつつ、実質においては、なおセラピストによる対象のコントロールを志向するというファースト・オーダーの認識論に留まる実践や研究も多いのかもしれないが）。そして、リフレクティングはどうだろうか。

## 3 ビヨンド・ダイアローグ——リフレクティングのラディカルさをめぐるいくつかの仮説

つねに「理論や理解よりも実践が先にあった」というアンデルセンは、グーリシャンらの議論から多くのことを吸収しつつも、ときに実践においてその理論的引力圏を軽々と乗りこえてしまっているようにも見える。その言葉通り、彼はみずからの実践について多くを語ってはいないため、以下は筆者による仮説に過ぎないが、その実践から垣間見ることのできるいくつかのことについて述べてみたい。

### 3-1　閉鎖システムとしての二つの会話と二種の会話

リフレクティングにおいて、話すこと（外的会話）と聞くこと（内的会話）が丁寧に分けられることとは、よく知られている。当初、ワンウェイミラーを挟んだ明かりと音声の切り替えという道具立てによって実現されたこの切り分けは、会話の場を単一のダイアローグではなく、二つの自律した相互行為システムが互いのシステムの観察を観察する場へと飛躍させる。そこで観察された他の相互行為システムによる観察は、偶発的なもの（他でもありうるもの）として認識されるだろうし、翻ってみずからの観察もまた偶発的なものであることに気づかれるだろう。それらのコミュニケーションと同時的に、しかし別次元で作動する各々の心理システムもまた、独自の作動として相互行為システムの観察の観察を重ねていくことになる。リフレクティングにおいて言われる「会話について会話する」とは、そのようなことだ。

### 3-2　中動態としてのオートポイエーシス

オートポイエーシスとしての各々の会話における産出プロセスの渦は、その閉鎖性に関して、再帰性あるいは自己言及性としても記述されるが、インド・ヨーロッパ語族のいくつかの言語に見出される再帰と中動の区別を踏まえるなら、更に繊細な観察が可能となる。森田亜紀（2013）において論じられるように、再帰（たとえば「自分を見る」）においては、自分自身を目的語としながらも、「同一実体内でいわばはたらきかける側（起動者）とはたらきかけられる側（終点）の役割分担、分離・区別が生じている」のに対し、中動（たとえば「自分の体を洗う」）においては、「同一実体の内部で起動者と終点は区別しきれない」（森田 2013: 44）。ここで中動として生じている動きとは、その述語に先立つ主語や目的語についての静的記述が難しく、それが一とも言えず二とも言えず、あえて言えば、一であること（一つの単位体であること）がその産出プロセスの渦というゆらぎを伴いつつ、自己とのずれを重ねるなかで自己として立ち現れてくるような動きのあり方だろう。このとき、主体、すなわち中動態の動詞の主語は、オートポイエーシス・システムそのものとなる。会話の場に当てはめるなら、ダイアローグの参加者たちが（それがコラボレイティヴにであれ）意味を生みだすのではなく、あくまで会話が会話するということだ。新たなストーリーや解決策を見つけようと頑張らなくても、すべてはおのずと生じるものだ、とアンデルセンは言う（Andersen 2007a）。

### 3－3　言語システムをこえて

「僕はことばをあらゆる表現と定義することで、ハリー（筆者註：グーリシャンの愛称）のアイデアを先に進めようとした。ことばは言語以上のもので、あらゆる身体活動を含んでいる」（Andersen 2019: 76）。アンデルセンがその半生をかけて、ノルウェー独自の精神運動理学療法（Norwegian psychomotor physiotherapy）の創始者アデル・ビューロー－ハンセンのセラピーに学んだことはよく知られている。彼が感受する会話は、明らかに言語システムのみに（もちろん生体システムのみにも）還元しうるものではない。それぞれのオートポイエーシスは閉じているにせよ（それゆえにこそ）、我々は実践としての会話において多元的システム各々のプロセスを感受し、尊重すること（決して直接そのプロセスに接続することではなく）が可能となる。たとえば、アンデルセンが会話における三種の間の大切さを指摘するように（Andersen 2007b）。それらの間は、会話の場において生体システム、心理システム、社会システム各々の次元から表出される固有の音楽である。

一方、自身のセラピーを平和活動（peace work）と位置付けていた彼の各種実践（たとえば、スウェーデンの刑務所でユーディット・ワグナーらと取り組んだリフレクティングを通した組織変革や、ヤーコ・セイックラらと立ち上げ、今日も続いている精神病治療のための国際会議（International Meeting for the Treatment of Psychosis）を含むノーザン・ネットワークという彼のヴィジョン）を振りかえるなら、彼のリフレクティングがひとり共在の場における相互行為としてのダイアローグをこえて、組織や全体社会といった実に多層的なコミュニケーション・システムの渦を見据えていたこともおのずと明らかだろう。

### 3-4　ロゴスからレンマへ

アンデルセンの現実についての仮説は、次のようなものだ。「現実は三つの側面からなる。（a）見えるけれど動かないもの。たとえば、手の骨。（b）見えるし動くもの。たとえば、手。ある瞬間には開かれ、放し、つぎの瞬間には閉じられ、握る。（c）見えないけれど動くもの。たとえば、握手」（Andersen 2007b: 40）。見えるけれど動かないものは、「あれかこれか（either-or）」の世界で、名詞で記述される。見えるし動くものは、「あれもこれも（both-and）」の世界で、動詞で記述される。見えないけれど動くものは、「あれでもなくこれでもなく（neither-nor）」の世界で、アンデルセンはメタファーを用いることが有効だろうと述べているけれど、先に触れたオートポイエーシス・システムが主語となる中動態を用いることで記述可能な側面もあると思われる。リフレクティングが誕生する少し前、アンデルセンらの話し方が「あれかこれか」から「あれもこれも」「あれでもなくこれでもなく」へと移行したことが知られている（Andersen 1987）。思えば、このときすでに彼らは西洋的ロゴス思想の基本である同一律、矛盾律、排中律を踏み越えようとしていた。

西洋的ロゴス（λόγος）の論理に対して東洋的レンマ（λῆμμα）の論理を提示した山内得立（1974）は、その論理を（1）肯定、（2）否定、（3）両否、（4）両是のテトラ・レンマに見出している。従来、四句分別とも呼ばれるそれについて山内は、それがたんなる四句の列挙に止まるものではなく、第三のレンマ「両否」を中軸とした体系と捉えられるべきものであると喝破したのだった。両否とは、つまり「あれでもなくこれでもなく」であり、それは肯定をも否定をも否定する絶対的否定である。山内は大乗仏教における中観の哲学によってこれを説明しているが、複数のオートポイエーシス・システムからなる会話としてのリフレクティングの視座から述べるなら、両否とは、たとえば観察される観察システムとしてのリフレクティング・チームによる会話において表出されたAという見解や非Aという見解で用いられている区別を、観察する観察システムとしての他方のコミュニケーション・システム、あるいは、心理システムが（否定するのでなく）ただ棄却（Rejektion）することができるということだ（中観に依って遮遣と言ってもよい）。

そして、両否、すなわち絶対的否定としての棄却によって開闢されるのは、決してたんなる虚無ではなく、むしろ有であり実存である。これについて、山内は「相対」と「相待」という二つの概念を提示しつつ、次のように述べる。「生と滅は相い対する、この相対を否定するものが即ち絶対否定であった。絶対とはまさに相対を絶するものであるからである。しかし生と滅とはさらに相待的である。生は滅によって生であり、滅は生をまって滅たることを得る」（山内 1974: 102）。言うまでもなく、生であり滅（＝非生）であることはロゴスの論理においては矛盾である。しかし、生でなく滅でもないという絶対的否定を経ることにより、生であり滅でもある、更に言うならば、生と滅を含む相依相待の関係の編み目としての全体が大きく肯定されるようなレンマの論理が闢かれることになる（それゆえ、正確にはそれは絶待的否定と名付けられるべきものである、とも山内は述べている）。

我々は、ここに一つの言語システムのプロセスとしてのダイアローグからのラディカルな解放の契機を見出すことができる。そこから展望されるリフレクティングのパースペクティヴは、ロゴスを介した対話＝ダイアローグ（διά + λόγος）をこえた待話＝ダイアレンマ（διά + λῆμμα）と呼ぶべき会話かもしれない。

# 終章　風土に随い、風土を涵養する

生命が流動環境と分かちがたく結びついているというのは、生物と世界の関係が決して対立の関係（または対象化の関係）にも、編入の関係（わたしたちが食料摂取で体験するような）にも帰されないからだ。生物と世界との最も根源的な関係とは、「相互投影」の関係だろう。

（エマヌエーレ・コッチャ）

「ごらん、そら、インドラの網を。」
私は空を見ました。いまはすっかり青ぞらに変ったその天頂から四方の青白い天末までいちめんはられたインドラのスペクトル製の網、その繊維は蜘蛛のより細く、その組織は菌糸より緻密に、透明清澄で黄金で又青く幾億互に交錯し光って顫えて燃えました。

（宮沢賢治）

ここまで、研究者、会話者、実践者という三者の声とともに、十有余年にわたって著してきたテクストの行間、章間を縫うようにたどってきた。それぞれの立ち位置から各々の方向を臨む三者の声は、モノローグへと収束しようとする筆者の世界のうちにあって遠近法を生じさせ、更にその奥に向かって歩みを進めることや、まだよくは見えていなかった世界の隙間をいくらか押し広げてみることさえできるかもしれないことを気づかせてくれる。そうした声の絡まりのあいだに、誰かが新たな思索のとっかかりを発見することも、あるいは期待できるだろう。終章となる本章では、くれぐれも結論らしきものに擦り寄ることのないように気をつけながら、あらためてリフレクティング・プロセスと臨床社会学のパースペクティヴのあわいを逍遥してみたい。それは、そうした歩みの軌跡の行き交いを通して、より濃密な逍遥の足場を編んでゆく作業でもある。

## 1　ケアのコード再訪

本書を編むにあたって、それぞれの文章にあらためて目を通し、いくらか手直しを行った。基本的には、内容の重複が甚だしくなることを避けるための記述の整理や、特定の対象に向けて書かれたために一般には説明不足と思われる部分に加筆を施した程度にとどまるが、ケアのコードを論じた第6章に関しては、一部内容に関わる修正を行った。なんとなれば、本書に収めた文章のなかでも比較的早い時期に書かれ、しばらく読み返す機会のなかったこの文章に再会した際、それが以降の思索や実践の彷徨を過去において待ち受け、包容しようとしているように感じられたためだ。実際、その後のリフレクティング・プロセスに関わる思索といくつかの臨床社会学的実践を経た現時点においてそれを読むと、編みなおされるケアのコードの編み目を通して、ある種のケアの向こうを垣間見ることができるように思われる。

以下では、第6章に論じたケアのコードを再訪しつつ、本書の各所に萌芽する菌糸のようななにかが、そのコードの編み目にいかに包容されており、同時にまた、そうした包容によりコードの側にもいかなる変容が生じうるのか、その微かな兆しをながめてみたい。いささか先取りして述べるなら、「編み目」の比喩が表す通り、いまや筆者においてコードの分出は、硬直した機械的分岐というよりも、柔らかに紡がれ、縒られ、編まれていく糸のあり様に近しいものと感じられる。そうした感覚へと筆者を導いた先達の一つは、第16章の終わりに言及した山内得立のレンマの論理であり、そこに見られる「相待」という関係のあり方である（無論、そのような導き手は、ひとり山内のみならず、たとえばティム・インゴルドの一連のライン学等からの示唆も自覚している）。山内によれば、「相対はロゴス的関係であり、相待はレンマの立場に於ける事物の相関関係である」（山内 1974: 106）。以下、山内の論述の道筋をたどるため、ごく簡略にロゴス的関係の展開について概観した上で、レンマ的関係に歩みを進めよう。

山内によれば、ロゴスの展開は以下のような三段の発達をなす。第一の展開は、「差異」の論理である。差異の世界の特徴は、一と他とが互いに異なりながら連続していることである。それは、赤と青が異なり、朱と紅が異なるように連続性（ゆえに無限の相違）を有する多様にして多端な現実の論理である。差異はやがて次の段階である「対立」へと推移する。対立において、一と他は互いに異なるのみならず互いに反抗して立つことになる。それは、白と黒がたんに異なるのみでなく、程度を絶して対立するごときものである。しかし、ともあれ、対立の世界は互いに反対しながらも、それらが両立することをその前提とする。これに対して、肯定と否定との同時存在を許さぬ第三の段階が「矛盾」である。すなわち、差異が対立へ展開し、ついに矛盾へと至る。ここにロゴスの世界の中軸たる矛盾律が位置づけられることとなる。

一方、西欧の学問的方法の基盤であるこうしたロゴスとは大きく異なる東洋的思惟の方法、すなわちレンマ的関係を表すものとして示されるのが、次のように描写される「相待」のあり方である。

対立は一面両立をふくむが、何よりそれは「反立」である。それはやがて矛盾関係に移るべきものとしての反抗の意識に燃えている。それはやがて闘争に発展すべき必然性を多分に内蔵している。然るに「相待」はこれとは逆な関係である。それは反抗をよりも、互に相待ち相依ることを旨とする関係である。対立するものは互に離反するが、待立するものは互に相依り相資ける。一があるは他によってであり、他があり得るのは一に拠ってである。他の助けを待つことなしには一もあり得ない。(山内 1974: 107)

ここで読者は、先の「VI ダイアローグを超えて」の幕間の会話に登場した「待話(dia-lemma)」の語をあらためて想起し、その含意について想像することもできるだろう。ときに相依相待とも称されるこうした縁起の思想は、古くより大乗の教えが浸潤した風土に生きる我々にとって、いまも馴染み深いものであるが、その一方で、近代化の奔流に押し流され、少なくとも建前上はロゴスの論理に呑まれがちな現代社会において、そうしたあり方を標榜することは、きわめてラディカルなことでもある。しかし、以下に論ずるように、第6章に見た各種のバイナリーコードの分出を対立、反立として捉えるのでなく、相待的関係における待立と捉えることで、分出したコードが相待ち相依るように縒られ、更に縒られた糸同士が編まれ、織られ、互いを依止する生地となり、しんしんと折り重なっていく様相が浮かび上がるように思われる。

### 1－1　ケアの方法を編みなおす

まず、「なにを、いかに」というケアの方法を再訪しよう。このコードの展開において主導的差異として確認されたのが〈感情を用いた気遣い／技術を用いた世話〉のバイナリーコードであった。第6章で見た通り、そこに入れ子構造的複合化が生じてもなお頑健なこの基本コードにおいて、両項が対立するように見える理由の一つは、技術の観念がはらむ一種の疎隔の傾向にあるだろう。実際、(とりわけ現代社会では) 多くの場合、ケアという出来事がいままさに生じている現場とは遠く離れた別のところで、切り詰められた現実の一面がなんらかの「問題」として同定され、その「解決」のための技術が開発されていく。更に言えば、ケアに関わるいずれの分野であれ、その専門化が進むほど、そこで用いられる技術は、それを担う者たちの職業集団、研究組織、専門職養成機関等によって研究され、体系化され、訓練され、そのことによって「エビデンス」や「資格」といった飾りで権威付けられた技術の正統性が担保されることになる。

無論、そうした技術がケアの現場で全く有効でないというわけではない。しかし、第6章で見たキテイの指摘にあった通り、ケアとは本来、「はっきりとした境界線がない」仕事である。そうしたケアの現場にあって、特定の技術がなんらかの問題解決をもたらす道具であることを僭称しうるとすれば、それはいかにして可能となるのだろうか。それはおそらく、本来、境界線など存在しなかったところに、なんらかの力（それは先に触れた「エビデンス」や「資格」が纏うものでもあるだろう）でもって恣意的な境界線を刻むことを意味するだろうし、そこにおける「問題」や「解決」は、現場から距離を置いた場所でのみ可能となる過度の単純化を経た無機的モデルにおける変数へと還元されざるをえまい。結果、ケアされる者の「感じるままを受け容れる」「本当のケア」に求められる感情的気遣いというネル・ノディングズが強調した何事かは見失われがちとなるだろう。

一方、そうした無機的な技術と対立するかに見える感情的気遣いもまた、必ずしも道具化を免れるものではない。いまや「感情労働」という言葉で指し示されるように、感情もまたひとつの「解決」すべき「問題」なのである。日々、その適切な操作や管理が求められ、そのためのコンピテンシーやハウツーを個々人が身につけること、また、ストレスチェックやＥＡＰなどを通した組織的な監視、対処を適切に実施することが要請されている現状は、すでに我々の生活においてきわめて馴染み深いものだ。気がつけば、感情的気遣いについても、それを「適切」に取り扱うために、ケアの現場からは遠く離れたところで大量生産された既製品の道具たちが幅を利かせることになる。すなわち、ケアの方法をめぐる技術にせよ、感情にせよ、いずれもが道具化へと追いやられる傾向を有することは否定しがたいということだ。

無論、ケアの方法をめぐるコードの編み方は一通りではない。我々はここで、第2章において言及したフレド・ニューマンとロイス・ホルツマンによる「結果のための道具／《道具と結果》」という区別を想起することができる。前者の結果のための道具とは、特定の目的のために用いるものとして同定、認識される、いわば特定の機能が物象化された形態を意味していた。専門家（集団）によって発見される「問題」と、その「解決」というお仕着せのゴールの達成のためにふるわれる技術がまさし

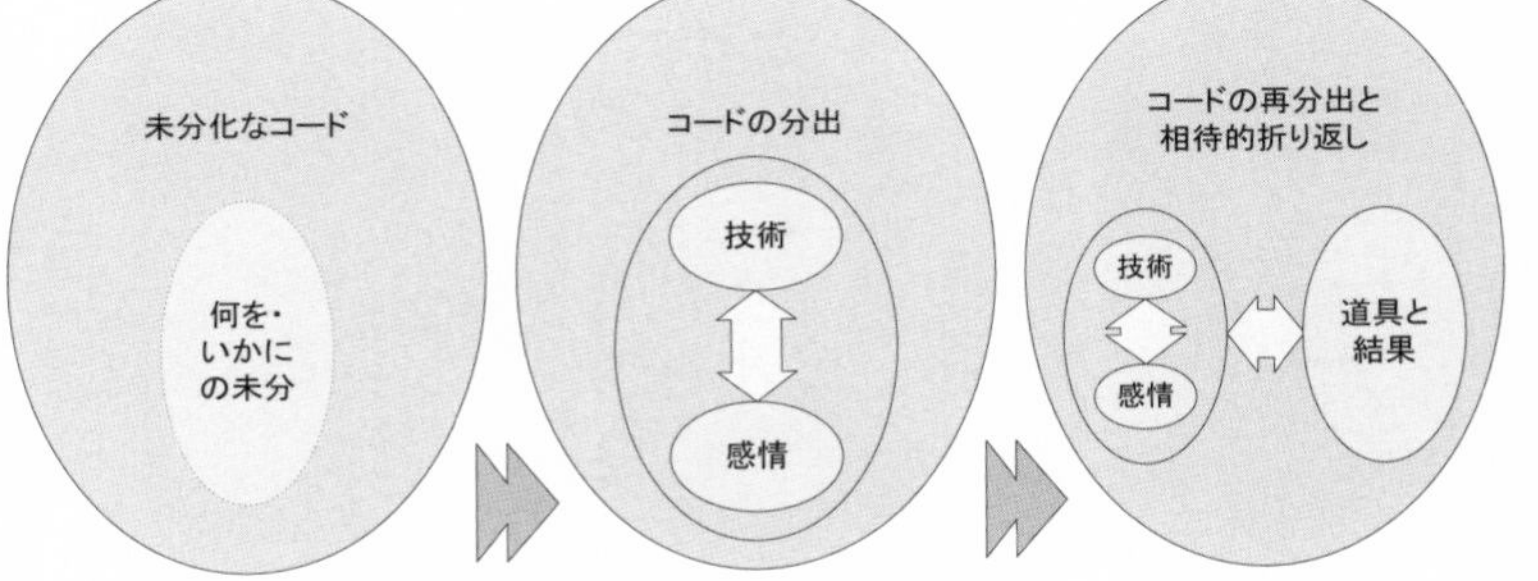


**図14**　「ケアの方法」をめぐるコードの展開と編みなおし

く結果のための道具であることは、あらためて説明を要さないだろうし、すでに述べた通り、感情的気遣いを操作するための手段もまた容易に道具化しうる。しかし、「結果のための道具」を《道具と結果》と区別するニューマンらの視座を導入するならば、そこにケアの方法をめぐる新たなコードの再分出と、既存のコードへのその相待的折り返しを試みる余地を押し広げることができる（**図14**）。

あらためて振りかえっておくなら、「結果のための道具」ならぬ《道具と結果》における道具とは、たとえば道具製作者によって特別にデザインされ、開発された道具であり、その本質的特徴は、その機能にではなく、それが展開している活動にある。すなわち、《道具と結果》とは、特定の結果のために適用される形としての道具でなく、そこで道具も結果も同時に生み出されていくようなプロセスである。ニューマンらによれば、ここでの道具製作者のあり方は、詩とともに、言葉を、意味を、すなわち全体性を作り出す詩人に並び称されるものだ。たとえ詩人ならずとも（いや、誰もが本来は詩人なのだ）、人は出来合いの道具の利用者であるばかりでなく、状況の全体を一新する道具の創造者たりうることを我々はぜひとも想起すべきだろう。

こうした新たなコードをケアの方法をめぐる既存のコードに折り

返し、それらのコードを編みなおすことで、「技術を用いた世話」および「感情を用いた気遣い」は、いかにして一面的な「結果のための道具」化を回避しうるだろうか。本書で論じてきたリフレクティングの臨床社会学に引き寄せて述べるならば、第14章においてジョン・ショッターが看破していたように、トム・アンデルセンのリフレクティングは、特定の結果を得るために用いられる会話の技術などではなく「何ら原理も計画もモデルも持たない会話」、すなわち、ケアという出来事が生じる「いま、ここ」を共有しながら、その場の構成や進め方自体をも、その場においてオープンに話し合い、立ち上げていく（第15章で述べた面接以前の会話）という特徴を有していた。

無論、リフレクティング・トークに関する技術が存在しないわけではない。ただし、技術の蓄積が生じるとすれば、それは現場を離れた場所で体系化された教育課程や、資格取得のためのトレーニングの場においてではなく、第2章、第15章で紹介したポスト・セラピー・インタビュー（面接以後の会話）のように、その場自体がオープンにクライアントから学ぶための場であると同時に、参加者全員が新たな関係において互いに勇気づけられる機会となるような場を、その度ごとに丁寧に創造していく活動を通して、はじめて実現されるものだ。たとえば、第3章で触れたように、アンデルセンは刑務所で取り組まれたリフレクティング実践について、その効果の「エビデンス」を求める声に応えるため、出所した多くのリフレクティング経験者たちを招待して、フィードバック・ミーティングの場を開いている。そして、そこで刑務所での経験を振りかえり、生き生きと話す彼らの姿を前に「これこそエビデンスだ」と同席した刑務所職員や行政関係者たちに喝破したのだった。

同時に、そのようなオープンな会話の場を模索しつつも、リフレクティングの臨床社会学は、臨床という場の文脈に刻まれた既存の力関係を容易に無効化できるなどと楽観するものではないことも忘れてはならない。これについては、第5章で論じた臨床の場のヒエラルキーに由来するディスコミュニケーション事態の検討に見た通りだ。しかし、それがたとえパランプセスト上に書き込まれる一層の文様のようなものであれ、あくまでそこで展開される活動こそが全体を再創造していく可能性をはらんだプロセスであることに希望は存している。そして、パランプセストの比喩について、それがミスリードなものにならぬようにとインゴルドが指摘した通り、「道を作ることは、他の図像的なレイヤーを地面の表面に加えるというよりも、その中に他の運動の撚り糸を織り込むということ」(Ingold 2015=2018: 121)である。つまり、リフレクティングの技術も、そこで生じる関係がはらむ意味も、すべてがいまここで新たに生み出されていくということだ。

「感情を用いた気遣い」に関しても、それが道具化の進展する世の趨勢へと押し流されてしまうことを避けるためには、ショッターが「「愛」と呼ぶものに似た何か」を導く構えとして提示した「原理・原則への依拠から行為を導く予期へ」といううつり変わりが求められるだろう。すなわち、彼らが誰で、なにを必要としているのかに向き合わず、たんに、ある類型の諸事例として扱うようなあり方にとどまることを避け、我々自身が彼らの比類なく、かつ、おのずから表れる表現におのずと応答していくことが、感情の道具化を回避していく構えとなる。

かくして、〈感情を用いた気遣い/技術を用いた世話〉は、ケアの方法をめぐる単調なバイナリーコードであることを超え、〈結果のための道具/《道具と結果》〉という新たなコードの経糸に相待的に折り返され、しなやかに編み上げられていく緯糸となる。すなわち、たんに「技術を用いた世話」でなく、また、それに対立するものとしての「感情を用いた気遣い」でもなく、同時に、「技術を用いた世話」や「感情を用いた気遣い」をたんに否定するのでもなく、それらの身振りが硬直した道具化へと収束してしまうことを繰り返し回避しつつ、次なる一歩を踏み出す《道具と結果》の発達的プロセスとして、新鮮にケアの方法が編まれていく可能性がひらかれる。

### 1-2　ケアの主体を編みなおす

つぎに、「誰が、誰に」というケアの主体をめぐるコードを再訪しよう。このコードの展開において主導的差異として確認されたのは〈ケアする者／ケアされる者〉のバイナリーコードであった。このコードには、とりわけ「ケアする者」と強く結び付けられる形で〈女性／男性〉という性差のコードが深く絡まっていること、更に、「女性」であることのみならず、人種、階級といった社会的不平等をはらむ諸次元において周縁化された人々が、その社会的地位に応じてグローバル・ケア・チェーンと呼ばれるような世界規模での「ケアする者」の階層構造を形成していることについて第6章で確認した。

こうした事態に「依存」という概念から切り込んだエヴァ・フェダー・キテイは、依存ワークを担う「ケアする者」自身がその立場の困難さから二次的依存と呼ばれるような依存状態に陥らざるをえない（すなわち、依存者を「ケアする者」は自身が「ケアされる者」とならざるをえない）ことを剔抉したのだった。その上でキテイが提案したのが、個人を基盤とする平等概念から「つながりにもとづく平等（connection-based equality）」概念への移行であった。そこでは、「ケアされる者のケア」を可能とするような「ケアする者のケア」、更に、「ケアする者とケアされる者のケア関係自体が社会においてケアされること」がドゥーリア（doulia）の名の下に展望されている。

キテイの提案は、人間を自立した「個的存在」とみなすのか、それとも、複雑に絡まり相互に依存し、ケアし合う「ネットワーク」の網目（インゴルドであれば、今日ネットワークという言葉が想起させがちな、たんに点と点を直線的につなぐ論理構成図とは異なる、絡み合い曲がりくねったラインからなるそれを「メッシュワーク＝網細工」と呼ぶだろう）に浮かび上がる結び目として見出すのか、というケアの主体をめぐる新たなコード〈個的存在／ネットワーク〉の分出を浮かび上がらせる。同様の指摘は、第6章のエピグラフに掲げたジョアン・トロントらによるケアの定義にも見出すことができる。「生命を維持するための複雑な網の目」との魅力的な表現が用いられるこの定義は、「ケアが二者関係や個人的なものであるとはみなさない」（Tronto 1993: 103）という構えを宣するものだろう。

冗長を恐れず敷衍しよう。まず、「ケアされる者」のみを個的存在と捉えるならば、その存在は、何らかの症状や障害、老い、未熟といった「問題」へと切り詰められ、個的存在は、そうした問題のたんなる帰属先となるだろう。そこにケアの生じる余地はほとんどないゆえに、「ケアされる者」という表現自体が不適切となる（セルフケアと呼ばれるものが生じるためには、個的存在のうちに、それを担う内なる他者を生み出す余力と余白が必要であって、そもそもそれが独力のみでは困難であることは言うまでもない）。こうした想定は、あまりに極端と感じられるかもしれないが、「自己責任」「まず自助」といった言葉が蔓延する現代社会において、そうした切り詰めは珍しいことではないだろう。

つぎに、「ケアする者」と「ケアされる者」をそれぞれが個的存在からなる二者関係と捉えるならば、両者の関係は（そこに何らかの相互性が生じることは当然ありつつも）、二つの端点に挟まれた線分的な関係へと切り詰められたものになるだろう。そこでは、「ケアされる者」の依存をめぐり、「ケアする者」としての役割を社会的に負荷された個的存在のみに多くの責任が滞留・蓄積してしまう。そして、そうした状況は、「ケアする者」自身をおのずと不自由にし、結果、二次的依存を生じさせることとなる。先に触れた通り、そうした負担は、社会において女性、あるいは、人種的・階級的に周縁化された人々に偏りがちであるし、たとえそうでない場合でも、近年、本邦で注目される「介護離職」のような形で、人々がそれまで所属した社会的場所を去ることを余儀なくさせ、結果的に周縁化という事態をもたらすだろう。

また、そうした二者間に閉じた依存関係は、容易に支配関係へと変質しうるものでもある（変質しうるのではなく、そもそも依存関係とは支配関係をはらむものだという考え方もありうる）。「依存労働者も被保護者もどちらも依存関係を支配関係に変えてしまう可能性がある」（Kittay 1999=2010: 90）とキテイが鋭く指摘している通り、そうした支配関係の矢印はどちらにも向かいうる。すなわち、そこにおいて虐待されるのは、依存者という弱い立場にある「ケアされる者」である場合もあれば、依存ワークにおいて生じるつながりを通じて依存者による専制を甘受することになる依存ワーカー、すなわち「ケアする者」である場合もある。いずれの場合にせよ、そこでの関係の線分的閉鎖性がそうした事態を停滞・膠着させてしまうことは、容易に推測できるだろう。

第6章で見た通り、キテイにおける依存ワークの定義は、いわゆる専門家によるケア（キテイはそれをケアでなく「介入」と呼ぶ）をそこに含めない厳格なものであったが、その定義を拡張し、一般に想定されるように「ケアする者」が専門家である状況を考えてみたとしても、そこでの関係を個的存在同士の二者関係と捉える限り、両者の関係が固有の困難さをはらむことは、想像に難くない。すなわち、専門的ケアにおいて、二者関係の両端に貼り付けられた両者は（たとえば、医療者と患者、施設職員と入所者、教師と生徒の関係のように）、そこでの互いの役割の殻に拘束され、新鮮で自由なつながりを制限されてしまいがちとなる。そうした閉じた力関係、すなわち支配関係に起因する歪な事象に

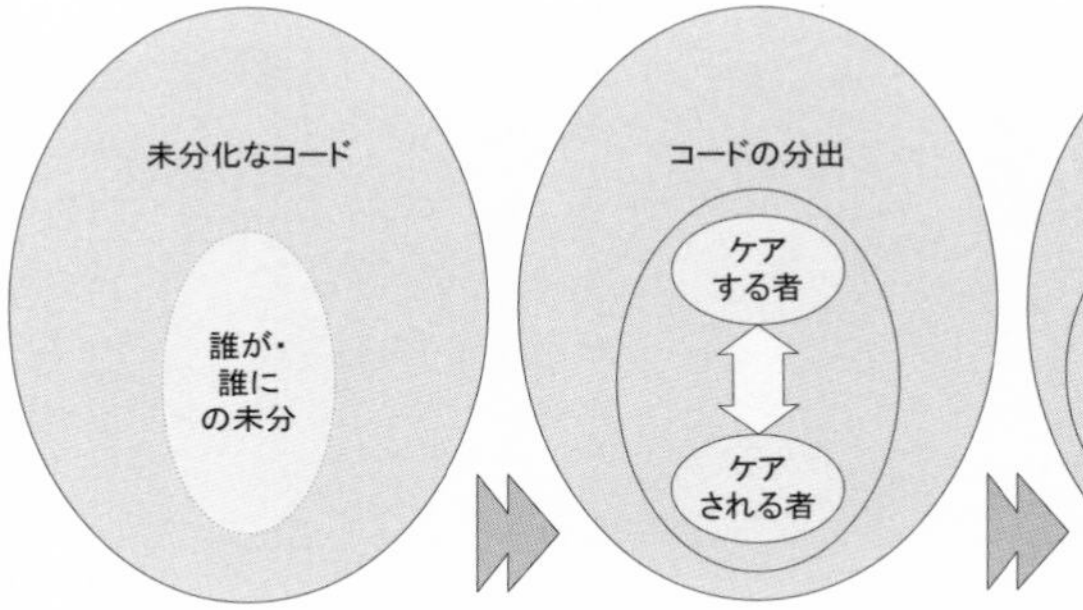

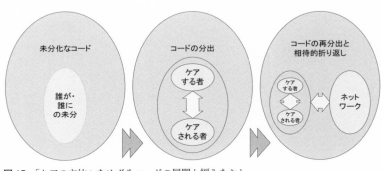


図 15 「ケアの主体」をめぐるコードの展開と編みなおし

ついて、我々は歴史的記憶として遺されたものから、まだ生々しい出来事まで、多数の事例を思い浮かべることができるはずだ。

では、ケアの主体をネットワークというパースペクティヴから捉えなおすならば、どうだろうか。そこでは、「ケアする者」と「ケアされる者」は、二者間に引かれた線分の端点ではなく、それぞれに奥行きや広がりを有する関係の網目に浮かび上がる結び目のような存在とみなされることになる。すなわち、「ケアする者」にも、「ケアされる者」にも、それぞれ固有のネットワーク（そこにおいて生きられているつながり、絡まり）の広がりがあり、それら異なるネットワークが折り重なる場所で、各々のネットワークを維持し、継続させ、修復していくようなあり方で新たな絡まり＝ネットワークを生成していくことが、このパースペクティヴにおける「ケア」の風景となる。

いま少し詳述するなら、そこでは個的存在としての「ケアされる者」（依存者として指し示される個人）のみをケアの対象とみなすのではなく、キテイが依存ワーカーと呼んだような「ケアする者」（依存者との直接的関係において日常的に依存ワークを担っている人々）とのつながりを含むネットワーク自体が、ひとつの固有のネットワークαとみなされる。そして、α固有の流れを維持し、修復していくよう、その外部のネットワークβ（そこには、多様な専門職、機関等からなる多職種協働の働きが含まれる）が折り重なる。このとき、αβの両者がその界面において関係し、絡み合うことで、両者の境界に新たなネットワークγ（それは、そこでのケアというプロセスの継続に応じて創出され続ける）が生成されていく活動こそが「ケア」ということになる。そうして生じるγの新たな網目は、既存のネットワークαおよびβの双方に新鮮な風を通すものであるだろう。かくして、**図15**に描出したように、〈個的存在／ネットワーク〉という新たなコードの経糸をケアの主体をめぐる既存のコードの緯糸に折り返し、それらのコードを編みなおす可能性が開かれる。

本書で論じてきたリフレクティングの臨床社会学に引き寄せて述べるならば、第1章で紹介した通り、「ソーシャルネットワークの包摂」はオープンダイアローグの主要七原則の一つでもあった。今やよく知られている通り、ここで言われるソーシャルネットワークとは、大きく分けて専門家としての「ケアする者」に関わるプロフェッショナル・ネットワーク（多職種・多機関の連携からなるネットワーク）、および、「ケアされる者」（その一員をケアする役割を担っている家族や親類、隣人、友人、同僚らを含む）に関わるプライベート・ネットワークという二種類のネットワークからなる。セイックラらの最初の主著の原題 *Dialogical Meetings in Social Networks*（邦題は『オープンダイアローグ』）に適切に表現されている通り、これら二種のネットワークが一堂に会して、リフレクティングをその方法の中核としたダイアロジカル・ミーティングを折り重ねていくことこそ、このアプローチの大きな特徴である。

あえて付け加えておくなら、臨床におけるこうしたネットワーク志向は、オープンダイアローグの大きな特徴ではあるが、必ずしも専売特許というわけではない。本書において述べてきたように、もともとミラノ派の家族療法に取り組むなかで誕生したリフレクティング・チーム形式の会話は、その当初から、構造的に家族というプライベート・ネットワークと複数のセラピストからなるプロフェッショナル・ネットワークを含みつつ、その両者の関係を交叉反転させるものであったし、リフレクティング・チーム誕生以前においても、アンデルセンらの臨床は、人々が暮らす地域のなかに出向き、その地域におけるプライマリ・ケアのスタッフと連携する多職種・多機関協働を志向するものであった。

また、近年、ノルウェーの精神医療領域で始まった画期的な取り組み「メディケーションフリー・トリートメント」(矢原 2022) の代表的現場の一つとして、リフレクティング誕生の地トロムソを筆者が訪ねた際 (二〇二三年春)、この地域におけるメンタルヘルスのリーダーとしてメディケーションフリー・トリートメントを牽引してきた精神科医マグヌス・ハルト (アンデルセンの古くからの盟友でもある) は、その基本方針について、〈トリートメント・チェーン／トリートメント・ネットワーク〉という本書における議論にとっても示唆深い区別を用いて説明してくれた。

前者のトリートメント・チェーンとは、現代社会においてシステム化されたケア・サービスによく見られるような、「ケアされる者」個人の客観的状況レベル (重症度や緊急度、機能レベルなど) を専門家が判断 (アセスメントや診断など) し、その段階に相応しい専門性を有したサービス提供機関がその対応にあたるようなトリートメントのあり方である。ハルトによれば、この種のトリートメントは、(1) (実際には判断が困難な) 患者の明確に定義された状況を前提とするものであり、(2) (大切なものである) 当人のレスポンシビリティを損ない、(3) (専門性の度合いに応じた) 知識のヒエラルキーという考え方を含意し、(4) (それぞれの現場での) 知識の発達の機会を奪い、(5) (サービス提供組織や機関間の連携困難により）ケアの連続性を失わせる、といった特徴を有する。

一方、これに対して、ハルトらが提唱するのがトリートメント・ネットワーク（トリートメント・ウェブと表現されることもある）で、その特徴は、（1）レスポンシビリティの分有、（2）連携の促進、（3）民主的知識の重視、（4）ローカルな知識の重視、（5）連続性の保持、といったものである。その具体的な進め方としては、利用者から病院へのコンタクト当初から、当人とそのプライベート・ネットワーク、および、地域で関わっているかかりつけ医ら他機関のプロフェッショナル・ネットワークを交えたネットワーク・ミーティングがリフレクティングを用いて重ねられ、そのなかで個々に応じた入院時の具体的な過ごし方が入院前から話し合われ、練られていく。こうしたネットワーク・ミーティングは、入院前のみならず、入院中、入院後も継続される。すなわち、ネットワーク志向のトリートメントにおいては、「ケアする者」も「ケアされる者」も個的存在としてではなく、各々のネットワーク（$\alpha\beta$）のうちに見出される。同時に、両者のネットワークは、トリートメントが必要とされる限り継続的に絡まり合う機会を持ち続け、そこに新たなネットワーク$\gamma$が編み出され続けていくことになる。

更に、近年のケロプダス病院（西ラップランド）にも、ノルウェーのメディケーションフリー・トリートメント等の現場にも見られる変化として、プロフェッショナル・ネットワークの一員に「経験専門家」が加わるようになったことが挙げられる。経験専門家とは、自身のメンタルヘルス上の危機の経験を専門知に練り上げた専門職である（日本にも、ピアサポーターやピアスタッフと呼ばれる類似の支援者役割があるが、北欧においては、その専門性に対する評価や職務上の権限、待遇等の点で、より実質を伴うものとなっている）。こうした取り組みを通して、「ケアする者」と「ケアされる者」の関係は、より民主的かつ流動的なものとなるように工夫されていると言えるだろう。

無論、そこに豊かな可能性が感じられるとはいえ、それらを理想郷のごとく喧伝する短絡は戒められる必要がある。たとえば、第4章で指摘したように、「傷ついた癒し手」としてのピアや経験専門家が大きな文脈としての支援関係の絶対性の構造に搦めとられる危険性はつねに存在している。しかし同時に、ケアの主体をネットワークというパースペクティヴから捉えなおすことは、「ケアする者＝プロフェッショナル・ネットワーク」「ケアされる者＝プライベート・ネットワーク」という単純な二分法に帰着することを回避する身振りをそれ自体にはらむ。すなわち、それぞれのネットワークが繰り返し生成し、互いに絡まり合うなかで、ケアの主体はその網の目を遊動する存在となることを見逃してはならない。

本邦を代表する精神科医として知られる中井久夫は、近代化が進み、職業的治療文化が発達するにつれ、患者と治療者との距離が遠くなり、かつ、一方的となっていることを指摘するなかで、そうした現代の医療を「外治療的」と名付けている（中井 2001）。一方、そのようなあり方に対して、治療者と被治療者が同一であるような状況を「内治療的」と名付けるのだが、そこで具体的に例示されているのは、人類の歴史とともに「傷ついた癒し手」を当該コミュニティにおいて育んできたシャーマン集団であり、また、アルコーリック・アノニマスのような、いわゆる治療共同体（この語もまた、いまや専門職による簒奪に曝されているが）である。言うまでもなく、そうしたネットワークにおいて人びとは、一方的に「ケアされる者」でも「ケアする者」でもなく、「ケアする者」が「ケアされる者」に折り込まれ、「ケアされる者」が「ケアする者」に折り込まれてある。変化し続けるネットワーク上の結び目のごとく、そこでの人々の立場はつねに流動的であり、メタモルフォーゼが生じうるということだ。

話をリフレクティングに戻すなら、異なるネットワーク間の関係において、一方的にいずれかが他方に影響を与える側に固定されることなく、ダイナミックにその立場を旋回させ、その関係を更新していくようなつながり方は、本書で見てきたリフレクティング・プロセスの様相そのものでもある。「ケアする者」と「ケアされる者」が個的存在としてその役割に固着してしまうことを回避するために、ケアの主体を各々のネットワークの広がりのなかに浮かび上がる、遊動する結び目として見出すこと（それは、従来「個的存在」として記述されてきたものを、強くしなやかな、生きて変化する絡まりとして描きなおしていくことを意味する）。同時に、各々のネットワーク（αβ）がそのあいだに新たなネットワークγを編み出し、それを通して、それぞれのネットワークが治癒していくような動的プロセスをケア実践の描像とすること。編みなおされるケアの主体をめぐるコードの新たな可能性は、そうしたところに開かれる。

### 1―3　ケアの場を編みなおす

本節の最後に、「どこで、いつ」というケアの場をめぐるコードを再訪する。このコードの展開において主導的差異として確認されたのは〈私領域／公領域〉のバイナリーコードであった。ケアの場をめぐる不可視化については、それが私領域（とりわけ、近代型性別分業の影響下にある家庭）へのケアの外閉によって生じたものであることを指摘する言説が蓄積されていく一方で、産業構造の変化や家族構成の変化、高齢化、グローバル化等の趨勢とともに、育児から介護まで幅広い領域において「私領域から公領域へ」というケアの外部化が見られ、その流れに押し上げられるように社会におけるケアの可視化・問題化が生起していることを第6章で確認した。

同じく第6章で触れたように、〈私領域／公領域〉のバイナリーコードと交錯する形で、〈無償／有償〉というコードや〈官／民〉といったコードが用いられることにより、福祉社会学やその関連領域においては（本邦では、とりわけ二〇世紀末からの社会保障構造改革、社会福祉基礎構造改革と呼ばれる各種の制度改正の動きのなかで）、「福祉の多元化」と呼ばれる状況をめぐる議論が重ねられてきた。ただし、そこでのトピックは、多くの場合、ケア・サービスの財源や供給システムの体制（国家か、市場か、非営利組織か、インフォーマルか等）に関するものであって、ケアの場そのものに焦点をおく本書での議論とは（当然、具体的社会事象においては深く関わっているものの）視点を異にする。

たとえば、福祉国家が三つのレジーム類型（自由主義・保守主義・社会民主主義）にクラスター化されることを論じて当該分野の議論の画期をなしたイエスタ・エスピン‐アンデルセンが、その分析にジェンダーや家族の視点が不足しているとするフェミニズムからの批判を受け、新たに「脱家族化」（Esping-Andersen 1999=2000）という指標を提示したことはよく知られている。ここで「脱家族化」の対とされた概念が「家族主義」（最大の福祉義務を家族に割り当てる体制）である。

国家や市場の働きによる家族主義からの離脱＝脱家族化というストーリーは、一見わかりやすく、本書が論じるケアの場をめぐる〈私領域／公領域〉のバイナリーコードに重なるものと見えるかもしれない。しかし、シグリッド・ライトナーがその一次元的な対概念を批判し、家族化と脱家族化を異なる二軸として捉える必要性を示した通り（Leitner 2003）、家族に対して国家や市場の提供する支援が充実することは、単純にケアを私領域から外部化する方向に機能するとは限らない。実際、育児休暇・休業や介護休暇・休業、家族への現金給付や減税などのケア・コストの外部化は、家族がその私領域内部でケア・サービスを担う可能性を高める場合もありうるだろう。これに対して、ライトナーがより厳格な意味での「脱家族化」を測定する際に用いたのが、ケア・サービスの供給量(具体的には、三歳未満の子どもが公的保育を受けている割合)である。こうしたケア・サービスの増加は、たしかに育児というケアを一定時間、私領域から外部化することを意味するし、それによって広がる人々の選択可能性の幅は大きなものと言える。しかし同時に、それがあくまで(私領域において母親的役割を担う者を一定時間、市場において労働力化させうる範囲での)限定的外部化であることもまた明らかだろう。

では、更に厳格な意味での脱家族化、ケア・サービスの私領域からの外部化(=公領域化)とはいかなるものか。それを望ましいとするか否かは別として、家族からケアという営みを明確に外部化する形式の一つが、かつてアーヴィング・ゴッフマンが「全制的施設」と呼んだような隔離施設への依存者の収容であろう。近代化の進展とともに世界各地で展開したその歴史において、施設に入ることは、ときに家族と依存者との関係を断絶すること、ケアを収容施設内に封じ込めること(=公領域へのケアの外閉)を意味していた。一方、障害学や社会福祉関連領域においては、施設収容というケアのあり方に批判的な「脱施設化」をめぐる議論の蓄積が存在する。近年では、COVID-19の流行によってあらためて顕在化した広範な施設収容の問題を踏まえ、二〇二二年、国連におかれた障害者権利委員会が「緊急時を含む脱施設化ガイドライン」を公表したことに見てとれるように、脱施設化は(欧米諸国との比較において、その大きな遅れが指摘される本邦のみならず)世界的にも今日的テーマであり続けている。

このガイドラインのなかでは、「施設収容は障害者が自立して生活し、地域社会に包摂される権利と矛盾する」と明言され、「脱施設化のプロセスは、私的および公的領域における障害者のあらゆる形態の施設収容、隔離、分離をなくすことを目指すべきである」とその方針が強く示されている。念のために確認しておくならば、ここで言われる「私的」とは、その運営が民営化・市場化された施設を含意しており、本書における「私領域」とはニュアンスが異なる。実際、つづく項目では、子どもに関して、「障害のある子どもは、すべての子どもと同様に、家庭生活を営む権利を有し、地域社会で家族とともに生活、成長する必要がある」とも述べられており、「家族とともに生活、成長する」ことが脱施設化の志向する一つの姿である様子が見てとれる。

かくして、「脱家族化」と「脱施設化」というケアの場をめぐる二つの指向は、一見、対立するように思われるし、実際上もある種の隘路を構成する場合が少なくない。一方、「家族」という私領域への外閉と「施設」という公領域への外閉のそれぞれを拒否する力のベクトル合成は、そのどちらでもない場所を模索する動きを生み出すものでもある。「脳性マヒ者」として青い芝の会で活動した横塚晃一は、一九七〇年代に次のように述べている。「昔から重度障害者は世間体が悪いなどということで座敷牢に入れられていた。今でも食事だけはどうやら運んでくれるが、あとは奥の一間に放りっぱなしという話を時々聞く。巨大施設、それは現代の集団座敷牢ともいえよう」（横塚 2007: 79）。こうした問題意識のもと、家からも施設からも出て、地域で自立生活を営むこと、そして、そのために既存の制度や意識の変革を促すことを目指す運動が生まれた。世界に目を向けるなら、デンマークで生まれたノーマライゼーションの思想や、イタリア精神医療におけるバザーリア改革といった脱施設化の流れは、本邦でも馴染み深いものだ。

ただし、脱施設化は、必ずしも、それ自体としてそうした理想を実現するものではない。脱施設化の思想的系譜を論じた塩見洋介は、脱施設化と結びつくのが北欧型のノーマライゼーションの思想ばかりでなく、アメリカ型の新自由主義でもあることを指摘し、それが「第一に施設の解体縮小でそこに投下される公費を圧縮する点で、第二に施設に入所している障害者を福祉商品の新たな消費者として迎える点で、新自由主義の政策目的に合致している」（塩見 2004: 19）と論じている。すなわち、近年の日本政府が主導する脱施設化についても、その結果がたんに入所施設の縮小・解体だけを意味するものであれば、脱施設化はたんに社会福祉予算の抑制手段として利用されてしまうことになる。私領域へのケアの外閉への対抗策としての脱家族化、公領域へのケアの外閉への対抗策としての脱施設化が論じられる際、えてして、脱した先には「市民社会」（具体的にはＮＰＯやボランティア等）や「コミュニティ」の理想が想定されがちだが、多くの場合、それらはあらかじめそこに存在しているようなものではないことに留意すべきだろう。

ここで我々は、家族の問題性、施設の問題性の指摘に囚われ、それらの場を脱することに焦点化する「脱」の論理自体を（無論、そうした指摘の意義を認めつつ）今一度問い直して良いように思われる。そうした問い直しの優れた例として、ハンセン病療養所における人々の実践を見つめながら、現代社会全体に通じる問題提起を行っている有薗真代の議論が示唆に富む。有薗は近代社会に見られる生の統治に対する解放戦略が理論的にも、実践的にも、基本的に「脱出」を原理とするものに囚われていたことを剔抉し、「もはや私たちは、「脱出（エクソダス）」を原理とする自由と抵抗の論理から、いったん「脱出」すべき時に来ている」（有薗 2017: 43）と宣言する。この指摘は、ここまで述べてきた「脱家族化」と「脱施設化」という二つの指向についても当てはまるだろう。では、ケアをめぐる解放の鍵を家族や施設という場所からの脱出以外に（も）、いかに見出すことができるだろうか。

ここで、第4章において言及したオギュスタン・ベルクによる風土学を想起しよう。「場所」をめぐるプラトンのコーラとアリストテレスのトポスという二つの概念について、ベルクは、物から分離可能であり、物が動いても動かないようなトポスとしての場所を「抽象的局所」、分離不可能であり、そこからなにか異なるものが生成してくるようなコーラとしての場所を「実存的場所」と呼んだ(Berque 2010=2017)。「脱家族化」「脱施設化」と言われるとき、そこで想定される家族や施設は、後者のトポス的な意味合いでの場所を前景化するものだろう。なんとなれば、その場所がそこにいる個人から分離でき、その者自身は自らのアイデンティティを変化させることなく移動することができる一方で、その場所自体は動かないと想定するからこそ、ある場所を「脱」するという身振りが可能となるゆえに。

しかし、ケアの場をトポス的な場所と捉え、家族や施設を動かず、変化することのない容器のようなものとみなすならば、各々の場所には客観的に記述可能なその形式的外形のみが残され、生き生きとしたその具体性、文脈性は消し去られてしまうことになるだろう。パランプセストの比喩を想起するなら、文脈性とは、その場に繰り返し幾層も刻み込まれてきた歴史性であり、本来的な意味での(あえてこう付け加えるのは、近代において、空間は時間そのものを均質に把握するための条件となっており、我々もまた空間化された時間のイメージに囚われがちなことへの留意が必要なためであるが)時間性でもある。それらが消し去られてしまった場所が、いかに荒涼たる空間であるかは、言うまでもない。そこにおいては「家族」も「施設」も、無機的な制度的空箱として人々を囲い込む存在以上のものではない。

そうしたトポス的地平において、家族が直面するケアをめぐる困難は、「機能不全家族」あるいは

「多問題家族」といった家族という容器に外部から貼られたラベルにすり替えられてしまう。そして、もし当該家族内で問題を帰属された個人に対する分類・診断のラベルが制度的介入の基準を満たすならば、何らかの専門的機能をラベルされた支援機関や施設（その運営主体が公的機関であれ、営利企業であれ、NPOであれ、ここでの議論に本質的差異はない）という容器へのその個人の移動が、そこでの問題解決の方法ということになる。留意すべきは、こうしたトポス的地平において「脱家族化」「脱施設化」が論じられるとするなら、その脱出先として想定される「地域」や「社会」もまた、文脈性や時間性を消し去られた空虚な空間になり果てるということだ。

いくらか具体的に問うてみるなら、家族内で「問題」とされた個人が何らかの施設入所を経た後、行政側や施設側が設定する「地域移行」の数値目標に沿った実績づくりとして「脱施設化」がなされるような状況において、その先が病院周辺のグループホームであれ、街中のアパートの一室であれ、そこに一つの容器から別の容器への移動という以上の意味がいかに生じうるのか、ということだ（そうした部屋に訪ねてくるのが、服薬管理の訪問看護師のみであるような現実、すなわち、容器の移動を通して被支援者としてのアイデンティティのみが保持されてしまうような状況は、筆者の知る限りでも何ら珍しいことではない）。本邦において二〇二三年六月に公布された「孤独・孤立対策推進法」の問題意識にも垣間見えるように、「地域」や「社会」と呼ばれる場所にあることは、ただちに何らかの豊かなつながりのうちにあることを意味するわけではない。だからこそイギリスの「社会的処方（social prescribing）」といったものへの関心が集まり、「つながり」自体が専門職によって対象者に処方されることが期待されることにもなるのだろう。

一方、私領域にせよ公領域にせよ、トポスとしてのみならずコーラ的な意味での場所をそこに見出

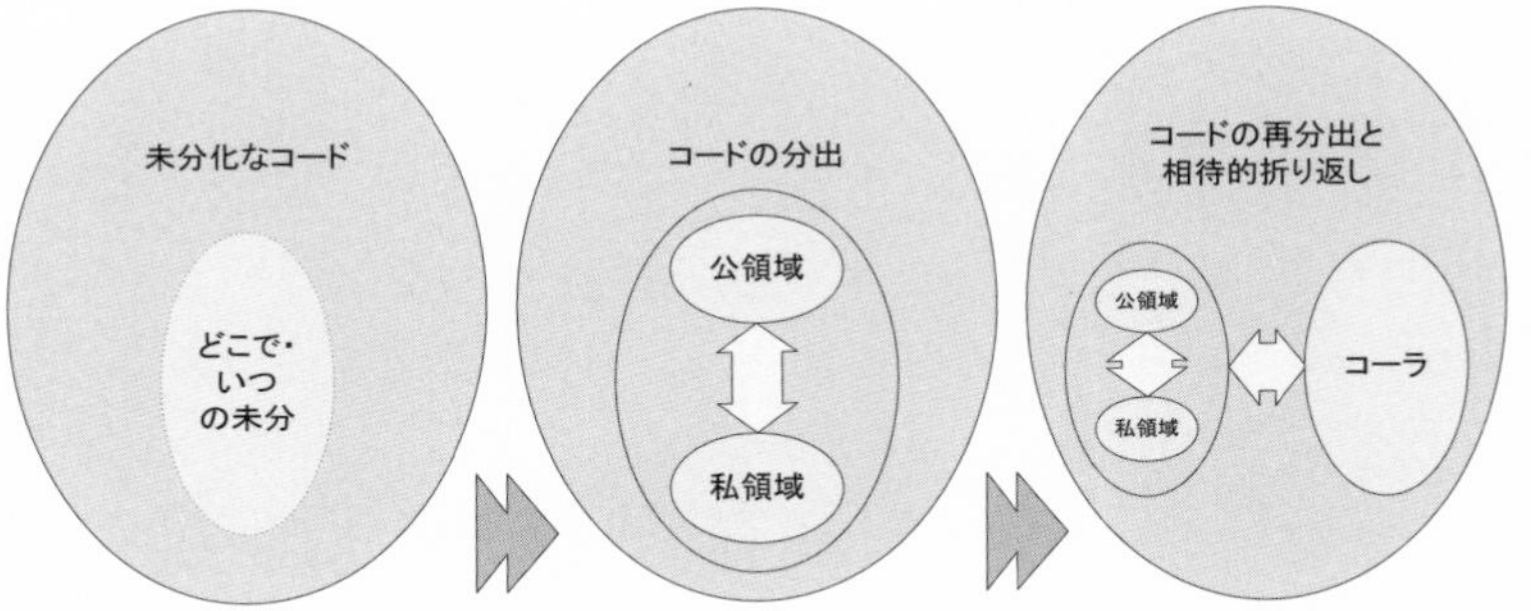


**図 16** 「ケアの場」をめぐるコードの展開と編みなおし

すならば、**図16**に示す通り、ケアの場をめぐる新たなコードの再分出と、既存のコードへのその相待的折り返しを試みる余地を押し広げることが可能となる。コーラとしての場所とは、そこにあるものに参与する場所であり、そこからなにか異なるものが生成してくるような動的な場所であった。コーラは物質的な場所やその外形に還元することができないゆえに、「客観的」指標によって明示するのは難しいが、それなしに人間の風土はありえないことを、我々は自らの生きてきた時間の積み重ねとともに体感的に知っている。

たとえば、先に触れた有薗は、隔離収容施設としての国立ハンセン病療養所の一つ長島愛生園の入所者たちによって結成された「あおいとり楽団」という実に豊饒な手づくりの活動の軌跡を紹介するなかで、それが療養所の外に出るための手段でもなく、自分たちの社会状況を訴えるための道具でもなかったこと、しかし同時に、その活動が「支配と被支配、抑圧と抵抗、能動と受動といった、二項対立的な枠組ではとらえることのできない、複雑かつ錯綜した関係性」を療養所職員、更には療養所の外部とのあいだに生み出し、それによって「ハンセン病者に押しつけられた「陰惨さ」とは別種の生き方と、それを可能にする別種の時間・空間をつくりあげていた」（有薗 2017: 83）ことを振りかえっている。

本書での議論に引き寄せるなら、そこにそれまで存在しなかった新たな関係を生み出し、別種の時間・空間がつくりあげられていくような、生きた／生きられている場所こそ、実存的場所としてのコーラに他ならない。第2章で紹介した熊本の精神医療現場での取り組みも、第4章で紹介した福岡の少年院でのそれも、トポス的な意味で当該施設に貼られたラベルの機能強化（すなわち、病院の患者や少年院の入所者への効果的介入）を志向したものではない。そこで試みられたのは、あくまでその場の文脈に沿いながら、そこに関わる各種のネットワークの内外に新鮮な風を通し、ときにその場の文脈に内在する矛盾を顕在化・前景化させることでその場の可塑性を探っていく制度分析と呼ぶべきものであった。そのような活動を通して、そこにそれまで存在していなかったような関係の絡まりが新たに生じてくるための余白ととっかかりを生成していくこと。すなわち、コーラ的地平において取り組まれる実践とは、特定のケアの場を脱することでなく、いまここでケアの場を涵養し、豊饒化し、自らを含むその場の意味を変容させていくことに他ならない。

本書において見てきた通り、たとえば、西ラップランドのオープンダイアローグは、たんに病院という施設の外に出向いて患者やその家族を訪問するためのものでなく、その地域に暮らす人々やそこに関わる専門職らの関係に新たな絡まり（ネットワーク）を生じさせ、育み、私領域と公領域のそれぞれに息を吹き込むものであったし、北欧の刑務所を舞台にした各種のリフレクティング実践は、刑務所という収容施設の場の意味自体を、入所者にとっても、職員にとっても、入所者家族や関係機関にとっても、変化させるものであった。すなわち、大切なことは、「私領域か、公領域か」でも「施設から地域へ」でもなく、私領域も、公領域も、施設も、地域も、それらが対象化され、カテゴライズされてしまう以前の具体的な場所として、その場所を生きた／生きられる場所に豊饒化していくことであり、それぞれの場所のあいだに新たな絡まりを生成し続けていくことである。筆者がリフレクティング・プロセスと呼ぶ新鮮な場の創出が含意するのは、そうしたコーラ的生成に他ならない。

そして、ここでも想起すべきは、トポスとコーラが決して二律背反的「対立」としてあるのではない（それゆえ、ここでの議論も「トポスからコーラへ」などと貧しく単純化されてはならない）、ということだ。現実の場所は、ベルクがその風土学において洞察したように、両者の二重性とその動的な結びつきからなる。「現実＝土性／風性」（Berque 2000=2002: 253）として示された図式において、土性はトポス（および主語論理）を、風性はコーラ（および述語論理）を表しており、その両者が繰り返し縒り合されることで、コーラを纏ったトポスとしての現実が生成していく。ここに、〈トポス／コーラ〉という新たなコードの経糸をケアの場をめぐる既存のコードの緯糸に折り返し、相依相待的関係のなかでケアのコードを編みなおす可能性が開かれる。

## 2　実践の現在地

本節では、前節に見た各種のケアのコードの展開と編みなおしを下敷きに、本書の前半で紹介した二つの現場での実践の現在地をながめておくことができればと思う。それは前節に見た議論を自らの実践において敷衍することであると同時に、本章の初めに述べたように、本書の議論が何らかの結論へと擦り寄らぬために、そこから逸れていくいくつかの兆しを探索することでもある。

## 2-1 精神医療現場との協働の現在地

二〇一八年四月から五カ年計画で取り組まれた熊本の民間精神科病院でのリフレクティング・プロジェクトは、予定通り二〇二三年三月をもって終了した。以来、関係者と個人的に連絡を取り合ったり、病院から離れた場所(いわゆるサードプレイス)で会うことはあっても、この精神科病院を訪ねる機会はない。訪ねない理由の一つは、元々そうするのが良いだろうと考えていたためだ。第2章でも述べた通り、「よそ者」という異物としてその場に関わることに臨床社会学的契機を見出す筆者のあり方にとって、現場との関わりが長くなるなかでその立ち位置が変化していくことは、そこでの関わりの意味自体を変質させてしまう。端的に言えば、当該プロジェクトや筆者自身の当該組織における役割が一定の位置付けを得て、何らかの力を有してしまう可能性も高まるということだ。

無論、日々の業務で慌ただしい医療現場において、プロジェクト自体に求心力がなければ、新たな何事も生じないかもしれないし、筆者自身への一定の信頼も、それなしに現場の人々との関係を紡いでいくことはできない。そして実際、それらを育みながら、それらを足場にプロジェクトは少しずつ進んでいったように思う。一方で、年々リフレクティング研修の修了者が増えていくことも、各種の研究プロジェクトが広がっていくことも、それ自体は既存の組織の文脈に新鮮な風を通し、組織風土を涵養する試みであるとともに、おのずと年月を重ねるうち、ときに惰性を生じ、ときに組織内における活動の偏りや意思決定の流れが固定され、何らかの箍ともなりうることが感受された。

たとえば、五年間で四期が修了したリフレクティング研修においては、いずれの期もスタディグループのうち一つないし二つは、法人外部からの多様な参加メンバーによって構成される外部グループであったが、期が進むにつれ、法人内部から参加するグループに比して、より自由な立場で参加する外部グループの熱量や創造性は顕著なものとなった。すなわち、法人内部では、リフレクティング研修が徐々に「研修」のようなものになってしまったということだ。研究プロジェクトに関しても、たとえば、その内容が反復的にならざるをえない縦断的調査に関するものは、メンバーにとって、ある種の仕事のように「なすべきこと」となってしまう様子が見てとれた。かつて、エティエンヌ・ラ・ボエシは、自発的隷従の第一の原因として習慣を挙げたが（La Boétie 2002=2013）、隷従的習慣ならずとも、習慣とは、それ自体として人々に何らかの隷従を強いる力を有するものであると言えよう。

また、プロジェクトが展開するなかで法人内に設置された治療環境ケア部門において、安全衛生委員会の外部委員やＳＩＣＣ（院内協働促進室）のメンバーという役割を担うことになった筆者は、現場の職員からの声を受けて会議の場で発言したり、ＳＩＣＣを訪れる相談者の話を聞きつつ、当人の希望に応じて組織の管理職らを交えたリフレクティング・トークの場をメンバーたちとともに開くことになった。これらもまた、既存の組織の文脈に新鮮な風を通すための試みであることは言うまでもないし、組織のヒエラルキーに属さない「よそ者」としての筆者の立場性は、そうした実践において一定程度有効なものであった。その一方で、ＳＩＣＣがそうした場を開く力を有するとの認識が広がるなか、「そこに訴えれば何とかしてくれる」との誤った期待や、「結局ここで何をしてくれるのか」との疑問にもつながったように思う。ついには、まず自部署内において話し合うことが大切な状況で、上司が職員に「ＳＩＣＣに相談に行ったら」と告げてしまうようなこともあったと伝え聞く。《道具と結果》としての活動は、容易に「結果のための道具」と誤解され、誤用されうるということだ。無論、そうした誤解と丁寧に向き合っていくこと自体が生きた活動であることは言うまでもない。

かくして、五カ年計画が一区切りを迎えるとともに、こうした活動はプロジェクトを離れ、筆者を離れ、組織風土に根付くものは根付き、変化していくものは変化し、潰えるものは潰えていくことになる。臨床社会学的研究実践における現場との関わり方、身の引き方は、様々でありえようが、アンデルセンがリフレクティングにおいて、みずから「できる限り周縁にとどまって、できる限り素早くすり抜けること」(Andersen 2007b=2022: 146) を望んでいたことは、筆者にとって示唆に富むものであり続けている。しかし、結局そこで何が生じ、どんな成果が得られたと言えるのか。五カ年の最終年度、ある職能団体の全国学会の場で、複数のプロジェクト・メンバーとともにこのプロジェクトについて報告した際、フロアから投げかけられた質問がまさにそうしたものだった。そのとき、登壇者の一人である仲間の答えは「豊かになりました」であり、筆者に付け加えるべき言葉はなかった。実存的場所としてのコーラを評するに、それ以上の表現はないだろう。

一方、プロジェクトを区切りにこの病院を去ったのは、筆者のみではない。病院改革の五カ年計画を提唱し、筆者に協働を呼び掛けた院長の小林、同法人におけるアウトリーチセンターのリーダーで本プロジェクトのまとめ役でもあった大嶌は、プロジェクトに関わった幾人かの仲間とともに法人を離れ、二〇二三年八月に新たな診療所を立ち上げた。彼らが病院を離れた理由は様々だろうが、計画当初のビジョンであった病院全体のアウトリーチ機能強化については、五カ年のあいだに着実な進展が見られた一方で、病床削減に関しては、法人上層部に経営上の不安が根強く、実現に至らなかったことが、その大きな理由の一つと考えられる(ちょうど重なったCOVID-19での複数回のクラスター発生も、現場を大きく疲弊させ、変革の余力を奪った)。

では、五カ年計画は失敗に終わったのか。ここでも再び〈結果のための道具/《道具と結果》〉のコードを想起することができるだろう。そこで我々が行ったのは、計画当初の目標達成のために事前に準備された道具を用いることとは大きくかけ離れた実践であった。研修内容は当初から参加者とのやり取りの中でつくられ、期を経るごとに更新された。研究プロジェクトは当初の筆者からの提案を逸脱しながら、新たなものが自然発生的に生まれ続けた。更に、プロジェクト当初は全く予期していなかった治療環境ケア部門という存在が、プロジェクトのプロセスを通して浮かび上がり、病院組織に設置されたことは、第2章で述べた通りだ。これらはすべて、出来あいの道具ではなく、道具製作者が試行錯誤するなかで、その結果と同時に生み出していった《道具と結果》、すなわち、その活動自体が豊かな発達を含みこむ真剣な遊びであった。そして、《道具と結果》は、それが《道具と結果》であり続ける限り、失敗することはない。それは、一瞬ミスタッチと感じられるような演奏（そこで演奏が止まれば、それはミスタッチとして固定されてしまうだろう）が次の瞬間には豊かな主題を構成していく即興演奏のようなものだ。

二〇二三年夏の現在、リフレクティング研修参加者から生まれた熊本リフレクティング研究会は、特定の組織を超えたネットワークとして定期的な学びの場を継続している。また、病院を離れたプロジェクト・メンバーたちが新たに立ち上げた診療所では、治療態度の根幹にリフレクティングの考え方を据えることを明言し、筆者もそこに合流している。それらは、プロジェクトの当初には誰も想定したり、目指したりしていた形ではなく、同時に、予感し、期待されていた何かを含んだものでもある。

### 2-2　矯正現場との協働の現在地

二〇二〇年一一月に共同研究の協定を結んだ福岡少年院との協働的研究は、二〇二三年度現在も進行している。前後して、日本で最初のＰＦＩ（民間活力推進）方式の刑務所である美祢社会復帰促進センターとも同様の研究協定を結んでおり、新型コロナ禍の影響により外部からの訪問が禁止された一時期を除き、基本的には毎月、両施設を訪ね、職員や入所者との会話を重ねながら、各種のリフレクティング・プロジェクトに取り組んでいる。そうした意味では、一つの区切りを経た熊本の民間精神科病院との協働とは異なり、矯正現場との協働は、いまだその取り組みを俯瞰できるような状況には至っていない。無論、流れのうちに身を委ねる最中でこそ全身で感受されることもある。

　ともあれ、精神科病院と刑事施設という二つのフィールドの共通点と差異について、あらためてながめておこう。まず、精神科病院と刑事施設は、その基本において、ともに全制的施設（当該施設に隔離され、自由に外に出ることが許されない状況で、形式的に管理された生活を送る）であるという側面を有する。これについて、「精神科病院には開放病棟がある」との指摘もありえようが、世界的に見れば、開放刑務所も少なくない。そして、それらいずれにおいても、その生活が全体として管理されていることに変わりはなく、実際に新型コロナ禍において顕在化したように、その閉鎖性の度合い自体、入所者の希望に関係なく、施設の判断で容易にコントロールされうるものだ。

　また、「病気」「障害」の患者と「犯罪」の受刑者という入所者の属性の違いから、刑事施設入所者を前節に論じた「ケアされる者」と同列に論じることへの異論もあるかもしれない。しかし、第4章に述べた通り、犯罪学領域において、近年しばしば用いられる「立ち直り」の語には、犯罪からの「離脱（desistance）」と同時に、「回復（recovery）」や「更生（rehabilitation）」という望ましい状態の到来が含意されている。日本の矯正領域における明治以来の監獄法改正、「再犯の防止等の推進に関する法律」の施行、拘禁刑の創設、といった一連の動きに見られる「懲らしめから更生へ」の大きな変動の潮流を見据えるなら、今日、ケアの文脈において刑事施設を捉えることの意義は明らかだろう。

無論、これら二種の施設のあいだの差異も顕著である。そして、畢竟その具体的様相は、それらが現実に置かれた社会的・文化的コンテクストに大きく依拠してもいる。とりわけ本邦においては、その成立の歴史的経緯により、精神科病院の圧倒的多数が民間病院という、他の先進諸国に比しての顕著な特徴がある一方、一部にＰＦＩ刑務所の導入が見られるとはいえ、刑事施設の運営は基本的に国（法務省）によって担われており、これら両者の運営体制には明確な差異がある。そして当然、そうした差異は、筆者が取り組む現場との協働のプロセスにも、大きな影響を及ぼすものである。

たとえば、先に触れた熊本の精神科病院のプロジェクトにおいては、五年間を通して、院長を含めリーダーや中心メンバーにほとんど変化はなかった（無論、離職者や休職者が全くいないわけではないが、限定的であった）。これに対して、少年院にせよ刑務所にせよ、刑事施設における幹部職員は、通常、その地位が高いほど全国規模での人事異動が頻繁に（立場によっては毎年のように）生じるし、一般職員においても、一定の範囲で他施設・他機関への異動がないわけではない。このことは、協働的研究のエッセンスとニュアンスを共有したリーダーやメンバーが、プロジェクト途中で次々と去ってしまうことを意味している。官僚制原理が貫徹した組織である刑事施設において、前任者の業務は後任者に引き継がれるし、基本的にその引き継ぎは適切になされるのだが、やはり業務を引き継ぐことと、エッセンスやニュアンスを引き継ぐこととは、同じことではない。そうした意味で、刑事施設における組織風土の涵養は、より「行きつ戻りつ」のリズムとなる。

また、一〇〇〇を超える病院が各々の方針で経営されている（ゆえに、一病院の変革は施設トップの判断で柔軟に可能である一方で、その変化が一施設内に留まる可能性もきわめて高い）本邦の精神科病院とは大きく異なり、全国規模でヒエラルキカルな組織体制を持つ刑事施設においては、基本的に一歩の変化が全国の変化を意味するため、小さな変化にも多大な時間とエネルギーが必要である一方、その一歩の変化は広く全国に波及する可能性を有している。たとえば、二〇二二年四月に施行された改正少年法では、保護観察中に遵守事項違反のあった特定少年を一定期間収容し、その特性に応じた処遇を行う第五種少年院が新たに設けられたが、そこで用いられるプログラムのミーティング方法として、リフレクティング・トークの活用が推奨されることとなり、すでに事例集が全国の少年施設に配布されている。言うまでもなく、その事例集に収められた内容の多くは、福岡少年院における協働的研究を通して、プロジェクトの仲間たちと蓄積してきた経験からなるものだ。また、美祢社会復帰促進センターにおいては、二〇二二年九月から全国の刑事施設でも二カ所のみで開始された「若年受刑者ユニット型処遇」の運用がなされており、ここでも筆者との協働的研究と連動する形で、センター生と職員のリフレクティング・トークが実践・研究されている。

こうした状況から、現在、福岡少年院にも、美祢社会復帰促進センターにも、他の刑事施設からの見学希望が多く、筆者の訪問時には、リフレクティング実践の様子を他施設からの参加者が見学した上で、各々の施設での実施方法をめぐる意見交換を行うといった研修の機会も増えている。それらが本邦の刑事施設における入所者と職員の関係を、より風通しの良い新たなあり方へと変化させていく可能性を期待せずにはいられない。と同時に、そこでのリフレクティング受容が「入所者の処遇に有効な技法」という「結果のための道具」化してしまう懸念も、頭を離れることはない。実際、全国規模での展開が進めば、福岡少年院や美祢社会復帰促進センターのように、筆者と現場職員のあいだで会話を重ねながら試行錯誤する機会を持たないまま、ただ方針とマニュアルだけが施設職員に課されるような状況も生じてしまうだろう。

第3章に見た北欧の刑事施設でのリフレクティングの広がりが、決してトップダウンによる一律の普及ではなく、それぞれの現場での抵抗も伴う試行錯誤のなか、地中でつながった水脈から湧き出る小さな泉のような希望として、丁寧に育まれていたことが想起される。本邦の刑事施設においても、リフレクティングがその本来を発揮するためには、「入所者の効果的な処遇」という特定の結果のための道具に固定されてしまうことなく、それぞれの現場の実情に沿った手作りの工夫をじっくりと重ねるプロセスが許容されるべきだろう。同時に、そこでは、その「対象」を個的存在としての入所者に限定せず、施設職員や各種の関係者を含む多様な話し手が、施設内外のネットワークを生かしたネットワーク・ミーティングの一員として参加することも期待される。そこに、従来存在しなかった新たなつながりが生まれていくことで、その場に新鮮な風が通り、諸ネットワーク間の絡まりが育まれ、組織の風土は涵養されていく。

それは決して遠い異国の夢物語ではない。実際、福岡にせよ美祢にせよ、国内の刑事施設におけるリフレクティング実践のモデルがない状況から手探りでそれぞれの実践のスタイルをつくり出し、現在も試行錯誤を重ねている。そのなかで、それぞれが手作りのポスターやチラシを工夫し、当人の希望に沿った会話の機会を確保することに尽力し、福岡では、参加者がゆったりと座れる椅子やクッション、ラグ等を配した独自のリフレクティング・ルームも（職員らがみずから店をめぐってインテリアを選んで）生み出され、いまやそこでは家族や保護観察官など、ソーシャルネットワークの広がりを含んだリフレクティングの試みが始まっている。

また、入所者に矢印を向けるばかりでなく、（職員にとっては、より大変なことである場合も少なくないが）自分たちの職場組織自体を風通し良くしていくための取り組みも、プロジェクトの一環として両施設で実施されている。具体的には、定期的に行う職場の心理的安全性に関する調査（調査票作成やデータの集計は筆者が担当）の結果を職員全体で共有するなかで、危機的状況にある部署に第三者が参加してリフレクティング・トークを実施したり、不安や不満を感じていても声を上げにくい若手職員の声を聞くための（いわゆる1オン1による上司との面談を、2オン1や2オン2、更に、nオンnに広げた形の）リフレクティング・トークの場なども試みられている。

無論、長く「懲らしめ」の場として社会から外閉されてきた刑事施設の制度や文化は、ふとした目線や身振りから、日々の日課や施設環境の細部にまで、その組織風土に深く刻み込まれており（場合によっては、今も重ね書きされているだろう）、それは外傷のように繰り返し日常になかに浮かび上がってくる。しかし、上述したような「行きつ戻りつ」のリズムのなかで生じる現場での折々のきらめきに触れるとき、施設もまたそこに関わる人々とともに生きており、変化しうるという、当然のことを実感せずにはいられない。

## 3　風土に随い、風土を涵養する

以上、本書の終章らしく、コードとコード、フィールドとフィールド、実践と思索、取り組んできたことと予感されること、臨床社会学とリフレクティング、といったあわいを、結論にたどり着くことなく、うろうろと歩きなおしてみた。いずれの思索にも、様々な実践の場で出会った人々の声がうつし込まれており、いずれの実践にも、本書において参照してきた様々な先人の思索がうつし込まれている。それらは相依り、相待ちながら、互いの支えとなって筆者のうちなる風土にその時々の風景をうつし出している。そう気付けたのは、本書を読みなおし、書きなおす中でのことだ。それはすなわち、筆者自身が諸々の実践および諸々の思索の一つの絡まり、あるいは、結び目としてあるということだろう。本書はその絡まりをいったんほぐしつつ編みなおすために与えられた機会であったのかもしれない。この隙間の多い網目の向こうに、読者はいかなる風景を見てとるだろうか。

もはや終わりの言葉はほとんどないけれど、いまこの現在地で思い浮かぶ筆者なりのリフレクティングの臨床社会学の構えについて述べるなら、それは、風土に随い、風土を涵養すること、と言えるように思う。すべては風土を離れてありえないけれど、風土に随うことは現状肯定を意味するものではないし、風土を涵養することは未来に窮屈な理想を掲げることではない。あれでもなく、これでもないことで、ロゴスに包囲されない「間」を保ち、瞬間瞬間にその「場」に応答していくこと。そのようなプロセスを、リフレクティング・プロセスと呼ぶこともできるはずだ。

# おわりに

いったん公刊されると、自分の書いたものを読み返すことがほとんどない筆者にとって、これまでに書いてきた文章たちと、いちどきにこれほど向き合うことになったのは、おそらく初めてのことのように思う。それは、これまで自分がいかに系統立てた執筆計画といったものとは無縁な書き方をしてきたのか、目の前に突きつけられる経験であり、同時に、ここ一〇年余りのあいだに、自身のこの世界の内にあるあり方、その流れへの定位の仕方が大きく変化している様を身に染みて感じられる体験でもあった。

一読者としてながめるなら、本書に含まれる文章は同工異曲、あるいは、カノンのように共通したいくつかのテーマの周囲を同じ旋律が渦を巻きながら巡っていて、あまり急いで読もうとすると、目が回るように感じられるかもしれない。呼吸であれ、会話であれ、生命あるものとは渦なのだと居直るつもりはないけれど、そうした渦がひとりぐるぐると空回りするばかりでなく、多少なりともなにかを含み込みつつ発達することができているとすれば、それはたくさんの出会いと、そこに生じた絡まりのおかげに他ならないだろう。

本書に収めた文章たちの執筆時期とも重なる北欧の国々での出会いは、トム・アンデルセンの足跡を辿る資料収集という当初のもくろみを大きく超えて、異国の精神医療や矯正・保護の現場でなされる実際の会話のただなかにこの身を置く体験へと筆者を導いてくれた。また、そこでのメンタルヘルス・ユーザーや矯正施設入所者、家族、専門職や研究者たちとのやりとりは（コラム①で触れたように、それは今も続いているのだが）、それらの場で紡がれている実践の生命が那辺にあり、また、いかなるあり様としてあるのかを関係的、身体的に学ぶ機会を与えてくれている。

同時に、そうした北欧での経験は、国内の精神医療現場や矯正の現場へと筆者の背中を押し、更に、それぞれの現場での幻のえにしのごとき不思議な出会いと絡まりたちが、熊本での精神医療現場との協働、福岡や山口での矯正の現場との協働として、現在進行形での臨床社会学的研究実践を支え、促しつづけてくれている。終章で触れたように、特定の研究目的や事業成果を掲げたプロジェクトとして見れば、ときに容易ならざる状況にあるこれらの取り組みに失敗がないことは、様々な事態が生じてもなお、今もそこで私たちのあたりまえの会話が続けられているためだろう。

先日、本書のひとまずの校正を終えた後、古い友人たちと出掛けた旅先の小さな神社で石見神楽をながめる機会を得た。神楽の代表的な演目の一つとして知られる「塵輪」は、黒雲に乗って空を飛び人々に多大な害をなす悪鬼塵輪を、帯中津日子が家来の高麻呂を伴い、天鹿児弓と天羽々矢でもって退治する物語である。この物語や塵輪が伝えるものについては、当時の国々の関係に絡んで諸説あるようだが、一説によれば、塵輪とはその名の通り塵を巻き上げる台風を表すものであるという。実際、この演目のクライマックスとなる二神と二鬼の立ち合いの舞は、八調子の奏楽の響きに乗った血湧き肉躍る勇壮なものであると同時に、二神と二鬼が舞台狭しと回転しつつ、また、互いに交叉反転していく様子は、あたかもその全体として、その場に一つの渦を生じているかのようでもあった。

本書を通して見出された、ケアの方法をめぐる〈結果のための道具／《道具と結果》〉、ケアの主体をめぐる〈個的存在／ネットワーク〉、ケアの場をめぐる〈トポス／コーラ〉という諸バイナリー・コードもまた、それらの片側（後者）のみの新しさに目を奪われてはならないだろう。感受し続けるべきは、それらのコードがそれ以前のコードと交叉反転しつつ生み出す大きな渦と、その向から先のはずだ。私たちは、その渦に随いつつ、渦をつくっていく他ないのだから。

思い返せば、本書の12章に収録した文章を『現代思想』誌に掲載していただいたご縁で、当時、青土社におられた加藤峻さん（現在は筑摩書房）から、オープンダイアローグやリフレクティングに関する論考をまとめた単行本の提案をいただいたのは、もう何年も前のことだ。計画通りに進んだことのない筆者の作業は、予期された通り、今回もずいぶん遅れ、途中からは、村上瑠梨子さんが担当を引き継いでくださることになった。村上さんの温かい励ましをいただきながら、そのメールのやりとりの中で、ケアという本書の経糸に気づかされたことは、リフレクティングを取り巻く社会の急な流れのなかでいくらか空回りしていた筆者の内なる会話を、一度手元に置いてながめてみる貴重な機会となった。そのおかげで、なんとかひとまずの編みなおしをして、本書を世に送り出すことができたように思う。機会を与えていただいたお二人の編集者に心から感謝したい。

二〇二三年一一月　矢原隆行

# 初出一覧

＊　本書の収載に際して、適宜加筆・修正を施している。

はじめに（書き下ろし）
序章　あいだからながめる（書き下ろし）
コラム①　あたりまえの会話が生まれる場所（河出書房新社編『「心」のお仕事』二〇二一年）
1章　臨床のコンテクストに風を通すもの（原題「コンテクストに風を通す――リフレクティング・プロセスとオープン・ダイアローグ」『N：ナラティヴとケア』六号、二〇一五年）
2章　精神医療の現場に風を通し、会話の風土を育む（原題「精神医療の現場に風を通し、会話の風土を育む――オープンダイアローグとリフレクティングの観点から」『保健医療社会学論集』三二巻二号、二〇二二年）
コラム②　リフレクティングって何？　どうすれば導入できるの？（原題「「リフレクティング」とは何か。どうすれば導入できるのか」『精神看護』一九巻三号、二〇一六年）
3章　北欧の刑務所におけるリフレクティングの展開（原題「北欧の刑務所におけるリフレクティング・トークの展開」『更生保護学研究』一〇号、二〇一七年および「リフレクティングと司法精神医学――文脈に新鮮な風を通すためのやわらかな道具」『司法精神医学』一五巻一号、二〇二〇年）
4章　立ち直り支援を内側から乗り越える（原題「立ち直り支援をめぐる二つの隘路と矯正施設のリフレクティング」『熊本法学』一五五号、二〇二二年）
コラム③　矯正職員のためのリフレクティング（『刑政』一三二巻四号、二〇二一年）
5章　ディスコミュニケーションの場をひらく（山登敬之編『こころの科学　増刊　対話がひらく　こころの多職種連携』二〇一八年）
コラム④　未来を語る？　未来で語る？（『こころの元気+』一四巻一号、二〇二〇年）
6章　ケアのコードをほぐしつつ編みなおす（原題「ケアのコード――ケア・ワーク研究のための社会学的基礎視角」『西日本社会学会年報』八号、二〇一〇年）

7章　ケアの社会学と社会学的ケア（『社会分析』三八号、二〇一一年）
8章　会話についての会話というシステム（原題「「会話についての会話」というシステム」矢原隆行+田代順編『ナラティヴからコミュニケーションへ——リフレクティング・プロセスの実践』弘文堂、二〇〇八年）
9章　ナラティヴのオルタナティヴとしてのリフレクティング（野口裕二編『ナラティヴ・アプローチ』勁草書房、二〇〇九年）
10章　表層を豊饒化すること（原題「ナラティヴ・セラピーにおいて会話を折り重ねることはいかなるリフレクティングか、あるいは、表層を豊饒化すること」『N：ナラティヴとケア』一四号、二〇二三年）
11章　オープンダイアローグを殺さないために（原題「オープンダイアローグを殺さないための二様のリフレクティング」『N：ナラティヴとケア』八号、二〇一七年）
12章　ダイアローグのオープンさをめぐるリフレクティング（『現代思想』四五巻一五号、二〇一七年）
13章　オープンダイアローグのコンテクストとしてのリフレクティング（原題「コンテクストとしてのリフレクティング」石原孝二+斎藤環編『オープンダイアローグ思想と哲学』東京大学出版会、二〇二二年）
14章　つぎつぎになりゆく出来事と対話的であること（原題「つぎつぎになりゆく出来事と対話的であること——Tom Andersen を手がかりに」『臨床心理学』一八巻三号、二〇一八年）
15章　反復（タクト）でなく更新（リズム）のために（原題「治療構造のリフレクティング——反復（タクト）でなく更新（リズム）のために」『臨床心理学』二一巻三号、二〇二一年）
16章　ビヨンド・ダイアローグ（原題「ビヨンド・ダイアローグ——リフレクティングのラディカルさをめぐる覚書」『家族療法研究』三七巻一号、二〇二〇年）
終章　風土に随い、風土を涵養する（書き下ろし）
あとがき（書き下ろし）

# 事項索引

＊註についてはイタリック体で示している。

**た行**



**な行**



**は行**



**ま行**



**ら行**

**わ行**

# 人名索引

＊註についてはイタリック体で示している。

な行



は行



ま行



や行



ら行

**わ行**

# 参考文献


**【日本語文献】**

相澤育郎（2019）「グッドライフモデルと犯罪・非行からの立ち直り」『犯罪社会学研究』44、11-29

有薗真代（2017）『ハンセン病療養所を生きる――隔離壁を砦に』世界思想社

茨木尚子（2006）「日本の障害研究における「当事者参加型アクションリサーチ」導入の可能性と課題――障害のある人たちが、調査対象から、調査する主体となるための試み」『明治学院大学社会学・社会福祉学研究』122、181-205

市野川容孝（2006）『社会』岩波書店

井腰圭介（2003）「社会調査に対する戦後日本社会学の認識転換――「似田貝 - 中野論争」再考」『年報社会科学基礎論研究』2、26-43

上野千鶴子（2005a）「ケアの社会学――序章　ケアとは何か」『at』1、18-37

上野千鶴子（2005b）「ケアの社会学――第一章　ケアに根拠はあるか」『at』2、136-150

上野千鶴子（2008）「福祉多元社会における協セクターの役割」上野千鶴子＋中西正司編『ニーズ中心の福祉社会へ――当事者主権の次世代福祉戦略』医学書院、126-153

小川全夫（2009）「外国人介護福祉士導入をめぐる論点――誤解から理解へ」『九州大学アジア総合政策センター紀要』3、67-76

岡邊健（2021）「犯罪・非行からの離脱――研究の展開と背景」岡邊健編『犯罪・非行からの離脱』ちとせプレス、1-28

岡村逸郎（2021）「犯罪ないし非行からの立ち直り言説に関する歴史的検討」岡邊健編『犯罪・非行からの離脱』ちとせプレス、49-75

小此木啓吾編著（2003）『精神分析のすすめ――わが国におけるその成り立ちと展望』創元社

小澤勲編著（2006）『ケアってなんだろう』医学書院

笠原千絵（2006）「知的障害者福祉研究における参加型調査の課題――調査プロセスの実際とその批判的考察」『社会福祉実践理論研究』15、15-25

春日キスヨ（2004）「高齢者介護倫理のパラダイム転換とケア労働、ジェンダー

――「痴呆介護実務研修」をフィールドとして」『社会政策学会誌』11、100-115
加茂陽＋大下由美（2003）「権力の秩序からずれる日常性――エンパワーメント論」加茂陽編『日常性とソーシャルワーク』世界思想社
川本隆史（1995）『現代倫理学の冒険――社会理論のネットワーキングへ』創文社
木村敏（2005）『あいだ』ちくま学芸文庫
小林幹穂（2021）日本家族療法学会第38回大会自主シンポジウム「制度分析とリフレクティング」配布資料
小森康永＋野口裕二＋野村直樹（1999）『ナラティヴ・セラピーの世界』日本評論社
クラインマン、アーサー＋江口重幸＋皆藤章（2015）『ケアをすることの意味――病む人とともに在ることの心理学と医療人類学』誠信書房
倉田めば（2020）「リカバリー・アウトロー――薬物を使う自由とやめる自由、そして回復」『社会学評論』71(2)、198-213
桑野隆（2011）『バフチン――カーニヴァル・対話・笑い』平凡社新書
斉藤清二（2006）「医療におけるナラティヴの展望――その理論と実践の関係」『ナラティヴと医療』金剛出版
進藤雄三（1990）『医療の社会学』世界思想社
進藤雄三（2006）「医療化のポリティクス――「責任」と「主体化」をめぐって」森田洋司監修、森田洋司＋進藤雄三編『医療化のポリティクス――近代医療の地平を問う』学文社、29-46
塩見洋介（2004）「脱施設化の思想的系譜と日本での展開」『障害者問題研究』32(1)、13-21
多賀茂＋三脇康生編（2008）『医療環境を変える――「制度を使った精神療法」の実践と思想』京都大学学術出版会
高木光太郎（2011）「ディスコミュニケーション事態の形式論――言語的相互作用の微視分析に向けて」山本登志哉＋高木光太郎編『ディスコミュニケーションの心理学――ズレを生きる私たち』東京大学出版会、247-275
高橋隆雄（2008）『生命・環境・ケア――日本的生命倫理の可能性』九州大学出版会
高橋徹（2002）『意味の歴史社会学――ルーマンの近代ゼマンティク論』世界思想社
高山龍太郎（1998）「カリキュラムにみる初期シカゴ学派――1905年から1930年まで」『京都社会学年報』6、139-162
鶴見俊輔（1946）「言葉のお守り的使用法について」『思想の科学』1(1)、15-25

鶴見俊輔（1975）「二人の哲学者――デューイの場合と菅季治の場合」『鶴見俊輔著作集　3　思想Ⅱ』筑摩書房、83-108
津富宏（2011）「犯罪者処遇のパラダイムシフト」日本犯罪社会学会編『犯罪者の立ち直りと犯罪者処遇のパラダイムシフト』現代人文社、62-77
トロント、ジョアン・C＋岡野八代（2020）『ケアするのは誰か？――新しい民主主義のかたちへ』岡野八代訳、白澤社
中井久夫（2001）『治療文化論――精神医学的再構築の試み』岩波書店
中野卓（1975）「社会学的調査と「共同行為」」『UP』33、1-6
中野卓他（1975a）「社会学的調査における被調査者との所謂「共同行為」について」『未來』102、28-33
中野卓他（1975b）「社会学的な調査の方法と調査者・被調査者の関係」『未來』103、28-33
中村雄二郎（1989）『場所』弘文堂
楢林理一郎＋小森康永 (2013)「社会構成主義とナラティヴ・アプローチ」日本家族研究・家族療法学会編『家族療法テキストブック』金剛出版、41-44
二木立（2021）「「自助・共助・公助」と「自助・互助・共助・公助」の法令・行政での使われ方――探索的研究」『文化連情報』516、20-30
西田幾多郎（1965）『西田幾多郎全集　第四巻　働くものから見るものへ』岩波書店
西田幾多郎著、上田閑照編（1987）『西田幾多郎哲学論集Ⅰ』岩波文庫
西田幾多郎著、上田閑照編（1989）『西田幾多郎哲学論集Ⅲ』岩波文庫
似田貝香門（1974）「社会調査の曲り角」『UP』24、1-7
似田貝香門（1977a）「運動者の総括と研究者の主体性（上）」『UP』55、28-31
似田貝香門（1977b）「運動者の総括と研究者の主体性（下）」『UP』56、26-30
野家啓一（2005）『物語の哲学』岩波現代文庫
野口裕二（2002）『物語としてのケア――ナラティヴ・アプローチの世界へ』医学書院
野口裕二（2005）『ナラティヴの臨床社会学』勁草書房
パスカル（1973）『パンセ』前田陽一＋由木康訳、中公文庫
馬場靖雄（2001）『ルーマンの社会理論』勁草書房
平井秀幸（2016）「犯罪・非行からの「立ち直り」を再考する――「立ち直り」の社会モデルをめざして」『罪と罰』53(3)、70-88
広井良典（2000）『ケア学――¬越境するケアへ』医学書院
広井良典（2009）『コミュニティを問いなおす――つながり・都市・日本社会の未

来』ちくま新書
藤間公太（2021）「新聞報道記事に見る「立ち直り」」岡邊健編『犯罪・非行からの離脱』ちとせプレス、31-47
藤原咲平 (1922)「平等と死差別と生の対応に就て」『思想』10、61-65
細田満和子（2012）『「チーム医療」とは何か——医療とケアに生かす社会学からのアプローチ』日本看護協会出版会
三澤文紀（2008）「心理臨床家のための新しいケース検討の方法」矢原隆行＋田代順編『ナラティヴからコミュニケーションへ——リフレクティング・プロセスの実践』弘文堂
三井さよ（2004）『ケアの社会学——臨床現場との対話』勁草書房.
宮島町編（1992）『宮島町史——資料編・地誌紀行Ⅰ』宮島町
宮沢賢治（1996）『インドラの網』角川書店
森田亜紀 (2013)『芸術の中動態——受容／制作の基層』萌書房
矢原隆行（1999）「システム論的臨床社会学の実践——物語論から社会システム論へ」『現代社会理論研究』9、83-96
矢原隆行（2002）「インタビューという可能性——コミュニケーションとしてのアクティブ・インタビューの観点から」『社会分析』29、95-111
矢原隆行（2003）「何かのための社会学と社会学のための何か——臨床社会学の発見」『社会分析』30、39-54
矢原隆行（2004）「チャイルドラインにおけるリフレクティング・プロセスの応用」『アディクションと家族』20(4)、388-396
矢原隆行（2006）「システム論的臨床社会学と構築主義」中河伸俊＋平英美編『新版　構築主義の社会学——実在論争を超えて』世界思想社、239-259
矢原隆行（2007）「男性ピンクカラーの社会学——ケア労働の男性化の諸相」『社会学評論』58(3)、343-356
矢原隆行（2008）「電話相談ボランティアにおけるヘテラルキー的なケアと気づき」矢原隆行＋田代順編『ナラティヴからコミュニケーションへ——リフレクティング・プロセスの実践』弘文堂、127-146
矢原隆行（2011）「リフレクティング・プロセス再考——リフレクティング・チームをリフレクティング・プロセスにするもの」『家族療法研究』28(1)、70-77
矢原隆行（2014）「リフレクティング・プロセスからオープン・ダイアローグへ」『家族療法研究』31(3)、294-298
矢原隆行（2016）『リフレクティング——会話についての会話という方法』ナカニシヤ出版

矢原隆行（2022）「ノルウェーのメディケーションフリー・トリートメントとリフレクティング・プロセス――マグヌス・ハルトとの会話」『こころの科学』224、102-112
矢原隆行＋大嶌高昭＋小林幹穂（2020）「制度分析としてのリフレクティング・プロセス――熊本における活動」『家族療法研究』37(3)、38-44
矢原隆行＋トム・アンデルセン（2022）『トム・アンデルセン会話哲学の軌跡――リフレクティング・チームからリフレクティング・プロセスへ』矢原隆行訳、金剛出版
山田昌弘（1994）『近代家族のゆくえ――家族と愛情のパラドックス』新曜社
やまだようこ（2006）「質的心理学とナラティヴ研究の基礎概念――ナラティヴ・ターンと物語的自己」『心理学評論』49(3)、436-463
山田陽子（2007）『「心」をめぐる知のグローバル化と自律的個人像――「心」の聖化とマネジメント』学文社
大和礼子（2008）『生涯ケアラーの誕生――再構築された世代関係／再構築されないジェンダー関係』学文社
山内得立 (1974)『ロゴスとレンマ』岩波書店
山崎喜比古＋瀬戸信一郎編（2000）『HIV 感染被害者の生存・生活・人生――当事者参加型リサーチから』有信堂高文社
安田三郎（1975）「「社会調査」と調査者 - 被調査者関係」『福武直著作集〈第 2 巻〉』東京大学出版会、488-499
横塚晃一（2007）『母よ！殺すな』生活書院
吉田民人（1995）「ポスト分子生物学の社会科学――法則定立科学からプログラム解明科学へ」『社会学評論』46(3)、274-29
吉田民人（2004）「新科学論と存在論的構築主義――「秩序原理の進化」と「生物的・人間的存在の内部モデル」」『社会学評論』55(3)、260-270

## 【外国語文献】

Adams, W. E. (2020) Unintended Consequences of Institutionalizing Peer Support Work in Mental Healthcare, *Social Science & Medicine* 262, 113249
Andersen, T. (1987) The Reflecting Team: Dialogue and Meta-Dialogue in Clinical Work, *Family Process* 26(4), 415-428（＝矢原隆行訳（2022）「リフレクティング・チーム――臨床実践における対話とメタ対話」矢原隆行＋トム・アンデルセン『トム・アンデルセン会話哲学の軌跡――リフレクティング・チームからリフレクティング・プロセスへ』矢原隆行訳、金剛出版）

Andersen, T. (1989) Back and Forth and Beyond, *Australian and New Zealand Journal of Family Therapy* 10(2), 75-76

Andersen, T. (1992a) Relationship, Language and Pre-Understanding in the Reflecting Processes, *Australian and New Zealand Journal of Family Therapy* 13(2), 87-91

Andersen, T. (1992b) Reflections on Reflecting with Families, In McNamee, S. and Gergen, K.J. (eds.) *Therapy as Social Construction*, Sage Publications, 54-68（＝「「リフレクティング手法」をふりかえって」野口裕二＋野村直樹訳（1997）『ナラティヴ・セラピー——社会構成主義の実践』金剛出版）

Andersen, T. (1993) See and Hear, and Be Seen and Heard, In Friedman, S. (ed.) *The New Language of Change: Constructive Collaboration in Psychotherapy*, The Guilford Press, 303-322

Andersen, T. (1995) Reflecting Processes; Acts of Informing and Forming, In Friedman, S. (ed.) *The Reflecting Team in Action: Collaborative Practice in Family Therapy*, The Guilford Press, 11-37

Andersen, T. (1996) Language Is Not Innocent, In Kaslow, F.W. (ed.) *Handbook of Relational Diagnosis and Dysfunctional Family Patterns*, John Wiley & Sons, Inc,119-125

Andersen, T. (1997) Researching Client-Therapist Relationships: A Collaborative Study for Informing Therapy, *Journal of Systemic Therapies*, 16(2), 125-133

Andersen, T. (2006a) The Network Context of Network Therapy: A Story From the European Nordic North , In Lightburn, A. and Sessions, P. (eds.) *Handbook of Community-Based Clinical Practice*, Oxford University Press, 177-189

Andersen, T. (2006b) Human Participating: Human "Being" Is the Step for Human "Becoming" in the Next Step, In Anderson, H. and Gehart, D. (eds.) *Collaborative Therapy: Relationships and Conversations That Make a Difference*, Routledge, 81-93

Andersen, T. (2007a) Crossroads, In Anderson, H. and Jensen, P. (eds.) *Innovations in the Reflecting Process,* Routledge, 158-174

Andersen, T. (2007b) Reflecting Talks May Have Many Versions: Here is Mine, *International Journal of Psychotherapy* 11(2), 27-44（＝矢原隆行訳（2022）「リフレクティング・トークといってもいろいろ——これが僕のだ」矢原隆行＋トム・アンデルセン『トム・アンデルセン会話哲学の軌跡——リフレクティング・チームからリフレクティング・プロセスへ』矢原隆行訳、金剛出版）

Andersen, T. (2019) Reflecting Family Therapy, In Denborough, D. (ed.) *Family Therapy: Exploring the Field's Past, Present and Possible Futures*, Dulwich Centre Publications, 75-79

Andersen, T. (ed.) (1991) *The Reflecting Team: Dialogues and Dialogues About the Dialogues*, W.

W. Norton & Co.（＝一部再編、鈴木浩二監訳（2001）『リフレクティング・プロセス——会話における会話と会話』金剛出版）
Anderson, H. (1997) *Conversation, Language, and Possibilities: A Postmodern Approach To Therapy*, Basic Books（＝野村直樹＋青木義子＋吉川悟訳（2001）『会話・言語・そして可能性——コラボレイティヴとは？セラピーとは？』金剛出版）
Anderson, H.（2007）Creating a Space for a Generative Community, In Anderson, H. and Jensen, P. (eds.) *Innovations in the Reflecting Process*, Routledge
Anderson, H. and Goolishian, H. A. (1988) Human Systems as Linguistic Systems: Preliminary and Evolving Ideas about the Implications for Clinical Theory, *Family Process* 27(4), 371-393（＝野村直樹訳（2013）「言語システムとしてのヒューマンシステム——臨床理論発展に向けてのいくつかの理念」ハーレーン・アンダーソン＋ハロルド・グーリシャン＋野村直樹著、野村直樹訳『協働するナラティヴ——グーリシャンとアンダーソンによる論文「言語システムとしてのヒューマンシステム」』遠見書房）
Anderson, H. and Goolishian, H. A. (1990) Beyond Cybernetics: Comments on Atkinson and Heath's "Further Thoughts on Second-Order Family Therapy", *Family Process* 29(2), 157-163
Anderson, H, and Hoffman, L（2007）Memories of Tom David Andersen: Friend, Colleague, Scholar, Inspirer, and Rhizome, *Family Process* 46(4), 571-574
Anderson, H., and Jensen, P. (eds.) (2007) *Innovations in the Reflecting Process*, Routledge
Atkinson, B. J. and Heath, A. W. (1990) Further Thoughts on Second Order Family Therapy: This Time It's Personal, *Family Process* 29(2), 145-155
*Бахтин, М.М.* (1929) Проблемы творчества Достоевского, Прибой（＝桑野隆訳（2013）『ドストエフスキーの創作の問題——付：「より大胆に可能性を利用せよ」』平凡社ライブラリー）
*Бахтин, М.М.* (1963) Проблемы поэтики Достоевского, Изд.2-е,Москва（＝望月哲男＋鈴木淳一訳（1995）『ドストエフスキーの詩学』ちくま学芸文庫）
Bakhtin M. M. (1986) *Speech Genres and Other Late Essays*, Trans. by V. W. McGee., University of Texas Press
Bateson, G. (1972) *Steps to an Ecology of Mind: Collected Essays in Anthropology, Psychiatry, Evolution, and Epistemology*, Brockman（＝佐藤良明訳（2000）『精神の生態学　改訂第２版』新思索社）
Bateson, G. (1979) *Mind and Nature: A Necessary Unity*, Dutton（＝佐藤良明訳（2001）『精神と自然——生きた世界の認識論　改訂版』新思索社）

Bateson, G. and Bateson, M. C. (1987) *Angels Fear: Towards an Epistemology of the Scarred*, Macmillan Publishers（＝星川淳＋吉福伸逸訳（1988）『天使のおそれ――聖なるもののエピステモロジー』青土社）

Berger, P. L. and Luckmann, T. (1966) *The Social Construction of Reality: A Treatise in the Sociology of Knowledge*, Doubleday & Company（＝山口節郎訳（2003）『現実の社会的構成――知識社会学論考』新曜社）

Berque, A. (1986) *Le sauvage et l'artifice : Les japonais devant la nature*, Gallimard（＝篠田勝英訳（1992）『風土の日本――自然と文化の通態』ちくま学芸文庫）

Berque, A. (2000) *Écoumène: Introduction à l'étude des milieux humains,* Belin（＝中山元訳（2002）『風土学序説――文化をふたたび自然に、自然をふたたび文化に』筑摩書房）

Berque, A. (2010) *Histoire de l'habitat idéal : De l'Orient vers l'Occident*, Editions du Félin（＝鳥海基樹訳（2017）『理想の住まい――隠遁から殺風景へ』京都大学学術出版会）

Bruner, J. (1986) *Actual Minds, Possible Worlds*, Harvard University Press（＝田中一彦訳（1998）『可能世界の心理』みすず書房）

Charon, R. (2006) *Narrative Medicine: Honoring the Stories of Illness*, Oxford University Press（＝斎藤清二他訳（2011）『ナラティブ・メディスン――物語能力が医療を変える』医学書院）

Chesler, M. (1991) Participatory Action Research with Self-Help Groups: An Alternative Paradigm for Inquiry and Action, *American Journal of Community Psychology* 19(5), 757-768

Coccia, E. (2016) *La vie des plantes*, Payot & Rivages（＝嶋崎正樹訳（2019）『植物の生の哲学――混合の形而上学』勁草書房）

Conrad, P. and Schneider, J. W. (1992) *Deviance and Medicalization: From Badness to Sickness*: Expanded Edition, Temple University Press（＝進藤雄三＋杉田聡＋近藤正英訳（2003）『逸脱と医療化――悪から病いへ』ミネルヴァ書房）

Corcoran, T. and Cromby, J. (eds.) (2016) *Joint Action: Essays in Honour of John Shotter,* Routledge

Dalla Costa, G. F. (1978) *Un lavoro d'amore: La violenza fisica componente essenziale del "trattamento"maschile nei confronti delle donne*, Edizioni delle donne（＝伊田久美子訳（1991）『愛の労働』インパクト出版会）

Daly, M. and Standing G. (2001)“Introduction”, In M.Daly (ed.) *Care Work: The Quest for Security*, International Labour Office, 1-11

De Shazer, S. (1991) *Putting Difference to Work*, W. W. Norton & Co.（＝小森康永訳（1994）

『ブリーフ・セラピーを読む』金剛出版）
Edmondson, A. C. (2012) Teaming: How Organizations Learn, Innovate, and Compete in the Knowledge Economy, John Wiley & Sons.（＝野津智子訳（2014）『チームが機能するとはどういうことか――「学習力」と「実行力」を高める実践アプローチ』英治出版）
Eglash, A. (1958) Creative Restitution: A Broader Meaning for an Old Term, *The Journal of Criminal Law, Criminology, and Police Science* 48(6), 619-622
Esping-Andersen, G. (1990) *The Three Worlds of Welfare Capitalism*, Princeton University Press（＝岡沢憲芙＋宮本太郎監訳（2001）『福祉資本主義の三つの世界――比較福祉国家の理論と動態』ミネルヴァ書房）
Esping-Andersen, G. (1999) *Social Foundations of Postindustrial Economies*, Oxford University Press（＝渡辺雅男＋渡辺景子訳（2000）『ポスト工業経済の社会的基礎――市場・福祉国家・家族の政治経済学』桜井書店）
Faris, Robert E. L. (1967) *Chicago Sociology: 1920-1932*, Chandler Publishing Company（＝奥田道大＋広田康生訳（1990）『シカゴ・ソシオロジー――1920-1932』ハーベスト社）
Fine, M. D. (2007) *A Caring Society? :Care and the Dilemmas of Human Service in the 21st Century*, Palgrave Macmillan
Fineman, M. A. (2004) *The Autonomy Myth: A Theory of Dependency*, The New Press（＝穐田信子＋速水葉子訳（2009）『ケアの絆――自律神話を超えて』岩波書店）
Gergen, K. J. (1994) *Realities and Relationships: Soundings in Social Construction*, Harvard University Press.
Gergen, M. and Gergen, K. (2017) Living Moments with John Shotter, *International Journal of Collaborative-Dialogic Practices* 7(1), 16-25
Gibbons, M. et al. (1994) *The New Production of Knowledge: The Dynamics of Science and Research in Contemporary Societies*, Sage Publications（＝小林信一監訳（1997）『現代社会と知の創造――モード論とは何か』丸善）
Gilligan, C.([1982] 1993) *In a Different Voice: Psychological Theory and Women's Development*, Harvard University Press（＝岩田寿美子監訳（1986）『もうひとつの声――男女の道徳観のちがいと女性のアイデンティティ』川島書店）
Guattari, F.(1972) *Psychanalyse et Transversalité: Essais d'analyse institutionnelle*, François Maspero（＝杉村昌昭＋毬藻充訳（1994）『精神分析と横断性――制度分析の試み』法政大学出版局）
Hansen, V. (1987) Psychiatric Service within Primary Care, Mode of Organization and

Influence on Admission-rates to a Mental Hospital, *Acta Psychiatrica Scandinavica* 76(2), 121-128

Hochshild, A. (2000) Global Care Chains and Emotional Surplus Value, In Hutton, W. and Giddens A. (eds.) *On the Edge: Living with Global Capitalism*, Jonathan Cape,130-146

Hoffman, L. (1981) *Foundations of Family Therapy: A Conceptual Framework For Systems Change*, Basic Books（＝亀口憲治訳（2006）『家族療法の基礎理論――創始者と主要なアプローチ』朝日出版社）

Hoffman, L. (2001) *Family Therapy: An Intimate History*, W. W. Norton & Co.（＝亀口憲治監訳（2005）『家族療法学――その実践と形成史のリーディング・テキスト』金剛出版）

Hoffman, L. (2007) The Art of "Withness": A New Bright Edge, In Anderson, H. and Gehart, D. (eds.) *Collaborative Therapy: Relationships and Conversations That Make a Difference*, Routledge, 63-79

Holstein, J. and Gubrium, J. (1995) *The Active Interview*, Sage Publications（＝山田富秋他訳（2004）『アクティヴ・インタビュー――相互行為としての社会調査』せりか書房）

Høyer, G. (2007) Of Course I Knew Everything from Before, But..., In Anderson, H. and Jensen, P. (eds.) *Innovations in the Reflecting Process*, Routledge, 180-185

Ianssen, B. et al.（2012）*Tom Andersen: An Interview, a Conversation, a Lecture*, Berit Ianssen

Ingold, T. (2011) *Being Alive: Essays on Movement, Knowledge and Description*, Routledge.（＝柴田崇他訳（2021）『生きていること――動く、知る、記述する』左右社）

Ingold, T. (2015) *The Life of Lines*, Routledge（＝筧菜奈子他訳（2018）『ライフ・オブ・ラインズ――線の生態人類学』フィルムアート社）

Juliussen, F. B. (2014) Åben Dialog netværkets historie i Danmark（19th International Meeting on the Treatment of Psychosis 配布資料）

Kittay, E. F. (1999) *Love's Labor. Essay on Women, Equality, and Dependency*, Routledge（＝岡野八代＋牟田和恵監訳（2010）『愛の労働あるいは依存とケアの正義論』白澤社）

Kittay, E. F. and Feder, E. K. (eds.) (2002) *The Subject of Care: Feminist Perspectives on Dependency*, Rowman & Littlefield Publishers

Klages, L. (1929-1932) *Der Geist als Widersacher der Seele I. und II. III*, Johann Ambrosius Barth（＝千谷七郎他訳（2008）『心情の敵対者としての精神』第一―三巻、うぶすな書院）

Kuhse, H. (1997) *Caring: Nurses, Women and Ethics*, Blackwell（＝竹内徹＋村上弥生監訳（2000）『ケアリング――看護婦・女性・倫理』メディカ出版）

La Boétie, E. (2002) *Discours de la servitude volontaire*, texte établi et annoté par André et Luc Tournon, suivi de *Les paradoxes de la Servitude volontaire* (études de six auteurs), Vrin.(＝西谷修監修、山上浩嗣訳（2013）『自発的隷従論』ちくま文庫)

Laws, D. R. and Ward, T. (2011) *Desistance from Sex Offending: Alternatives to Throwing Away the Keys*, Guilford（＝津富宏＋山本麻奈監訳（2014）『性犯罪からの離脱――「良き人生モデル」がひらく可能性』日本評論社）

Lebel, T. P. (2009) Formerly Incarcerated Persons' Use of Advocacy/Activism as a Coping Orientation in the Reintegration Process, In Veysey, B. M., Christian, J. and Martinez, D. J. (eds.) *How Offenders Transform Their Lives*, Willan Publishing, 165-187

Leitner, S. (2003) Varieties of Familialism: The Caring Function of the Family in Comparative Perspective, *European Societies* 5(4), 353-375

Lewin, K. (1948) *Resolving Social Conflicts: Selected Papers on Group Dynamics*, Harper（＝末永俊郎訳（1954）『社会的葛藤の解決――グループ・ダイナミックス論文集』創元新社）

Luhmann, N. (1984) *Soziale Systeme,* Suhrkamp Verlag（＝佐藤勉監訳（1993・1995）『社会システム理論』上・下、恒星社厚生閣）

Luhmann, N. (1990a=2005) *Soziologische Aufklärung 5 Konstruktivische Perspektiven 3. Auflage*, VS Verlag.

Luhmann, N. (1990b) *Die Wissenschaft der Gesellschaft*, Suhrkamp Verlag（＝徳安彰訳（2009）『社会の科学』1・2、法政大学出版局）

Luhmann, N. (1995) *Die Kunst der Gesellschaft*, Suhrkamp Verlag（＝馬場靖男訳（2004）『社会の芸術』法政大学出版局）

Luhmann, N. (1997) *Die Gesellschaft der Gesellschaft*, Suhrkamp Verlag（＝馬場靖雄他訳（2009）『社会の社会』1・2、法政大学出版局）

Luhmann, N. (2002) *Einführung in die Systemtheorie*, Baecker, D.(ed.) Carl-Auer-Systeme Verlag（＝土方透監訳（2007）『システム理論入門 ニクラス・ルーマン講義録 1』新泉社）

Luhmann, N.（[1995] 2005) Soziologische Aufklärung 6. Die Soziologie und der Mensch, Wiesbaden（＝村上淳一訳（2007）『ポストヒューマンの人間論――後期ルーマン論集』東京大学出版会）

Malinen, T., Cooper, S. J. and Thomas, F. N. (eds.) (2012) *Masters of Narrative and Collaborative Therapies: The Voices of Andersen, Anderson, and White*, Routledge（＝小森康永＋奥野光＋矢原隆行訳（2015）『会話・協働・ナラティヴ――アンデルセン・アンダーソン・ホワイトのワークショップ』金剛出版）

Maruna, S. (2017) Desistance as a Social Movement, *Irish Probation Journal* 14, 5-20

Maruna, S. and Farrall, S. (2004) Desistance from Crime: A Theoretical Reformulation, *Kölner Zeitschrift für Soziologie and Sozialpsychologie* 43(1), 171-194

Maruna, S. and Lebel, T. P. (2009) Strengths-Based Approaches to Reentry: Extra Mileage toward Reintegration and Destigmatization, *Japanese Journal of Sociological Criminology* (34), 59-81（＝津富宏監訳（2011）「再参入に向けた長所基盤アプローチ――再統合と脱スティグマ化への更なるマイル」日本犯罪社会学会編『犯罪者の立ち直りと犯罪者処遇のパラダイムシフト』現代人文社、102-130）

Maturana, H. R. and Varela, F. J. (1980) *Autopoiesis and Cognition: The Realization of the Living,* Springer（＝河本英夫訳（1991）『オートポイエーシス――生命システムとは何か』国文社）

Maturana, H. and Varela, F. (1984) *El Árbol del Conocimiento: Las Bases Biológicas del Entendimiento Humano,* Lumen（＝管啓次郎訳（1987）『知恵の樹――生きている世界はどのようにして生まれるのか』朝日出版社）

Mayeroff, M. (1971) *On Caring*, Harper & Row（＝田村真＋向野宣之訳（1987）『ケアの本質――生きることの意味』ゆみる出版）

McNamee, S. and Gergen, K. J. (eds.) (1992) *Therapy as Social Construction*, Sage Publication（＝野口裕二＋野村直樹訳（1997）『ナラティヴ・セラピー――社会構成主義の実践』金剛出版）

Moeller, H. G. (2012) *The Radical Luhmann*, Columbia University Press（＝吉澤夏子訳（2018）『ラディカル・ルーマン――必然性の哲学から偶有性の理論へ』新曜社）

Nakano Glenn, E.（2000）Creating a Caring Society, *Contempolary Sociology* 29(1), 84-94

Newman, F. and Holzman, L. (2014) *Lev Vygotsky: Revolutionary Scientist*, Routledge（＝伊藤崇＋川俣智路訳（2020）『革命のヴィゴツキー――もうひとつの「発達の最近接領域」理論』新曜社）

Noddings, N. (1984) *Caring: A Feminine Approach to Ethics & Moral Education*, University of California Press（＝立山善康他訳（1997）『ケアリング――倫理と道徳の教育　女性の観点から』晃洋書房）

Øvreberg, G. and Andersen, T. (1986) *Aadel Bülow-Hansen's fysioterapi, En metode til omstilling og frigjøring av respirasjon*, Harstad

Olson, M., Seikkula, J. and Ziedonis, D. (2014) The Key Elements of Dialogic Practice in Open Dialogue: Fidelity Criteria. Version 1.1, The University of Massachusetts Medical School（http://umassmed.edu/psychiatry/globalinitiatives/opendialogue/）

Parsons, T. (1951) *The Social System*, The Free Press（＝佐藤勉訳（1974）『社会体系論』

青木書店）
Parreñas, R. (2001) *Servants of Globalization: Women, Migration and Domestic Work*, Stanford University Press
Plato (1902) *Platnis Opera Vol* Ⅳ , Burnet, J. (ed.), Oxford University Press（＝岸見一郎訳（2015）『ティマイオス／クリティアス』白澤社）
Post, S.G. (ed.)(2004) *Encyclopedia of Bioethics, 3rd edition,* Macmilan Reference（＝生命倫理百科事典翻訳観光委員会編（2007）『生命倫理百科事典』丸善）
Rancière, J. (1987) *Le maître ignorant : Cinq leçons sur l'émancipation intellectuelle,* Fayard（＝梶田裕＋堀容子訳（2011）『無知な教師――知性の解放について』法政大学出版局）
Ricœur, P. (1975) La fonction herméneutique de la distanciation, In Bovon,F. and Rouiller, G. (eds.) *Exegesis : Problèmes de méthode et exercices de lecture*, Delachaux et Niestlé（＝久米博＋清水誠＋久重忠夫編訳（1985）『解釈の革新』白水社）
Seikkula, J. (2007) Networks on Networks: Initiating International Cooperation for Treatment of Psychosis, In Anderson, H. and Jensen, P.(eds.) *Innovations in the Reflecting Process*, Routledge, 125-136
Seikkula, J. and Arnkil, T. E. (2006) *Dialogical Meetings in Social Networks*, Routledge（＝高木俊介＋岡田愛訳（2016）『オープンダイアローグ』日本評論社）
Seikkula, J. and Arnkil, T.E. (2014) *Open Dialogues and Anticipations: Respecting Otherness in the Present Moment*, National Institute for Health and Welfare（＝斎藤環監訳（2019）『開かれた対話と未来――今この瞬間に他者を思いやる』医学書院）
Seikkula, J., Aaltonen, J., Alakare, B., Haarakangas, K., Keränen, J. and Sutela, M. (1995) Treating Psychosis by Means of Open Dialogue, In Friedman, S. (ed.) *The Reflecting Team in Action*, The Guilford Press, 62-80
Seikkula, J. and Olson, M. E. (2003) The Open Dialogue Approach to Acute Psychosis: Its Poetics and Micropolitics, *Family Process* 42(3), 403-418
Seikkula, J. and Trimble, D. (2005) Healing Elements of Therapeutic Conversation: Dialogue as an Embodiment of Love, *Family Process* 44(4), 461-475
Sexton, J. B., Thomas, E. J. and Helmreich, R. L. (2000) Error, Stress, and Teamwork in Medicine and Aviation: Cross Sectional Surveys, *BMJ* 320, 745-749
Shaw, I. (2000) Just Inquiry? Research and Evaluation for Service Users, In Kemshall H. and Littlechild R. (eds.) *User Involvement and Participation in Social Care: Research Informing Practice*, Jessica Kingsley Publishers, 29-44
Shotter, J. (2007) Not to Forget Tom Andersen's Way of Being Tom Andersen: The

Importance of What 'Just happens' to Us, *Human Systems* 18, 15-28

Shotter, J. (2015) Tom Andersen, Fleeting Events, the Bodily Feelings They Arouse in Us, and the Dialogical: Transitory Understandings and Action Guiding Anticipations, *Australian and New Zealand Journal of Family Therapy* 36(1), 72-87

Simon, F.B. (ed.) (1997) *Lebende Systeme*, Suhrkamp Verlag

Simmel, G. (1908) *Soziologie: Untersuchungen uber die Formen der Vergesellschaftung*, Dunker and Hunblot（＝居安正訳（1994）『社会学――社会化の諸形式についての研究』上・下、白水社）

Tronto, J. C. (1993) *Moral Boundaries: A Political Argument for an Ethic of Care*, Routledge.

Uexküll, J. von (1934=1970) *Streifzüge durch die Umwelten von Tieren und Menschen*, Fischer S. Verlag GmbH（＝日高敏隆＋羽田節子訳（2005）『生物から見た世界』岩波文庫）

Ungerson, C. (1987) *Policy is Personal: Sex, Gender and Informal Care*, Tavistock Publicaton（＝平岡公一＋平岡佐智子訳（1999）『ジェンダーと家族介護――政府の政策と個人の生活』光生館）

Viggen, K. and Landrø,T. (2012) *Reflekterende Samtaler i Trondheim Fengsel*, Høgskolen i Sør-Trøndelag.

von Foerster, H. (2003) *Understanding Understanding: Essays on Cybernetics and Cognition*, Springer

Wagner, J. (2007) Trialogues: A Means to Answerability and Dialogue in a Prison Setting, In Anderson, H. and Gehart, D. (eds.) *Collaborative Therapy: Relationships and Conversations That Make a Difference,* Routledge, 203-220

Wagner, J. (2009) Reflections on Reflecting Processes in a Swedish Prison, *International Journal of Collaborative Practices* 1(1), 18-30

Watzlawick, P., Weakland, J. H. and Fisch, R. (1974) *Change: Principles of Problem Formulation and Problem Resolution*, W. W. Norton & Co.（＝長谷川啓三訳（1992）『変化の原理――問題形成と解決』法政大学出版局）

White, M. (1995) *Re-Authoring Lives: Intervews & Essays by Michael White*, Dulwich Centre Publications（＝小森康永＋土岐篤史訳（2000）『人生の再著述――マイケル、ナラティヴ・セラピーを語る』IFF 出版部ヘルスワーク協会）

White, M. (2000) *Reflections on Narrative Practice: Essays & Interviews*, Dulwich Centre Publications（＝小森康永＋奥野光訳（2021）『リフレクションズ――ナラティヴと倫理・社会・スピリチュアリティ』金剛出版）

White, M. (2004) *Narrative Practice and Exotic Lives: Resurrecting Diversity in Everyday Life,*

Dulwich Centre Publications（＝小森康永監訳（2007）『ナラティヴ・プラクティスとエキゾチックな人生――日常生活における多様性の掘り起こし』金剛出版）
White, M. (2007) *Maps of Narrative Practice*, W. W. Norton & Co.（＝小森康永＋奥野光訳（2009）『ナラティヴ実践地図』金剛出版）
White, M. (2011) *Narrative Practice: Continuing the Conversation*, W. W. Norton & Co.（＝小森康永＋奥野光訳（2012）『ナラティヴ・プラクティス――会話を続けよう』金剛出版）
White, M. and Epston, D. (1990) *Narrative Means to Therapeutic Ends*, W. W. Norton & Co.（＝小森康永訳（1992）『物語としての家族』金剛出版）
Wiener, N. [1948]=1961) *Cybernetics: Or Control and Communication in the Animal and the Machine*, The MIT Press（＝池原止戈夫他訳（2011）『サイバネティックス――動物と機械における制御と通信』岩波書店）
Woolger, S. and Pawluch, D. (1985) Ontological Gerrymandering: The Anatomy of Social Problems Explanations, *Social Problems* 32(3), 214-227（＝平英美訳（2000）「オントロジカル・ゲリマンダリング――社会問題をめぐる説明の解剖学」平英美＋中河伸俊編『構築主義の社会学――説明と議論のエスノグラフィー』世界思想社）

矢原隆行（やはら・たかゆき）
1968年宮崎県生まれ。九州大学大学院文学研究科博士後期課程単位取得退学。現在、熊本大学大学院人文社会科学研究部教授。専門は臨床社会学。著書に『リフレクティング――会話についての会話という方法』（ナカニシヤ出版）、共著・共編著に『トム・アンデルセン 会話哲学の軌跡――リフレクティング・チームからリフレクティング・プロセスへ』（金剛出版）、『ナラティヴからコミュニケーションへ――リフレクティング・プロセスの実践』（弘文堂）など。

# リフレクティングの臨床社会学

## ケアとダイアローグの思想と実践

2023年12月19日　第1刷印刷
2023年12月29日　第1刷発行

著者　矢原隆行

発行者　清水一人
発行所　青土社
東京都千代田区神田神保町1-29　市瀬ビル　〒101-0051
電話　03-3291-9831（編集）　03-3294-7829（営業）
振替　00190-7-192955

組版　フレックスアート
印刷・製本所　双文社印刷

装幀　細野綾子

Printed in Japan
ISBN 978-4-7917-7610-8